高可靠产品开发

李 峰 冉好思 卜 蓉◎著

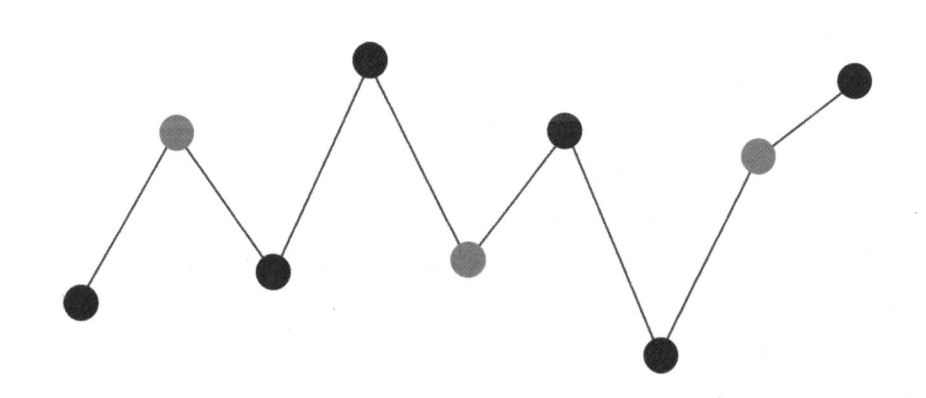

光明日报出版社

图书在版编目（CIP）数据

高可靠产品开发 / 李峰，冉好思，卜蓉著. — 北京：光明日报出版社，2025.5. — ISBN 978-7-5194-8732-4

Ⅰ. F273.2

中国国家版本馆 CIP 数据核字第 202595LQ03 号

高可靠产品开发
GAOKEKAO CHANPIN KAIFA

著　　者：	李　峰　冉好思　卜　蓉		
责任编辑：	许黛如	策　　划：	张　杰
封面设计：	回归线视觉传达	责任校对：	舒　心
责任印制：	曹　净		

出版发行：光明日报出版社

地　　址：北京市西城区永安路106号，100050

电　　话：010-63169890（咨询），010-63131930（邮购）

传　　真：010-63131930

网　　址：http://book.gmw.cn

E - mail：gmrbcbs@gmw.cn

法律顾问：北京市兰台律师事务所龚柳方律师

印　　刷：香河县宏润印刷有限公司

装　　订：香河县宏润印刷有限公司

本书如有破损、缺页、装订错误，请与本社联系调换，电话：010-63131930

开　　本：	170mm×240mm		
字　　数：	248千字	印　　张：	17.25
版　　次：	2025年5月第1版	印　　次：	2025年5月第1次印刷
书　　号：	ISBN 978-7-5194-8732-4		
定　　价：	78.00元		

版权所有　翻印必究

序 言

在当今技术迅速发展与市场竞争激烈的环境下，开发高可靠产品不仅是企业成功的关键，也是其不断追求卓越的重要表现。本书旨在为工程师、产品经理，以及质量管理专业人员提供全面系统的指导和参考，以帮助其在产品生命周期的每个阶段实现可靠性的增长和优化。

本书从基本概念入手，详细解读了高可靠产品开发的理论与实践，并且深入探讨了在不同行业中的实际应用。通过具体的案例分析、操作指南与策略建议，不仅提供了理论知识，更强调了实践操作的重要性，以确保读者能够将学到的知识应用到具体工作中去。

在本书《高可靠产品开发》的写作过程中，我的研究生们给予了我极大的支持和帮助。在此，我要特别感谢肖董雯、吴宜嘉、刘思彤、宋哲、熊含冰、李一凡、李思诺和郭文洁同学。你们在资料收集与整理工作中表现了高度的专业精神和细致的工作态度。无论是文献检索、数据梳理，还是案例分析，你们都付出了大量时间和精力，并提出了许多富有启发性的见解。正是你们的努力和付出，为本书的研究工作提供了坚实的基础，也让我深刻感受到团队合作的力量。

感谢你们的无私奉献与辛勤付出！希望你们在未来的学习和工作中能够继续发扬严谨求实的精神，在学术道路上不断取得新的成就！

本书面向的是需要在其职业生涯中提高产品可靠性的专业人士，包括但不限于高校教师、工程师、质量管理人员、研发人员、项目经理及高级管理层等。相信通过对本书的阅读与学习，能更加深入地理解高可靠产品开发的精髓所在。

为了最大化地利用本书，建议读者按照章节顺序阅读以构建系统性的知识结构。同时，针对各自领域的特点，可以挑选相关章节进行深入学习和研究。每章末尾的练习题和案例研究可用于实际操作，以巩固所学知识并应用于实际工作中。

在迈向高可靠性产品开发的旅程中，希望本书能成为您的得力助手。愿每一位追求卓越的专业人士都能从中获得启发，共同推动高可靠产品开发的进步。

目录

第一章 质量皇冠上的明珠——可靠工程

一、客户只要完美的产品 / 2

二、产品质量模型 / 5

三、可靠性与品牌溢出效应 / 8

四、缺陷的代价 / 11

五、难于上青天的可靠性工程 / 13

六、向经典致敬 / 16

第二章 高可靠性产品模型探索

一、高可靠"1-2-8"模型解析 / 18

二、零事故 / 21

三、零整改 / 23

四、低返还 / 26

五、低开箱坏件率 / 28

六、产品易用性 / 30

七、产品自愈性 / 32

八、远程维护 / 34

九、快恢复 / 36

十、产品高稳低免可靠性策略 / 38

十一、产品全生命周期可靠性模型——六个可靠 / 42

第三章　可靠来源

一、器件的环境应力 / 46

二、来料鉴定项目推荐 / 50

三、关键部件评估 / 53

四、产品来料排查 / 57

五、IQC 供应商前移 / 61

六、企业"315 来料打假" / 65

七、来料组织架构及运作 / 67

八、与供应商共赢 / 70

第四章　可靠设计

一、可靠设计全景图 / 76

二、FMEA 设计 / 77

三、仿真 / 83

四、简洁化设计 / 89

五、抗干扰健壮设计 / 93

六、降额设计 / 97

七、归一化及管理 / 99

八、CBB 设计与管理 / 103

第五章　可靠验证

一、环境应力对设备的影响 / 108

二、腐蚀气体测试 / 110

三、极限工作八角测试 / 113

四、长期可靠性验证 / 116

五、芯片导入 / 120

六、整机排查 / 123

第六章　可靠拦截

一、生产拦截测试项目总览 / 130

二、FMEA 和拦截关系 / 132

三、敏捷试制 / 135

四、故障演练 / 140

第七章　可靠跟踪

一、网上维护应用场景 / 144

二、产品数据链 / 148

三、备件策略 / 152

四、产品整改策略 / 155

第八章　可靠升级

一、器件替代 / 160

二、单板替代升级 / 164

三、软件升级 / 168

四、系统级升级及策略 / 172

第九章　价值工程

一、价值增长 / 176

二、价值漂移 / 180

三、需求的八大来源 / 184

四、价值驱动六代开发模型 / 188

五、价值工程在研发中落地 / 192

六、价值评估 / 194

七、需求规格串讲 / 198

八、方案串讲 / 201

九、黑盒验收 / 205

十、价值验收 / 207

十一、新领域产品快速开发——三迭开发 / 212

十二、快速战略部署——领域孵化 / 215

第十章　公司级可靠性提升策略

一、客户视角中的产品 / 220

二、产品缺陷预防 / 222

三、从客户视角提升产品可靠性 / 227

四、产品三层迭代可靠性落地措施 / 230

五、TOP N 改进 / 234

六、快速止血实战案例 / 237

七、高端存储可靠性提升案例 / 240

八、可靠性能力共享案例 / 245

第十一章　新质生产力下产品可靠性

一、新质生产力概述 / 248

二、新质生产力的技术与方法 / 252

三、新质生产力对产品可靠性的直接影响 / 256

四、新质生产力下质量管理体系对产品可靠性提升 / 259

五、新质生产力对产品可靠性的挑战与对策 / 262

附录　专有名词释义 / 264

后记　后续与展望 / 265

参考文献 / 267

第一章
质量皇冠上的明珠——可靠工程

质量管理作为实践科学分为两个范畴。一是质量管理，涉及流程优化、质量模型建立及质量文化的塑造等多方面。本书作者之一冉好思的第一本专著《创新质量体系》便是以质量管理为核心，探讨了构建现代质量管理体系的理论与实践。二是质量工程，聚焦于应用各种技术手段确保产品质量，如价值驱动、DOE实验设计、仿真、健壮设计、控制图、故障模式影响分析等。在所有的质量工程中，又以可靠性工程的难度最大，许多世界顶尖公司在产品可靠性方面曾遇到重大挑战，这也反映了这一问题的难度及解决这一问题的迫切性。产品的可靠性工程因其复杂性和至关重要的影响，常被视为"质量皇冠上的明珠"。

本书相比可靠性零碎的知识点而言，基于客户的"零缺陷"的视角对产品可靠性进行体系化梳理，同时结合华为实践详细阐述具体的可靠性工程如何开展，从理论上和实践上指导企业可靠性工作提升。

一、客户只要完美的产品

在物资匮乏的年代,客户能忍受有瑕疵的产品,但在物资丰富的今天,客户不会购买有瑕疵的产品。

(一)完美是质量人的自尊

"客户只要完美的产品。"在2015年一次华为六西格玛绿带答辩会上,笔者正澄清答辩评委对高得离谱的可靠性目标质疑,为了实现这个离谱的目标,分解十二个大领域、上百个子领域、上千个跟踪项,只为确保上万个可靠性因子在全生命周期完美达成,这种全方位无死角的质量措施在业界闻所未闻。

"能不能澄清一下目标到措施的分解过程?"答辩评委有意让笔者就坡下驴,毕竟同行之间也没必要为难彼此。

"客户眼中只有100%完美的产品,有一点隐患都会造成难以预测的后果,所有的可靠性措施均极为重要并没有主次之分。"笔者再次强调观点,丝毫没有半点妥协,这和六西格玛寻找关键因子制定关键措施的方法论相背离。

"基于你的过程和方法不符合六西格玛的要求,这次答辩不通过。"不到十分钟的绿带答辩就此匆匆结束。作为有多年质量经验的笔者太清楚六西格玛答辩需要什么,但仅为获得能力证书而让笔者背叛对质量的追求是莫大的耻辱。

完美的产品不仅是对客户的敬畏,更是质量人的自尊!

(二)完美产品才是最佳的答辩

答辩会上可靠性"高得离谱"的产品就是华为OceanStor高端存储。2023年全球著名技术分析机构DCIG发布《DCIG 2023-24高端存储阵列TOP5》报告,华为OceanStor在DELL EMC、IBM、HPE等厂商中脱颖而出,连续多年荣获最佳推荐榜榜首。

2015年一经面世，其极度的高可靠性就获得核心领域的高度认可，迅速打破国外垄断，成为国家级战略产品，凭借"高可靠、高性能、高效能"，在2017年度广东省科技奖摘取了含金量最高且唯一的特等奖，被广泛应用在国家金融、能源、交通、制造等重要领域，在"棱镜门事件"的背景下其战略价值尤为重要。

2020年在中国银行业金融科技应用成果大赛中获得唯一的最佳解决方案奖特等奖，截至2020年12月已经在中国工商银行、中国建设银行、中国农业银行、中国邮政储蓄银行、浦发银行、江苏银行、湖北农信、河北银行、桂林银行、兰州银行、上饶银行、泸州银行等数十个银行核心系统应用。

正因为实现了高可靠性指标，才让华为高端存储在核心领域的应用上实现重大的突破。不仅让华为产品的品质大幅度提升，产品实现中国数据战略安全的同时还大量出口国外，高可靠性成为华为存储产品最重要的名片。

高端存储没有给笔者带来一个奖项，也没有得到公司领导公开的认可，还因此牵连六西格玛的绿带认证。但作为"六个可靠"模型第一个完整落地的项目，完美的产品给笔者带来像朝圣者五体投地终到拉萨一样的快感，历经五年构建的产品"六个可靠"模型终于实践落地。

（三）可靠性定律：99.9%的完美等于零

如果产品是一个充满气的气球，气球上即便有比针眼小的洞都会让气球泄气，客户只接受100%无缺陷的产品。可靠性工程的第一点需牢记可靠性定律：

$$99.9\%完美 + 0.1\%缺陷 = 0$$

缺陷不仅影响客户对产品的接受，更影响企业微薄的利润，甚至会让一个企业的产品从明星产品走向失败产品。

图1-1 没有缺陷的产品才是符合客户需求的产品

【案例：三菱越野翻车案例】

三菱越野帕杰罗高底盘大视野、四驱大马力，车后再背上一个三菱标志的备用轮胎，尽显豪车的霸气。出色的性能曾让三菱占据中国越野车的大半壁江山，但2000年帕杰罗在中国出现的几起车毁人亡的交通事故，彻底毁掉了三菱汽车的大好前程。

事故是一个刹车油管设计缺陷引起的，当零件失效后造成刹车失灵进而导致多起车毁人亡的事故。经国家质检部门排查的几百辆帕杰罗均存在该安全隐患，因此帕杰罗被吊销了进口许可证。2004年三菱重新获得许可后在中国仍是销量惨淡，越野车市场也被多家汽车巨头瓜分，受中国事故的影响，三菱在欧洲的汽车厂以一欧元的价格销售，从此三菱汽车一蹶不振。

像三菱越野的案例还有很多，丰田在2012年因刹车事故全球召回近1000万辆汽车，直接经济损失上百亿美元。丰田刹车门事件带来的影响远远超过了三菱越野，作为日本质量丰碑的丰田出现刹车门事件后，损失不仅限于丰田公司，而是日本"质量神话"破灭的标志性事件。日本产品此后很难在客户心中重新树立高质量品牌。

二、产品质量模型

质量分为狭义质量和广义质量。狭义质量就是可靠性，指产品可靠耐用。广义质量是引入的西方经典理论，即质量就是符合客户的需求。

广义上的质量比较抽象，每个人的需求不一样，很难有统一衡量的标准。把抽象的产品质量构建成有感知的产品质量模型，对当今企业理解并构建质量管理有特别重要的现实意义。

那么产品质量应该从哪些维度去理解？

（一）重新认识商品价值

不妨从诺基亚这个品牌说起。诺基亚的成功不是偶然的，在效率、成本、质量（狭义质量，即可靠性）上，诺基亚均是世界的标杆。诺基亚手机的可靠性几乎成为它的品牌标签。有一次，笔者不慎将自己的诺基亚手机从三楼高度跌落至水泥地面，结果除了外观上的轻微划伤，手机竟然完好无损。这种可靠耐用的"传说"使诺基亚手机在消费者心中成了能够承受极端条件的高质量产品。

在效率方面，诺基亚同样表现非凡。多年来，诺基亚每年都会推出超过30种型号的手机，价格区间从几百元的低端机型到上万元的高端旗舰机。诺基亚的某高管曾自豪地宣称："无论你是谁，总有一款诺基亚手机适合你。"这反映了其在产品线广泛覆盖各个市场段的能力。

在成本控制方面，诺基亚也做到了极致。其归一化策略使所有手机型号都能使用相同的800个通用部件。这不仅简化了生产线，还因为部件的大规模订购而获得了更低的价格和更优质的供应链待遇。这种策略让诺基亚在成本控制上取得了显著优势。

凭借这些优势，诺基亚在2008年之前连续十多年保持着世界手机销量第一的位置，全球市场占有率一度在 2008 年达到惊人的 40%。然而，2009 年后情况急转直下，到了 2012 年，诺基亚的市场份额跌至仅 6.4%，并出现了 30 亿欧元的亏损。最终在 2013 年，诺基亚以 72 亿美元的价格将其手机业务出售给微软。同年，苹果的 iPhone 5S 在首发周就创下了 900 万部的销量。

诺基亚的旗舰手机曾一度被视为身份和地位的象征，但随着时间的推移，它们逐渐变成了老年人的首选。苹果手机则成了成功和现代性的代名词，尽管售价不菲，却依然受到全球消费者的热烈追捧。客户的购买决策首先考虑的是商品的价值。自从乔布斯推出第一部苹果手机以来，手机的价值被重新定义，价值已超越了传统的质量、效率和成本，成为消费者选择产品的首要因素。

（二）产品质量四维——价值、可靠性、效率、成本

广义质量就是四维质量模型，即价值、可靠性、效率、成本。

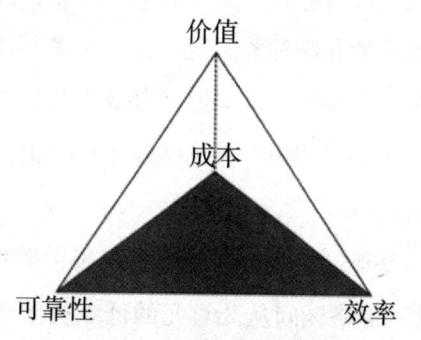

图1-2 产品质量模型

（1）质量第一维，价值：价值是客户购买商品和服务的重要理由，在条件允许的情况下，谁也不会购买低价值的商品和服务。

（2）质量第二维，可靠性：可靠性也是狭义的质量，而商品的可靠性是让商品保持价值一致性的基础，失去可靠性也将无法确保商品的价值。

（3）质量第三维，效率：效率包括研发效率、制造效率和维护效率，如果某个环节效率较低，也将让商品最终失去市场。

（4）质量第四维，成本：成本控制也是商品成功的要素之一，如果成本控制高于商品价格，那么更多的销量就意味着更大的亏损。

一个真正的好产品必须满足四个维度。其中的价值满足客户不断的需求，也就是"价值优先"；另一个是产品必须经久耐用，也就是"质量为本"；同时，产品的研发效率、生产效率、维护效率和客户使用效率决定产品的成败，也就是"效率领先"；最后，产品的提供者需在客户服务中得到合理的利润，因此需把产品的成本控制在合理的范围，也就是"成本平衡"。这里不强调成本最低，因为产品品质和原料材质强相关，不可能用最差的材料做出最好的产品。

综上所述，成功产品就是"价值优先，质量为本，效率领先，成本平衡"。

三、可靠性与品牌溢出效应

比毒品利润率更高的行业是奢侈品行业，售价相比成本可达上百倍。

2024年法国人伯纳德·阿诺特以2266亿美元的身家荣登世界首富。旗下有路易威登（Louis Vuitton）、迪奥（Dior）、芬迪（Fendi）等多个顶级奢侈品牌。一个成本几百元的LV女包，售价为几万元，是成本的几百倍。

这就是品牌溢出效应的威力！

（一）商标的抽象构成品牌价值

对缺乏产品鉴定专业能力的普通大众而言，商标成为商品认定最为直观的认可方式。作为商品的特定标志，商标有近千年的历史。中国规范的商标最早出现在宋代，通过简单的符号标识影响客户对商品的选择意愿。

欧洲的商标起源于行会制度。在行会制度下，虽然在一定程度上避免了过度竞争，但各工坊间仍存在激烈的竞争关系。为了区分，各工坊都会在自己的产品上打上不同的印记。这成为商标的早期雏形。

商品上独特的印记成了各坊间的重要标识，逐步成了人们选择商品最重要的因素之一。为了在竞争中取得优势，工坊主绝对不容许低质量商品流入市场败坏品牌。而高质量产品在竞争中逐步成了名牌、奢侈品，为工坊主赚到更高的品牌溢出利润。在高额品牌溢出利润的驱动下，工坊主更积极地改善工艺和提高产品质量。

直到今天，德国车、瑞士表、法国香水等欧洲产品延续着品牌溢出效应，在拥有高额利润的同时保持着高销量，实现了"厚利多销"的效果。

经过长期的发展，名牌商标可以独立构成商业价值，英国品牌评估咨询公司"品牌金融"（Brand Finance）发布的"2023年全球品牌价值500强"榜单中，茅台的品牌价值近500亿美元，超过华为，而五粮液早期向银行贷款100亿元人民币，所抵押物仅是"五粮液"商标，说明"五粮液"商标价值超一百亿元。

（二）可靠性本身具备价值属性

笔者大学毕业入职一家小电子厂。实习期间在生产线打螺钉，用国产木柄的螺丝刀虽然价格仅一元，但经常用不到一周就钝化需更换。而同样的德国塑料柄螺丝刀用一年都完好如初。因此，即便德国的螺丝刀是国产价格的二十倍以上，生产线还是逐步把木柄螺丝刀更换成了德国螺丝刀。

在可靠性上的显著性差异，让德国螺丝刀的价值达到国产同样规格产品的二十倍以上，可用度为"6个9"的高端存储器价格也是可用度为"4个9"的海量存储器价格的十倍以上。客户更愿意花更多的钱买一个可靠性更高的产品。

（三）现代公司如何树立高端品牌

2024年9月10日，华为和苹果同一天发布新手机，在短短的几天内，定价2万元的华为Mate XT非凡大师预订量超过500万，而苹果新机却引起全球的吐槽。华为从最早的贴牌低端机到世界最顶端手机品牌仅用了10年，正取代苹果成为世界最高端手机品牌。

华为的手机最早是给中国移动、中国电信的贴牌机，几乎没有独立的品牌价值。同时，早期的华为手机也没有独立的品牌影响力，直到Mate 7的横空出世才逐步树立起高端手机品牌价值。

1. 要有性能显著性或独特性的差异

Mate 7的意外火爆连华为都没有预料到，当年余承东对Mate 7预判生命周期销量仅200万台，由于前期的产能估计不足造成Mate 7的一机难求。

2014年年底，笔者组织华为首届硬件工程大会，其中特意邀请了Mate 7的研发团队分享。Mate 7为客户提供了具有显著差异性能的高端手机产品。在和当年苹果和三星旗舰手机的对比中，华为手机的关键性能遥遥领先苹果和三星旗舰。

2. 产品要有较高的可靠性

另外，Mate 7的可靠性也很卓越，在设计初期就模拟不同维度的跌落，率先采用的全金属框设计让手机在跌落、受到碾压、散热上均有极大的突破。

手机样机做了多项可靠性试验，可靠性相对当年的所有厂家均是碾压式的优势。实际使用的质量也非常高，在性能和可靠性上的显著性差异，让当年的 Mate 7 一机难求。

3. 可以借助现有的品牌战略合作拉动自己的品牌形象

早期的华为旗舰手机为了快速提升品牌形象，和相机奢侈品徕卡和豪华汽车品牌保时捷设计合作。通过合作，华为的手机产品和世界级的奢侈品品牌构建了微妙的间接关系。通过和世界级品牌战略合作，快速提升了华为高端手机的品牌形象。

这个难度非常大，能和世界级的品牌合作，同时也需要产品具备世界级品牌的要素和能力。

4. 构建品牌价值与市场双赢格局

从 2024 年 2 月上市到 2025 年 1 月，仅上市一年的问界 M9 在中国连续 10 个月成为 50 万元及以上车型的销量冠军，竟然超过第 2~第 20 位销量的总和。塞力斯凭借问界的出色变现能力在 2024 年实现盈利，毛利率达到 27%，远远超过国内同行。自 2023 年 9 月以来，问界系列避免了 26 万次潜在碰撞事故，凭借超安全和超科技的表现，提升了极为重要的品牌价值，问界品牌价值在极短时间内超过多个百年车企。

从问界品牌溢出的案例可知，构建一个品牌需要有极高的价值溢出和极高的产品可靠性，通过客户体验和口碑传递影响更大的消费群体，从而取得更大的销量和更多的品牌溢出利润。通过更多产品利润再投入新产品研发和可靠性工艺，为产品赢得持续的品牌溢出利润。

四、缺陷的代价

产品的缺陷不仅让公司失去客户，同时会让公司蒙受巨大损失。缺陷不仅严重影响企业的利润，影响品牌价值，甚至会导致企业倒闭或破产。

（一）软件缺陷平均代价

笔者针对产品做过一次缺陷 PONC（Price of Nonconformance，不符合要求的代价）的统计，其中，每增加一个环节，软件缺陷平均代价按 10 倍级增长。软件缺陷平均代价：

自检环节——×元　　　　仅人力成本

互检环节——××元　　　仅人力成本

验证环节——×××元　　 人力成本、设备环境成本、纠错机会成本

导入环节——××××元　 人力成本、维护成本、商誉损失

客户环节——×××××元 人力成本、维护成本、商誉巨大损失

软件缺陷发现越早，其代价会越小，自检和互检环节是高价值的质量保障活动。据此结论，笔者所辅导的重大软件项目中，大面积推广自检和互检，软件开发效率是产品线上限的 2.6 倍。

（二）硬件缺陷纠错成本巨大

产品的软件缺陷可以通过升级弥补，硬件缺陷只能通过维修、召回等方式补回。如果涉及安全，还会在召回的同时给客户巨额赔款。

硬件类产品因硬件改板缺陷成本平均增加 30 万美元，改板会导致产品推迟 2 个月上市。如果涉及大规模硬件产品召回，其损失更难以估计。大规模芯片（如旗舰手机 CPU）因缺陷流片损失上亿美元；其中直接流片成本 2000 万美元，延期 4 个月上市，机会成本差不多 8000 万美元。

在交付环节，硬件批量整改可能上百亿美元，如丰田"刹车门"事件导致近 1000 万辆车被召回；硬件致命的安全缺陷损失可能高达几百亿美

元，三星 Note 7 仅上市两个月直接和间接的损失高达几百亿美元。

（三）战略规划错误损失无法弥补

"差之毫厘，谬以千里"，企业在战略规划上的错误可能让企业走向不归之路。

曾经的胶卷相机霸主柯达在胶卷时代也曾占领全球 2/3 的市场份额，但 2012 年在数码相机的冲击下柯达最终倒闭。但令人唏嘘的是，数码相机居然是柯达在 20 世纪 70 年代就已经发明，因数码相机会冲击到柯达的胶片市场被柯达高层束之高阁。

诺基亚也犯了重大的战略错误。2007 年 1 月 9 日乔布斯发布第一款智能手机 iPhone，随后 iPhone 引起手机霸主诺基亚高管的集体嘲笑，对可以砸核桃的诺基亚手机而言，没有按键、跌落就破屏的苹果手机只是一个笑话而已。

好像一切都按诺基亚高管的预料一样，2007 年的手机"机皇"依然是诺基亚的 N95，2008 年诺基亚全球占有率居然冲到历史最高的 40%。但 2009 年诺基亚开始出现大幅度滞销，到了 2012 年份额只占到了 6.4%。诺基亚也出现了 30 亿欧元的亏损，最终，2013 年诺基亚以 72 亿美元把手机业务低价卖给微软。

令人惊讶的是，智能手机居然是诺基亚先于苹果发明的，是诺基亚高管毙掉了智能手机的方案，正因为诺基亚高管的战略失误才给了苹果逆袭的机会。

五、难于上青天的可靠性工程

早期华为近 70% 的产品销往国外，笔者作为硬件 COE 所负责的网络产品线（光网络、IP、接入网、企业网）占华为硬件产品规模的 80%。同时，通信产品的全球性布局也造成可靠性难度极大。

面向全球的产品总会遇到各种奇葩的可靠性问题。即使仅在中国销售，也会有一些令人匪夷所思的问题。

【案例】在安徽倒大霉的产品

这是一个真实的案例。一次笔者处理一个大规模单板返还事件，发现了一个很独特的现象，返回的单板绝大部分是安徽省返还的，其他省份损坏的总和远不及安徽一省。经分析，是单板上积累了很厚的灰尘，单板灰尘受潮后腐蚀单板的铜线造成断路，最终让单板失去功效。

为何只有安徽会出现这个独特的现象？原来中国北方的风沙大，但气候干燥，而江南有梅雨季节，湿度高。如果仅是北方和江南也很难引起设备事故。

但安徽兼具北方风沙大和江南梅雨潮湿的特点，造成在冬天北方风沙南下积累较多灰层，到了梅雨季节由于灰层受潮而腐蚀铜线，最终导致安徽的事故远远多于其他地区。

从事多年可靠性质量工作，好像永远有做不完的工作，可靠性难题比一致性的问题难度大得多，可靠性的问题难于上青天。笔者多年积累，产品可靠性有以下难点。

（一）产品环境差异极大

环境差异造成产品的环境应力，会导致同一款设备在不同地方有极大的可靠性差异。仅就中国的环境而言，不同的地方会面临不同的环境压力，例如，北方风沙大，冬天温度极低；南方湿度大，夏天温度高；沿海盐度大，设备易腐蚀；广西、云南雷电多；高原昼夜温差大，气压低，高能粒子多。

此外，室内有空调、室内无空调、室外环境等使用环境均能极大影响产品的寿命。

设备仅在中国销售都必须满足以上的环境应力，在成本极为有限的情况下，设备的可靠性确实是一项极具挑战性的工作。

（二）潜伏周期极长

可靠性危害极大的原因就是有相当长的潜伏周期。

相比产品一致性的问题，可靠性可以潜伏 2~5 年的时间，等产品上市两年后才发现必须整改的可靠性问题。

丰田汽车 CBB 问题从 2008 年发现到 2012 年全面召回，跨度 4 年，涉及上千万辆车的召回，让丰田损失上百亿美元。

笔者进华为的第一个部门就遇到影响较大的电源可靠性问题。

如硫化电阻问题潜伏期为 2~5 年（和客户机房腐蚀气体浓度有关），安规烧机问题潜伏期为 4 年左右，风扇寿命问题潜伏期为 2 年左右。

（三）引入点极多

来料、单板应用、PCB 设计、结构、工艺、生产等多个领域都可能引入可靠性问题。引入点涉及规划、需求、研发、验证、生产和维护整个生命周期，每个小点的疏忽都可能带来不可弥补的损失。

可靠性无小事，美国"挑战者"号航天飞机爆炸，仅是一个防导热的垫圈引起的。"挑战者"号航天飞机事故也成了美国航天的转折点，从此美国逐步放弃了航天飞机。对可靠性而言，所有工作的重要性均一样，没有一个可以忽视的器件和工艺，任何一个小疏忽均可带来极为严重的后果。

（四）影响极大

经过潜伏期后的产品问题，可能会引起恶性的烧机事故、系统业务中断（风扇、电源寿命）和大面积单板返还。可靠性问题布局影响企业，而且和国运相关联。

【案例：日本"躬匠"精神】

"日本制造还值得信赖吗？"日本媒体发出这样的疑问。

2024年6月3日，据日本国土交通省通报，截至5月底，丰田汽车、马自达、雅马哈发动机、本田技研工业和铃木共5家公司，在车辆性能测试等方面存在不当行为。涉及38种车型500多万辆。"作为丰田集团的负责人，我就此由衷道歉。"丰田章男在记者会上再次展现"躬匠"精神道歉。

继日本川崎钢铁、小林化工、日产、三菱公司之后，以日本丰田、本田为首的一众车企彻底沦陷，曾经引以为豪的日本工匠精神，在日本知名企业持续造假下成了"躬匠"精神，但除了一次再次多次鞠躬，日本的制造业似乎没有改变什么。

日本工匠精神沦为不停造假道歉的"躬匠"精神，已经缺乏创新，现在又缺乏精益求精的工匠精神，日本制造还有未来吗？

日本作假的危害涉及福岛核泄漏、日本高铁等多个安全领域，日本汽车的衰落是日本制造业持续衰落的一个缩影，从造船、家电、半导体衰落后，汽车在谱写持续衰败的日本制造故事。最为可笑的是，当今日本只能推出"寿司之神"，试图挽回日本工匠形象，实际上南辕北辙，制造业的工匠神话远比丰田成为世界利润最高的汽车更为重要，日本制造的衰败已经不可避免。

六、向经典致敬

在人类的历史长河中，从古到今一直都在发挥作用的，只有中国的都江堰水利工程，从秦代李冰父子建设到现在，都江堰在长达两千多年的岁月中，都一直完好地服务着人类，让水患和旱灾四溢的巴蜀之地成为物产极为丰富的天府之国，养育了大量的人口。华夏的战略重心也从黄河流域向四川迁移，从此有了"四川不亡，华夏不灭"的国家最高定位。凭借都江堰在粮食和人口上的巨大贡献和四川独特的地理优势，在2024年中国把四川定位为"战略腹地"。

2024年人类最伟大的航空器旅行者1号最后一次向地球回传信息，即将耗完电量飞入冷漠的星际空间。这是人类第一个飞出太阳系的人工设备，原本设计寿命仅5年的航天器却工作了47年。旅行者1号已经成为人类向宇宙探索的星际旅行的里程碑事件。

就工作环境要求的可靠性而言，产品可以分为商业级、工业级、汽车工业级、军工级和航天级，其中航天级的工作环境是最为严苛的，在无人维修且在最严苛的航天级环境中，超长期工作的旅行者1号堪称最经典的可靠性设计。代表人类向宇宙探索的旅行者1号，其产品的可靠性堪比人类的奇迹，在极为严苛的环境下超常工作。

从三星堆到都江堰，从瑞士工匠精心制造精密的钟表，到美国近代向宇宙探索的航空器，古今中外人类的无数经典产品、工程在历史上留下了惊艳的刻印，从事质量工作的笔者情不自禁地为经典产品和工程致敬。

第二章
高可靠性产品模型探索

如何去认识和定义高可靠性产品？绝大多数人会认为高可靠仅有产品一致性保持较高的维度，但实际上还包括易维护的维度。说到高可靠，就会联想到德国、瑞士的产品，笔者第一辆车就是德国大众，行驶十多年，车况还保持较好。

说到产品的可靠性，第一关注的就是安全，除了安全之外还有很多维度去定义可靠性。本章将从8个维度去诠释高可靠性产品，通过对产品可靠性多维度解析，让产品的可靠性提升有清晰的工作思路，在具体工作中有明确的措施和落实方向。

本章重点讲解"1-2-8"模型，即：1个指标，2个维度，8个细分。通过对高可靠性产品的维度解析增强对高可靠性产品的认识。

一、高可靠"1-2-8"模型解析

在中国，质量和可靠性的概念基本上混淆，在具体的可靠性提升工作中，由于分不清可靠性的维度，很多企业的可靠性提升总是停留在头痛医头的低空盘旋方式。那么什么是可靠性？高可靠模型的维度有哪些？从哪些角度去提升产品的可靠性？

（一）高可靠产品"1-2-8"模型

什么是高可靠？在质量术语中可用度（Availability）是可靠性的量化定义，即以可用度来衡量产品的可靠性，其公式为：

$$可用度（Availability）=MTBF/（MTBF+MTTR）$$

其中，MTBF：Mean Time Between Failure。即平均故障间隔时间，是衡量一个产品(尤其是电器产品)的可靠性指标。MTTR：Mean Time To Repair，即平均恢复时间。可用度是 0~1 之间的一个数字，越接近 1，表明可靠性越高；反之，可靠性越低。

由公式可知，高可靠的产品由两个维度来判断，即 MTBF 越长越好，也就是产品固有的失效率越低越好，因此需要产品"低失效"；而 MTTR 的时间需要越短越好，也就是出了故障恢复的时间需要短，也就是所谓的"易维护"。

通过可靠性分析得到高可靠产品的模型，可以分解为"1-2-8"模型，即 1 个指标（可用度），2 个维度（低失效、易维护），8 个细分（低失效维度下有 4 个细分：零事故、零整改、低返还和低 DOA，易用性维度下有 4 个细分：易用性、自愈性、快恢复、远维护）。

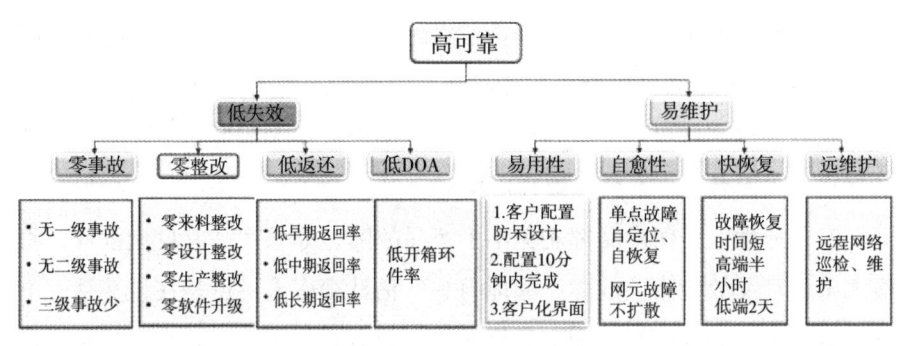

图2-1 高可靠产品"1-2-8"模型

(二)高可靠的基础是低失效

低失效维度下四个细分,即零事故、零整改、低返还和低DOA(Death Of Arriv,开箱坏件率)。

1.零事故:相比其他几个特性,零事故影响最大。所有缺陷中最不可容忍的就是事故,一旦发生后果很严重,危害度可参考三菱、丰田和三星的案例。

2.零整改:整改将让企业蒙受巨大损失,客户信誉损失巨大。根据引入点不同,整改分为来料、设计、生产和软件,特别是前三个危害和影响比较大,一旦发生,类似汽车的召回。

3.低返还:低返还对企业来说可以大幅度降低维护成本。单个产品由于部分器件失效等原因会返还维修,因此需要设计低返还的产品,确保在早期、中期和长期的返还率低,至于低到什么程度,建议和业界的标杆比。

4.低DOA:开箱坏件率相比使用过程中的损坏要严重得多。引起DOA的原因很多,可能是生产没有拦截缺陷产品,也有可能是包装不合理在运输过程中出现撞件等造成产品损坏,也有可能是野蛮装卸造成产品损坏。

(三)高可靠容易忽视的易维护

易维护的目的是尽量缩短MTTR,易维护细分为四个维度,即易用性、自愈性、快恢复、远维护。

1.易用性:就是好用,体现为防呆设计、安装配置时间短、客户化界面。防呆设计很重要,Type-C插头替代安卓插头就是采用了防呆设计。防呆设计还包括防止用户配置错误造成系统崩溃的事件发生。安装配置时间短也很重要，PC兼容机就是采用攒机方式让销量倍增。客户化界面主要是用在有人机交付界面的设备中，诺基亚的失败很大程度是由于塞班系统的客户化界面做得不好最终被客户抛弃。

2. 自愈性：任何产品都避免不了产品故障，如果产品有自愈设计，将极大降低产品故障率。故障产品能自愈？估计很多人觉得是在说笑话。电脑最容易失效的是硬盘，硬盘最容易失效的方式是坏区，硬盘采用自愈方式主动检测、主动隔离坏区，使客户对坏区基本无感知（只是硬盘空间略微变小而已，基本不影响使用）。华为高端路由器在芯片中采用自愈设计，产品可靠性极大提升。因此自愈性做得好的产品，可靠性提升的幅度都非常大。自愈性另一个要求就是故障隔离，美国设备认证中有火灾测试，测试设备在出现火灾时（测试过程是人工加燃料放火）也不能引起其他设备燃烧。

3. 远维护：利用当前的通信手段实现远程巡检与维护，充分利用信息时代的资源实现远程巡检、预警、维护和精准整改，在极大提高维护效率的同时，也极大提高客户的满意度。

4. 快恢复：快恢复是一个综合维护的结果。海尔集团能异军突起的重要原因就是快恢复的践行，出了故障客户打个电话工作人员很快到家里维修。日本家电的固有可靠性做得比较好，但在维修上远比国内家电维修时间长，这导致日本家电的可用度低于国内家电，最终日本家电企业在中国全面落败。

相比低失效最直接的影响，易维护容易被企业忽略，但易维护也是构建高可靠产品不可缺损的维度，企业需要重新对易维护增强认识。

二、零事故

美国先进制造的波音衰落历史浓缩了美国制造的堕落趋势。

曾经的客机霸主波音客机是美国制造的名片。波音的高可靠所带来的安全性让波音客机所向披靡，长年占据世界航空市场份额超过50%。但从2018年开始，出现了一系列客机坠落事件，波音业绩也直线坠落，安全事故让世界各国望而却步，波音业绩也从2018年的1010亿美元、净利润104.6亿美元降到2023年的675.71亿美元、利润亏损22.4亿美元。

2024年6月6日，波音飞船运载2名美国宇航员飞抵国际空间站。飞船原定6月14日脱离国际空间站返回地球，但由于出现推进器故障和氦气泄漏等问题，返航时间一再推迟。两名美国宇航员最终于2025年3月19日搭乘美国太空探索技术公司的"龙"飞船返回地球。由于波音飞船的安全问题，让原本8天的太空旅行，最终在太空中滞留286天。

波音依靠安全而崛起，也因安全而衰落，在新领域中因为安全性差无法拓展，在老领域中因为安全性差而衰落，波音的衰败也从侧面反映了美国制造衰落的现状。

（一）安全规范是万规之首

安全标准是为了在一定的范围内获得最佳秩序，经协商一致制定并由公认机构批准，共同使用的和重复使用的一种规范性文件。它以科学、技术和实践经验的综合成果为基础，经有关方面协商一致，由主管机关批准，以特定形式发布，作为共同遵守的准则和依据。

一类事故是安全事故，安全事故要求产品在正常使用和非正常使用的情况下，不能出现火灾、人员伤亡、漏电、核泄漏、环境污染等涉及人员、环境等的安全要求，一旦不符合不能在市场上销售。

另一类事故相比安全事故要影响小一些，但由于涉及的用户多，也会作为事故记录，如大面积停电、大面积通信中断等，像在美国的地震测试要求中，通信设备要求不能因地震而失去功能，因为正常的通信在救灾中有极为重要的作用。

安全规范不仅在正常使用的时候需要确保安全，在产品异常的情况下也需要尽可能保障用户的安全。因此安全规范是万规之首，是产品最底线的要求，容不得半点疏忽。

（二）安全是最大的奢华

2024年4月，问界M9销量突破1.5万辆，问界M9上市仅4个月就成为中国豪华汽车的销量第一，余承东在发布会上那一句"安全是最大的奢华"成了最有效的广告词。

问界汽车能短期火爆的原因就是实现汽车的主动安全，问界M9上市不到一年大订超过16万辆，创造了世界豪华新车销量纪录，创造了新型汽车上市销量的奇迹。

某品牌汽车在3月开售，当前大订突破8万辆，创造新车上市销量奇迹，但随着交付一月后有近15%的事故率，对该车型有不小的影响，高维修率被众多保险公司拒绝，即便有惊艳的外观和超高的流量，而汽车最终是否成功还需要看原本的质量。如果质量不好，汽车企业不仅会面临销量萎缩，而且维修等费用增加会让企业出现巨额亏损。

（三）高可靠产品有更大的溢价空间

2010年，笔者在买车时，同样的配置，德国汽车较其他品牌贵2万元左右，而且购买德国汽车需要等上一个月以上，但笔者仍未放弃购买。2024年笔者再购买新车，虽然问界较同样配置的新能源要贵上3万元以上，但笔者毫不犹豫购买问界M5，即便需要等上两个月。对客户而言，在安全性之外的其他不值一提。

安全是客户选择商品最重要的理由之一，拥有更高安全性的商品即便价格更贵、等待更长的时间，不少客户也不会动摇对安全产品的选择。

三、零整改

作为日本质量丰碑的丰田因 CBB 刹车门让日本质量的神话不再，日本质量也从精益求精的"工匠"精神被反复造假而道歉的"躬匠"精神所取代，丰田门的影响甚至超过日本遭受的两次核弹袭击。

【案例】丰田 CBB 刹车门对日本质量的影响

日本在 20 世纪 70 年代的质量改进让日本产品建立了高质量的国家品牌形象，日本高质量形象也促进了其于 20 世纪 80 年代取代美国成为世界第一制造大国的结果。进入 21 世纪，日本高质量形象的突然坍塌，源于日本丰田刹车 CBB 召回门。

2009 年 8 月美国加州发生一起交通意外，驾驶人开着丰田雷克萨斯轿车，时速达到 190 千米，整辆车失控冲出车道，车里四名乘客当场丧生。后来经过调查，可能是脚垫卡住油门踏板所致。于是丰田 25 日宣布，2010 年 1 月开始将召回八款在美国售出的车款，截至 2010 年，丰田在全球范围内召回了约 1000 万辆油门踏板有问题的私家车及货车，损失高达约 20 亿美元。同时，丰田还另外支付了大约 11 亿美元，用于给 1600 万多辆车安装新的安全设备或赔偿车主。

高质量产品必须是零整改，包括软件缺陷升级、硬件设计问题、硬件来料批次问题、硬件生产批次问题，了解批次整改的类型对产品质量保障有较好的改进方向。

（一）软件缺陷升级

软件因为存在严重的 BUG（故障或缺陷），会涉及针对个人的软件应用，一般整改需采用软件网上在线升级的方式来解决。

而软件较大系统的 BUG 整改需要分析具体的原因，整改前需要针对问题充分定位，根据问题修改完成后，重大系统升级会在实验室搭建镜像升级环境，并制定回退策略后，才能进行网上系统软件升级。

通常软件引起的升级造成的直接危害相比硬件要小很多，但也不排除软件大面积事故所带来的损失。2024 年 7 月 19 日，全球互联网爆发一场海啸级网络事故，世界最大电脑软件公司微软旗下的 Windows 系统，遭遇了有史以来的最大故障，在全球范围内掀起了一场连锁风暴。CrowdStrike 引发的系统故障导致数千架航班停飞、医院瘫痪、支付系统崩溃，被专家称为史上最大的 IT 故障。

据 Parametrix 保险公司称，CrowdStrike 错误更新引发的全球技术中断，使美国财富 500 强企业（不包括微软）面临 54 亿美元的经济损失，全球经济损失总额可能达到 150 亿美元左右。

（二）硬件设计整改

如果涉及硬件设计问题，这样的整改是最严重的，通常会造成全部产品的召回。这类召回影响最大的是丰田刹车门召回事件，涉及上千万辆车的召回。

其实设计类的问题在验证阶段基本可以发现，避免这类整改最佳的方式是在验证阶段全方位地验收，并针对验收的问题全面改进。三星 Note 7 手机在验证和生产阶段均发现有电池爆炸和燃烧的隐患，但由于三星公司不重视，最终造成全球的大面积召回。

因此，针对设计类的整改最好的方式就是在验证阶段强化验证。在华为涉及硬件产品都会进行全方位的测试验收，因此华为手机开售后均有极佳的环境适应能力，包括不同角度的跌落、小车碾压、防水等极限测试。

（三）硬件来料批次整改

在硬件所涉及的整改中，因为硬件产品采用的来料批次问题所涉及的整改最常见。

一般的电子产品涉及几百上千器件，复杂的硬件产品涉及上万器件。

通常硬件在验证的过程中，所涉及的硬件器件均有严格的测试，但批量生产后，部分器件由于生产工艺、环境等的改变造成器件在某一批次的一致性、环境适应性、寿命可靠性等方面出现显著性的劣化，就需要针对该批次的产品进行整改。

来料类的整改通常会涉及多个产品，整改的难度较大，所涉及的面积广，因此针对供应商和来料管理是减少器件批次整改的最关键途径。由于器件和部件范围极广，具体的操作需要详见本书第三章可靠来源。

（四）生产批次整改

在批量制造过程中会出现某批次生产的工艺、设备等因素问题，并造成某批次的产品有较为明显的劣化或者有较大的可靠性隐患（如涂覆不充分造成的腐蚀问题）。生产类的批次整改相比设计类的召回危害要小很多，只涉及问题批次的整改即可。

针对生产类的批次整改关键要有对出产产品有效跟踪和可靠跟踪，这样可以快速准确定位所涉及的问题批次，快速完成整改，避免问题在客户端发酵。

（五）整改方式

整改包括主动整改和被动整改，被动整改涉及通过网上巡检的方式，主动整改一般是失效面积比较大、影响比较大时采用的方式。主动整改所涉及的问题在不同环境下有不同的风险。如防雷电路存在隐患，在雷电集中的地方（如广西和云南）就必须全网整改，而在雷电风险较少的北方采用被动整改的方式。

产品给客户交付必须强调一点，需保障产品在全生命周期不能出现任何的批次问题。如果出现批次整改，不仅影响大面积客户感受，花费巨资召回和整改，而且对公司和产品形象有极大影响。

四、低返还

实践证明，大多数设备的故障率是时间的函数，典型故障曲线被称为浴盆曲线（Bathtub curve，失效率曲线）。浴盆曲线是指产品从投入到报废为止的整个寿命周期内，其可靠性的变化呈现一定的规律。如果取产品的失效率作为产品的可靠性特征值，它是以时间为横坐标，以故障率为纵坐标的一条曲线，曲线的形状呈两头高、中间低，有些像浴盆，所以称为"浴盆曲线"。曲线具有明显的阶段性，失效率随使用时间的变化分为三个阶段：早期失效期、偶然失效期和损耗失效期。

（一）早期失效期

早期失效期在硬件产品中存在较大的失效率，主要是硬件产品器件在筛选、制造、器件/模块之间的适配性、包装、运输、安装等过程均有应力输入，也可能造成器件/部件的参数或结构变化（如运输过程的振动过大造成虚焊），也会造成产品在早期使用过程中的高失效率。

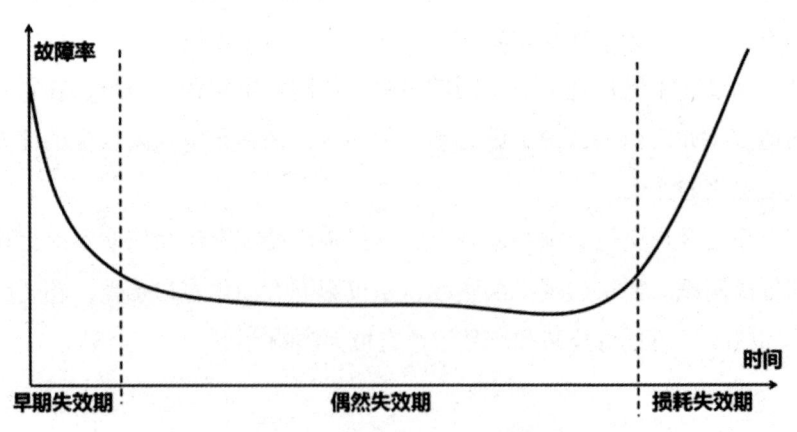

图2-2 产品返还的"浴盆曲线"

和产品所承受的环境应力有一定的关系，为了预防早期失效，通常产品在出库前需要进行不间断老化，通过老化可以剔除部分因器件早期失效的产品。如果以强化的方式激发老化，通常可以增加略微比工作条件高一点的条件的 Hass 老化试验，比如，产品工作温度为 0℃~55℃，老化高温可以增加到 60℃，以激发产品薄弱点。

（二）偶然失效期

部分硬件产品如果有潜伏期长的隐患，会在一定的时间突然有较高的返还率。相比于早期返还率失效，中长期的可靠性失效的隐患让企业损失更大。如日本丰田的 CBB 失效已经售出上千万辆隐患汽车，如果全部召回所承担的损失巨大。

另一种损失是客户信誉的损失，如果问题产品不采用批量召回或区分对待客户，势必会让客户对品牌丧失信心，进而被客户抛弃。三星 Note 7 的召回有意避开中国区，进而影响发酵，公司的形象受到极大的影响，即便后期三星手机没有任何问题，也不会为中国区客户所选择，客户信誉的损失相比某批次召回的损失要大很多倍。

中长期失效影响巨大，降低中长期失效也是企业管控失效率最重要的工作。由于产品验证时间无法覆盖中长期时长，因此产品中长期返还率的提升也是最难的工作之一。

（三）损耗失效期

所有的硬件类产品都有寿命限制，家电一般 8 年，通信设备一般 10 年以上。通常为了保障产品的寿命，构成产品的器件和部件的单独寿命需要严格审查。

在产品中可能某一类部件的寿命低于产品承诺的寿命，比如，风扇的寿命通常只有两年的时间，而通信产品要求 10 年，因此类似风扇类的部件必须做成易损的部件，并能够有一定的冗余设计能力。需要有直接或者间接的检测能力，直接检测可以在风扇板上检测部件的失效，而间接检测可以观察设备核心器件的工作温度，如果温度异常升高，报警后维护人员到现场判断风扇是否失效。

五、低开箱坏件率

DOA（Dead on Arrival）是常见的技术术语，指的是硬件或软件在安装或运行时发生故障而不能正常工作。开箱坏件率就是 DOA 问题数量和发货量的比率。开箱坏件率是 0~1 之间的数字，数值越接近 0，就表明开箱坏件率越低，产品可靠性就越好。

开箱坏件率和早期失效还有所不同，早期失效指开机时是好的，而开箱坏件率指不能上电开机或者开机后功能失效或性能劣化，造成客户无法使用产品。一般而言，开箱坏件率不可能完全避免，总有或多或少的比例。开机坏件率对客户的影响太大，会严重影响品牌形象，因此尽量减少开箱坏件率有极高的意义。

（一）生产检查系统性遗漏或执行不到位

一般产品出厂很少能检测全面，因此极个别的功能由于没有检测到位或者产生漏测，这个问题也很难解决。从效率的角度来看，很少能把产品的所有功能检测完。系统的问题检查尽可能做到效率的平衡。

另一种是漏检，可能会出现硬件 BUG，还有一些产品无法检测其功能。如炮弹是否能爆炸，导弹能否正常发射，如果检测也就意味着产品无法再使用。基于这样的产品也只能采用抽样检测的方式进行判断，由于抽样检测误差的存在，也无法确保产品真实的合格率。

正是从检测效率和产品部分不可检测性等原因存在，较为复杂的产品总会存在漏检的情况。

（二）包装、仓储、运输、安装过程引入问题

包装、运输过程会引入应力，如机械、跌落、运输震动等机械应力，也可能造成器件损坏和内部结构松动等故障，导致产品无法正常开机。仓储和运输还要考虑气候和环境问题。比如，某设备海运，需要考虑设备的

防腐蚀问题。

针对包装、运输、库存、安装等机械应力和环境应力所带来的产品损坏，通常情况是在产品研发过程中强化对相应的应力测试，在确保符合相关质量标准的前提下，认可设计是符合要求的。但不排除在实际的生产、运输、装卸和库存中存在超过质量标准的应力冲击，或在标准所规范下的应力冲击默认有一定的产品损坏。基于以上所述，合格的产品在送达客户手中的过程中会存在一定概率的损坏。

（三）从客户的视角提升开机坏件率

开箱坏件率从企业视角认为影响较小，一般不会引起企业管理层的重视；但从客户的视角来看，开箱坏件率是不可忍受的。如何改进就需要从客户的视角针对改进。

【案例】美军二战降落伞案例

二战美军使用降落伞中发现，总有千分之一的降落伞因为不能打开造成士兵的很小比例死亡，为此，美军找供应商要求降落伞必须100%合格。供应商总能找很多的理由说明100%合格是不可能的，对此美军高层大为光火。后来美军采用新的验收方式，让供应商老板随机抽取降落伞跳伞后再验收，否则拒绝接收。

由于产品质量关系到老板的生命，因此老板们全力保障各环节的过程质量，确保自身生命100%安全。从此，再无因降落伞质量问题造成无辜士兵死亡。

让企业高管承受缺陷产品带来的危害，美军仅通过验收方式的改进，确保降落伞最终100%的安全交付。

六、产品易用性

2007 年，乔布斯发布了第一款智能手机 iPhone，随后 iPhone 引起诺基亚高管的集体嘲笑。一天，一位诺基亚的执行官 5 岁的女儿询问他："今晚我可以把这个神奇的手机放在我的枕头下吗？" 5 岁的女儿很快学会使用 iPhone，让执行官意识到，诺基亚遭遇到了前所未有的危机，但为时已晚。

在产品的易用性上，一个 5 岁女孩都可以使用的 iPhone 手机远远领先于诺基亚。易用性已经成为客户选择产品最重要的理由之一。

（一）防呆设计

防呆设计在硬件中比较重要，不管客户如何操作都不影响正常使用，特别在机械结构上不会因为客户误操作造成系统的损坏。

早期的安卓手机插口采用 micro-USB 接口，由于只有一个方向插入而没有防呆设计，很快被有防呆设计的 type-C 所取代。防呆设计还包括单板插拔、硬件模块维护等方面，只有把防呆设计做好，才不会出现因为硬件插错造成产品损害的问题。

（二）易安装

易安装是硬件标准化和软件即插即用的综合体现。在现场维修时可以快速更换损坏部件。

华为早期服务器 38 秒组装让华为服务器意外火爆，把易安装的特性设计在产品中。好的产品需要在现场快速安装，硬件关键设备的所有单板均可以实现热插拔。

早期 DOS 操作系统中，计算机的配件设置需要手工完成，部分关键设置如果错误，就需要重新把系统格式化。Windows 的设备大部分可实现即插即用，从此 PC 界再无其他操作系统。

易安装还包括很多软件的一键安装设置，早期计算机系统软件安装和应用软件配置是非常麻烦的工作，通常需要专业人士配置几小时才可应用。当前的软件有一键安装按钮，仅需一个键就可以快速达到专家安装和适配水平，通过一键安装避免了系统配置错误死机等问题。

(三) 客户化设计

诺基亚一直采用键盘手机设计方式，由于功能菜单较长，在易用性上远远落后于苹果手机简单图形 APP，即便 5 岁的小孩都可以快速使用苹果手机，易用性极差体验是诺基亚败给苹果最重要的原因。客户界面简单、APP 广泛应用让功能简化，客户可以学会使用当前的手机、PC 电脑等智能设备。客户界面需要较为清晰、直观的界面，这对产品的销售有极大的益处。

Windows 能打败 Dos 操作系统也是采用图形化易用性。智能新能源汽车能异军突起也和客户得到前所未有的体验有关系，客户选择商品最重要的一点是使用体验，体验不好客户就会快速放弃产品。因此，设计让客户更快速上手、界面更亲和的产品对产品竞争力有极大的帮助。

七、产品自愈性

思科一直统治路由器市场，直到高端路由器在可靠性上被华为全面碾压。

华为能在高端路由器市场快速战胜思科，关键技术在于最底层的交换芯片实现了自愈能力。在芯片内部设计的交换颗粒实现 N+K 方式备份，当有交换颗粒出现故障时，备用的颗粒可以直接替代失效的交换颗粒，这样，可以在客户不感知的情况下让业务正常运作。

自愈性是采用备份、故障检测和隔离等方式，当某个器件、部件出现故障时，通过故障检测、隔离、报警、替换等方式让故障单元不影响正常的设备使用。

（一）故障检测和隔离

有自愈性设备的前提是能识别到故障的部件、器件或者器件内部的可替代颗粒的故障，否则不能实现故障自愈。自愈检测需要在产品设计过程中对各器件失效模型进行判断，并针对性地检测上报故障类型，为后续的故障保护做准备。

自愈最常见的是存储颗粒，如磁盘、内存等，磁盘和内存等存储单元最常见的是存储单元失效，如磁盘有坏磁道，如果出现部分的坏磁道而返还设备将造成极大的维护成本。如果通过检测和故障隔离，就可以在不降低客户感知的情况下，让设备继续为客户所使用。设备仅减少了极小的内存和存储单元。

（二）业务保护和恢复

汽车超过 100 码行驶时如果出现爆胎，有很大概率会出现车毁人亡的事故。汽车爆胎又是最常见的失效事故。

比亚迪仰望 U8 是中国第一次价格达百万级的豪车，U8 不仅有原地掉头和水中临时行车的功能，还有在高速行驶中，车胎出现爆胎或少一个轮胎的情况下，通过系统调配让剩余的轮胎稳定汽车行驶的功能，大大提高了汽车的安全。

在通信设备中对一般的业务均有热保护措施，出现单点的故障，设备会马上倒换到备用单板上，业务在倒换过程中不会出现卡顿和中断。

(三) 冗余设计

日常生活中最常见的冗余设计就是客机双引擎设计，正常情况下单引擎就可以让客机稳定飞行和着陆，为何要多费一倍的成本设计？

冗余设计的思路就是多费更多的设备确保系统的安全性。比如，单引擎的失效率为万分之一，而出现双引擎同时失效的概率为亿分之一，飞机安全提高了一万倍。冗余设计不能消除失效，仅是大幅度降低了失效概率，因此飞机的安全性远远超过火车和汽车。

冗余设计可提升系统的可靠性，但由于使用的关键部件或单板太多，会极大增加设备的成本，而且关键部件的返修率也会倍增，因此冗余设计通常是应用在高端的设备上，或者对安全要求极高的设备上。总的说来，增加的维护和设备成本相比业务损伤所带来的危害要小很多。

八、远程维护

从 20 世纪 80 年代人类进入信息时代后，在通信技术的基础上，远程巡检、远程监控、远程维护可实现成本极低、效率极高的产品维护方式。远程维护大大缩短了维护时间，因此成了企业的核心竞争力之一。

【案例】三一重工通过远程维护成功突围

三一重工作为世界第一的建筑设备厂家，最核心的竞争力不是产品的高可靠，而是能快速远程维护的网络系统。

三一重工在推出设备时发现，无论如何努力，产品的固有可靠性远远落后于德国和日本厂家，而且产品可靠性不可能在短期内追赶上。但德国和日本设备投入现场维护的人力极少，造成故障设备不可能在短期内恢复，在大型工程中对进度造成不可预测的后果。

既然不能在短期内提升固有可靠性，那么就在远程维护上下功夫。日本、德国的设备虽然不经常损坏，但一旦损坏，其恢复的时间特别长。三一重工在提升固有可靠性的同时，在设备上增加远程监控，随时都可以远程巡检到设备的故障，一旦发现设备故障，就近让维护人员快速到现场支撑，客户的工程基本上不会受到影响。

（一）通过现有的通信技术构建远程维护的基础

通信产业出身的华为在远程维护上深耕较长的时间，华为的全球维护中心（GTS）凭借在印度构建全球远程维护中心，通过技术实现全球的网络巡检、预警、电话咨询及服务、现场和中心的联动，让华为实现"七远八按"远程维护能力，极大提高了产品的维护效率。同时，华为凭借远程维护能力，通过承包运营商网络维护业务，让 GTS 的毛利高达上百亿美元，为公司贡献了极大的现金流。客户也因为让华为外包子网维护大幅度降低成本，同时提高了通信网络的质量和客户的体验，利润得到较大的提升。

(二) 远程维护提升客户体验

问界汽车能在 2023 年后火出圈，重要的是可靠性提升，不仅在固有可靠性上的显著性差异，而且在维护方面的"降维打击"让客户得到超值服务。

"问界 M7 车祸"引起了大批"老司机"的讨论。根据车主描述，他当时正常在高速行驶，以平均 120km/h 的车速前进。不料前方突然出现一个金属异物，也许是前车掉下来的货物。问界 M7 车主来不及躲闪，径直和金属异物发生了碰撞。因碰撞导致前车轮直接爆胎，轮毂当场报废。在发生车祸不久后，问界后台弹出车祸提示，随即有工作人员致电车主。最终官方道路救援赶到现场，人车都安全撤离。

(三) 万物互联时代远程维护必将成为主流

远程维护核心是线上线下联动维护，通过产品主动的巡检预知隐患，当事故发生时能从维护中心得到快速报警，通过维护中心和线下维护团队快速处理故障产品，及时安抚故障客户，可使故障造成的影响最小化，避免事故的扩大。快速及时恢复问题产品也可以让产品有更高的可靠性，从而强化客户心目中高质量品牌形象，通过口碑快速传递扩大销售，并赢得较高的品牌溢出效应。

从通信网维护到网络设备监控，再到汽车、自行车远程维护，智能家居和智慧城市远程控制和监控，再到三一重工远程重装机械的监控和维护，万物互联的时代奠定了远程维护的物质和系统软件基础，未来的产品远程维护必将成为主流。

九、快恢复

快恢复是易维护的综合体现，也是高可靠的关键因子。商品的可靠性不光是看固有的"低失效"，还要看当故障出现后的"快恢复"，仅凭"低失效"是无法赢得客户信任的。

笔者一直是海尔家电的用户，家电中像空调、冰箱、热水器、燃气灶、按摩椅等全都是海尔的，原因很简单，海尔的上门服务都快速及时。虽然海尔产品的质量算不上一流，但在涉及产品的故障快速响应上却是一流的，快速维修也让笔者对海尔家电的缺陷有较高的容忍度，即使是同规格的家电海尔要贵一些，只要海尔有的家电笔者就很少考虑其他品牌。

（一）快恢复的第一点就是及时响应客户

20世纪家电是日本四大家电的时代，直到21世纪初还一直称霸全球家电，但进入21世纪日本家电突然遭遇产品危机，不仅不再重现当年的风采，而且连年的亏损让日本家电逐步退出市场，其最大问题就是快恢复上出现致命的战略错误。日本家电的质量在全球范围内享有较高声誉，20世纪80年代的日本彩电能使用十多年不出故障，日本在高质量的前提下布局的维修点极少，虽然合理但隐埋下致命的战略失误。

但为何日本家电在21世纪快速败北？其核心就是在维护上的忽视，某些日本家电维修周期甚至超过三个月，等媒体发酵后造成不可弥补的损失。当中国家电的质量接近日本家电质量后，日本在维修上的差距造成的可靠性低的原因，让日本家电一败涂地。

日本家电固有失效率均比国产家电要低，为何日本家电在中国市场逐渐衰落？关键一点就是日本家电出现故障后，维修的时间特别长引起的客户不满。

能及时响应客户，可以极大提高产品的可靠性。当年中国家电的固有可靠性（MTBF）虽然较差，但通过快速故障恢复（MTTR），反而让产品的可用度远远超过日本家电。

（二）维护人员的素质决定客户感受

海尔和华为的售后服务让不少客户感觉不错，去华为的维修中心都能得到较好的服务，海尔的上门服务也体现了维修人员的素质。每次有故障，维修人员都能在第一时间及时上门解决，入门必穿上鞋套，整个过程不会喝一口水，及时周到的服务让笔者基本上用海尔的家电。

反观一些售后极差的商家会很快被客户抛弃。2001年笔者购买某中国通信业巨头的小灵通，刚买没多久就有一点小小的故障，商家找各种理由拒绝维修，最后不得不花几百元自认倒霉更换了小零件。极差的售后服务让这个通信巨头最终被市场淘汰。

（三）高端设备备件管理

备件可靠性要求要比正式产品高，因为备件用于设备出现故障的紧急补救，如果备件再出问题，那么业务将出现不可承受的中断风险，且时间非常长（等于其他备件从工厂补回到现场的时间，比如南美，大概需要7天），在高端产品中是绝对不可接受的。因此针对备件在高端设备中需要更高的要求，针对备件需要更高的可靠性策略。

正由于备件的可靠性要求更高，因此在备件的生产过程中要进行更加严格的质量把控，通过针对性的生产加严测试和发货前老化验证，确保备件功能100%合格的同时，筛选出具有早期失效的备件。

当设备出现硬件故障时，需要及时更换故障硬件避免系统业务的崩溃。备件应用在设备故障期间，就可靠性而言备件的要求比设备部件的要求还要高，否则如果备件出现问题就可能造成系统业务长期中断的事故。

十、产品高稳低免可靠性策略

不同的产品采用不同的可靠性策略,华为的创始人任正非针对产品所提出的"高稳低免"作为华为产品可靠性的纲领。

所谓的"高稳低免"可靠性策略,就是要求高端设备业务稳定运行,而低端产品的适应能力强,且返修率极低。

"高稳"针对高端设备的可靠性策略,比如,高端路由器、高端存储等产品,也包括像客机、高端汽车等安全性要求极高的产品,不仅要确保无故障的情况下安全稳定运行,还需要在出现故障时(飞机单一引擎故障、行驶过程中轮胎爆炸等)能尽量确保设备和人员的安全。"低免"主要是针对低端且无安全隐患的终端产品的可靠性策略,如手机、电脑、耳机等设备,需求确保正常工作环境下的故障率极小,在跌落、碾压、入水等异常情况下,也要尽量让产品不产生损坏。

(一)高端产品稳定工作

对于高端产品,如中央机房、云服务平台等,必须确保设备的安全性和业务的连续性,包括在正常运作和异常运作上。

1. 高端产品的容灾设计

高端产品在使用过程中,即使在灾难来临时能确保业务的稳定,包括地震、火灾等危害级别极大的灾难,针对容灾的设计确保在极小概率的灾难过程中,系统还能保障业务通畅或者最小的业务损失。

针对容灾设计,需要构建多层异地的系统级保护功能,如网络级分布保护、高端存储定时系统数据光刻备份等,也包括灾难级的事故发生后的人员设施安全保护,比如,问界汽车在前后货车的夹击碰撞下,还能确保人员的安全,虽然这样极端的碰撞事故极为少见。

2.高端自愈性策略

高端产品的可靠性不仅是建立在正常使用的状态下，而且需确保在异常情况下的系统自愈能力。比亚迪 U8 在高速行驶过程中，如果出现一个或两个轮胎爆炸，机车系统也能够通过独立的轮胎调节让汽车稳定高速运行。

通信设备上的自愈性是系统最基本的要求，当设备单点故障出现时，需要通过切换、保护、数据循环等确保设备的正常工作。华为在高端路由器方面能突破思科的垄断，很重要的原因就是高端路由器的通信颗粒中设计了 N+K 的自愈保护机制，极大降低了设备出现故障的可能性。

3.高端巡检及预防策略

高端设备在使用过程中，需要对重要的指标进行实时监控，对故障及隐患进行预判，比如，某光模块参数出现劣化，虽然业务还能正常运作，但光模块出现故障的概率大大增加，通过巡检提前更换隐患设备。

通过故障单板、部件的返还率进行分析，在大数据分析下找到可能存在的设计、来料批次等隐患，通过主动整改或者故障被动及时替换。通过缺陷预防措施，把网上可靠性问题进行分类汇总后，制定有效的预防措施落实到研发、制造、来料、出厂验证等多个环节，确保可靠性问题能得到有效及时的预防。

4.高端产品备件策略

为了让高端产品能得到及时高效的维护，需要制定具有针对性的备件策略，包括关键备件的识别，备件库的环境验收，备件定期上电检测，备件地域分布和调度策略等，确保关键备件通过国家、地区、机房的三级统筹调配机制，确保一天内的备件补充机制。

在高端的设备维护中，高端设备均需要至少一套现场备件，且常用备件均支撑热插拔和软件即插即用功能，当出现故障时可以立即更换备件恢复业务。

针对设备备件管理，详细内容请参考第八章"可靠升级"第三节"软件升级"。

（二）低端产品免维护策略

这里的低端产品是从故障影响面而言的，一般是泛指终端设备（手机、电脑、平板、智能手表等）或者事故影响为单点的设备。

所有的产品都会损坏，所谓的低端免维护策略就是低端产品通过提升固有可靠性，尽量避免返回厂家的硬件设备维修。低端免维护策略重点是针对硬件。

华为 Mate 60 系列自 2023 年上市以来经受网上最严酷的测试，不但要经受各式的高空跌落、钉钉子、砸核桃、防水等测试，甚至被小汽车、大客车和大货车的各式碾压测试，在极端的测试条件下 Mate 60 系列保障了产品固有的高可靠。

在华为对产品定义的低端产品中，个人使用的终端产品就是低端的产品。笔者有多年华为硬件质量工作经历，确实在产品设计过程中会把非正常极端条件下产品不损坏在设计过程中充分考虑。如何做到"低免"设计，会在设计过程中考虑以下的可靠性策略。

1. 低端简洁化策略

"低免"需要提高产品的固有可靠性，器件在使用的过程中有偶然失效的客观事实，如果能减少器件的使用，产品的固有可靠将得到极大提高。

另外，简洁化设计体现在整机的简洁化上，当前新能源汽车采用一体化压铸技术，极大减少了结构部件的数量，且功能模块的固化安装大幅度减少了零件的耦合。

2. 低端环境适应性策略

iPhone 在零下 20℃就自动关机，而华为手机可以在东北冬天全场景使用，在环境适应性上华为产品明显比苹果高得多。

产品交付给客户后，不能让客户使用场景太理想化，比如，华为交付给客户的接入端通信设备，客户可能安装在走廊、屋檐下，甚至有的客户会安装在下水道。正因为产品在使用过程中的不理想化存在，针对产品的环境适应能力尽量按照最严苛的环境标准设计，这样的产品会大幅度减少因环境变化所带来的返厂维修问题。

3. 低端事故召回及应急方案

低端产品也可能出现重大的事故，比如，三星的 Note 7 爆炸事故，正因为没有紧急预案造成全球性大面积召回，让企业蒙受极大的损失。

2015 年华为手机在集装箱货车运输过程中，货车出现轮胎着火，部分手机受到高温炙烤。绝大部分手机其实没受到影响，但华为还是销毁了所有的手机。虽然华为蒙受了较大的经济损失，但对可能存在的隐患产品零容忍使华为在客户心中树立了高端品牌形象，逐步的品牌演进最终让华为站稳了高端手机地位。

十一、产品全生命周期可靠性模型——六个可靠

产品从研发、验证、生产,到客户使用的升级,过程中的任何阶段都会引入产品的可靠性隐患,如果企业处理不当,会给企业造成极大的损失,在客户端企业商誉也会受到极大的影响。因此,保障产品在全生命周期的可靠性是企业可靠性提升最重要的事情。

(一)六个可靠构建过程

笔者在华为担任过光网络硬件质量COE、网络质量COE和公司级硬件质量专家,有一半的工作时间围绕产品的可靠性和网上硬件故障的处理工作。虽然经历的可靠性工作较多,但头痛医头的痛苦经历让笔者从2009年开始,就想构建一个产品全生命周期的可靠性控制模型,这件事情一直困扰着笔者,直到2014年笔者组织华为第一届硬件工程大会时,才构建完成,整个构建的时间超过五年。

图2-3 构成产品可靠性的六个条件

这个全生命周期的可靠性模型就是六个可靠，在后面的章节中会详细介绍。

（二）六个可靠细化表单

六个可靠覆盖了产品可靠性的六个方面，横跨了产品的全生命周期和客户所感受的所有领域。

表2-1 六个可靠覆盖内容详情

大类	小类	涉及内容
可靠来源	采购件	对采购件各供应商资质、标准、历史问题、IQC等标准进行全面排查
	定制件	对PCB、结构、OEM、JDM、定制电源等进行白盒鉴定
	自制件	对公司自制的电源、芯片、模块等器件进行全面排查和验证
	开源软件	对公司开源软件的使用条件、要求、法律受限等进行全面排查
可靠设计	FMEA	驱动在设计过程中对系统、板间、单板和PFMEA的全面落地并提升可靠性
	SI仿真	在CAD阶段对关键信号和电源平面的仿真验证，对高速信号的EMC仿真验证
	简洁化	在原理图过程中简化电路设计，配合SI仿真简化滤波电路，在软件开发中简化代码行或执行时间
	降额设计	在原理图检视过程中针对器件应力针对性检查降额审查，避免器件过应力损伤可靠性
	健壮设计	在方案设计中识别关键信号并分析容限，在CAD阶段结合SI仿真效果
	多元仿真	针对产品特点在方案设计、原理图、PCB针对性进行热仿真、跌落仿真、安装、产线仿真、防水等
可靠验证	测试策略	在方案设计完成前完成产品测试策略
	整机试装	按照客户环境完成测试整机试装，并和各领域专家进行整机排查
	关键信号测试	重点测试关键芯片和网络的时序信号质量
	FIT测试	根据FMEA梳理软件需求，设计FIT测试用例对FMEA失效验证
	长期可靠性测试	针对产品应用进行ORT、双85（温度和湿度85进行2000小时验证）

续表

大类	小类	涉及内容
可靠验证	八角测试	时钟、电源、环境温度的八个极限组合测试，验证产品极限维度下的工作能力
	黑盒验收	由系统工程师对产品进行原始需求实现验收
	芯片导入	配套芯片导入要求对芯片的功能验证和验收
	气体腐蚀	采用超浓度的气体工作环境检验产品抗腐蚀能力
	转维护验收	维护部门对产品维护资料、现场维护措施、备件策略等进行验收
可靠拦截	单板拦截	根据产品功能和FIT测试用例对生产单板验收识别，需要达到故障单板拦截率100%
	整机拦截	按照整机功能设计测试用例、整机发货Checklist，整机零缺陷发货
	发货拦截	针对发货前的老化策略、发货Checklist
	敏捷试制	和硬件研发并行，从产线规划、产线设计、硬件试制、小批量、大批量过程
可靠跟踪	生产跟踪	对生产过程中出现的来料批次问题进行隔离跟踪，并针对性制定有效的整改策略
	网上跟踪	建立设备、单板、器件编码级的IT系统
	网上故障跟踪	建立网上故障定位、跟踪IT系统，并支撑快速故障恢复能力
可靠升级	单板升级	针对改板、降成本单板等单板替代升级过程中制定全面的可靠性和验证策略，确保100%可靠
	器件替代	引入新供应商后针对性对涉及单板的功能、环境等制定替代验证策略，通过逐步替代逐步达成100%替代
	软件升级	针对网上软件的升级策略、方案和故障软件功能验证、升级策略等，保障故障软件升级高效，同时需要考虑回退老版本要求
	系统升级	从客户痛点感知、替代方案、产品研发，到替代客户现有产品升级

第三章
可靠来源

硬件类产品由器件、部件等通过加工组装所构成，因此，硬件类产品相比软件产品有更烦琐的可靠性要求，构成硬件系统的器件又是硬件系统中最烦琐的事情。

硬件器件来源有很多种，包括采购件、定制件、自制件，而其组成又可以分为不可分裂的单体器件和多个二级器件构成的部件。通常而言，产品的失效由软件失效和硬件失效所构成，硬件的失效通常是器件失效带来的，因此器件的可靠性对产品的可靠性有极为关键的效果。

一、器件的环境应力

产品的损坏通常是某个器件的功能失效造成，除非是极大的火灾或高处跌落造成的大面积损坏，某一个器件功能失效造成整个产品的部分或全部功能失效。

表3-1　器件应力类别参考表

应力类别		应力来源	应力影响	应力对策
温度		工作环境高低温 回流焊、波峰焊	性能功能 过热烧毁 封装连接器损坏	正确选项 温度降额
EOS 过电应力	ESD静电放电	人体、线缆、设备	电路异常 复位 门锁过热烧毁	操作、防护设计
	浪涌过流过压	雷击、搭接		防护设计
	上下电冲击	热插拔、断电、上电		热插拔设计、上下电顺序控制
机械（物理）应力		生产、安装、维护	开路、接触动作不良断裂	PCB布局设计，潮敏等级、实验
环境（化学、生物）应力		大气灰尘、硫污染、盐雾、潮湿、霉菌、凝露、雨水、紫外线	腐蚀、开路、尘积	正确选型、涂覆
寿命		运动部件、耗损材料	功能/性能	冗余、告警及维护
粒子辐射		空间、高能粒子	存储单元BIT软件失效	ECC/数据备份/复位/维护/告警

器件受到环境应力的影响导致损坏，包括温度、EOS过电应力、机械（物理）应力、环境（化学、生物）应力、寿命和粒子辐射等，需要在设

计选型的过程中正确选型和验证。器件应力类别参考表3-1。

器件可靠性受到运输、存储、生产、安装、工作环境应力的影响，极端的环境会造成器件使用的可靠性大幅度降低，器件的失效又会造成产品的故障和维修。因此，在产品设计过程中，应充分理解器件所受应力及影响，了解针对性器件的对策，对器件可靠性提升有较大的帮助。

（一）温度

不同级别的产品有不同的工作环境温度，器件使用过程中，因为工作温度过高会破坏器件的内部结构造成器件损坏，如晶体管瞬间的电流过大导致晶体管极温过高，造成晶体管永久性损坏。

工作环境温度对器件的寿命有影响，通常温度提高10℃，寿命降低一半，涉及像风扇等由于气温较高造成风扇轴承润滑油更多的蒸发，因此温度提高造成的器件工作寿命会更短，当环境温度超过极限温度时，还可能造成器件的极限温度提高而烧毁损坏。因此，产品都有严格的工作温度限制。

除了高温对器件的损坏外，特别低的温度也会造成器件材料的损坏，如特别低温会对某型号塑料造成损坏。

这是因为生产、运输、库存、工作等环境温度对器件有较大的冲击，受到冲击的器件可能会引起器件的参数漂移，进而影响产品的精度和灵敏度；部分器件在温度应力的冲击下造成直接损坏，某些器件会影响到工作寿命（如风扇）。总的来说，器件适应更苛刻的温度冲击需要在器件材料、工艺上有针对性地调整，另需要考虑极端情况下的偶然冲击对器件的影响。

（二）EOS过电应力

自然界中普遍存在电应力冲击，比如，闪电雷击的瞬间冲击下，高大的树木和建筑都可能被损毁，EOS电应力冲击涉及高电压、大电流和大能量，包括雷电、静电、上线电冲击、单板热插拔冲击等。

EOS过电应力冲击细分有系统内的冲击和系统外的冲击，系统内认为的包括上电、下电、热插拔及正常使用过程中由于状态瞬变所带来的局部过流过压，如果保护和处理不好可能影响器件的寿命，甚至会瞬间烧毁器件。

系统外的冲击大多在自然界所引起，比如，广西的雷电天气比较多，在雷电击中设备的瞬间会造成过流、过压和能量在极高极短时间释放，因此会导致器件瞬间受到冲击而损坏。

另一种系统外冲击就是静电的影响。在干燥的环境中，衣物和身体等的摩擦，造成人身体和衣物有较高的电压差，通常会有几千伏以上，静电冲击由于所携带电量非常小，因此只会引起电压瞬间高压。相比雷电，静电冲击不会有大电流和大能量。静电损毁通常是对晶体管和芯片的损坏。

（三）机械（物理）应力

机械（物理）应力主要指在生产、存储、运输、卸货、安装、使用等过程中受到速度冲击、震动冲击、静态压力等机械应力，造成产品变形、器件损坏、短路、断路等，最终导致产品失效。

通常，在室内应用的商品（如电视）机械应力冲击在正式使用之前，包括生产、运输、安装所受的冲击，而像汽车这样的商品，机械应力更多体现在交付使用之后，包括日常的振动、摩擦、事故碰撞冲击等，对产品受机械应力有较高的要求。

（四）环境（化学、生物）应力

器件的材料和工艺不同，在运输、存储和使用过程中会受到化学和生物的应力冲击，比如，涉及海运的产品会受到盐雾的腐蚀应力冲击。而带散热孔的产品也可能因爬虫进入产品导致短路。

因此，在产品选择相对应的器件中，必须考虑产品在生产、运输、库存和安装使用环境中所受到的化学和生物的冲击，如涉及海运的产品，需要考虑盐雾冲击下的防腐蚀，产品外露部件避免采用容易被腐蚀的部件。

内部的零件也尽量采用防腐蚀器件，如果必须用容易腐蚀的器件，需要采用涂覆工艺避免腐蚀。

（五）寿命

与多数器件所受到的被动机械应力不同，某些器件或部件的正常工作就需要有运动并持续受到磨损，比如，风扇靠不停的转动给产品提供散热功能，因此风扇轴承会承受正常的运动摩擦，包括汽车的电机、发动机也是依靠运动来工作的。某些开关或按键由于经常在使用中按压运动，也会在正常使用过程中因为运动逐步损耗而坏损。

针对运动损耗的器件在关键部位的材料对寿命起到极为关键的作用。通常，该类器件在引入和验证过程中需要针对性的材料鉴定，并需要做加速运动来判断是否满足产品正常的工作时间，比如，接线端子通过自动的机械设备加速插拔上万次来看端子能承受的正常工作极限。

（六）粒子辐射

粒子辐射应力对产品来说并不常见，但高能粒子作用在芯片类产品上会让局部数据失真或者存储单元损害，因此对软件类产品危害极大，轻者让产品死机，重者由于软件跑飞异常让产品出现不可预测的异动，如无人机可能砸向居民区造成人员伤亡。

针对软硬件产品需要避免存储单元损坏或数据反转等所造成的产品故障，由于粒子辐射的概率非常小，通常采用数据备份、ECC来避免存储数据的受损，通过产品中定时的心跳复位电路，让软件跑飞的产品功能恢复正常。如果存在程序类的永久性伤害，还可以通过软件陷阱的方式让产品进入最小伤害的休眠状态。

二、来料鉴定项目推荐

来料是产品可靠的基石，来料的隐患会给产品带来必然的隐患。通常，电子类产品由几千、上万个器件组成，如果有一个存在隐患的器件，所有的可靠性工作都等于零。因此，来料在设计前的鉴定是非常重要的工作。

来料鉴定是产品可靠性最基本、最关键的项目，通过鉴定预知器件的隐患，只有这样，才可能避免因为器件所带来的开箱坏件、返还率高，甚至因器件损坏所带来的批量整改、安全事故等问题。

（一）来料鉴定相关项目

来料的种类繁多，针对不同的来料有不同的鉴定项目，常用的来料鉴定项目如下。

1. 厂家稽查：厂家稽查是到器件厂家生产现场的稽查，包括生产工艺、验证、质量管理保障机制、环境、包装运输等方面的稽查。

厂家稽查关键是发现可改进的项目，并协助厂家提升改进，以降低器件在生产、验证、运输等过程中的可靠性隐患。

2. 实物检视：实物的外观检视、实物 X 光透视，通过实物检视和评估，提前发现因结构、材料、安规间距等所带来的问题。

3. 环境试验：通过腐蚀气体试验、盐化试验、外场试验、霉变环境等，提前找到来料的薄弱点，以便提前准备好相应的对策，如环境腐蚀，可以增加相关器件的涂覆工艺。

4. 二级器件：二级器件是指一级来料部件中所涉及的器件，如电源模块、光模块、风扇等部件中均涉及电容、电阻器件。二级器件鉴定需要通过鉴定所涉及的所有二级器件的安全可靠性。

5. 时序验证：所涉及的时序类器件需要通过来料验证，检测其时序延迟、电平匹配、干扰与抗干扰、频率中点、频率散度等，通过实验找到特性，实现预知风险并预防。

6. 材料鉴定：材料固有特性会带来器件固有的特性，如镀金的接线端子使用寿命和效果会远远超过镀银的接线端子，真材实料也意味着成本的上升，因此很多厂家初期可能给真材实料，但后期会用劣质材料替代好材料，造成器件可靠性大幅度降低。通过材料鉴定就可以避免厂家的以次充好。

7. 散热鉴定：散热鉴定用于散热器件（如风扇）或发热器件，通过在特定的实验环境下（如高温和风洞等实验环境）提前验证器件的功效和隐患，以及在特定实验条件下的寿命是否受影响。

8. 生产工艺：器件生产过程中的工艺排查，不同器件按不同的工艺，如焊锡材料是否标准？焊接过程是否有ESD静电防护？波峰焊锡温度是否恒定且不损伤器件？只有严格的生产工艺控制才可以保障部件（电源、光模块、风扇、晶源等）产品较高的一致性和可靠性。

9. 寿命测试：像风扇、接线端子、结构电缆等寿命损耗器件，在使用过程中会造成机械磨损，因此需要在选择器件之前掌握真实使用的实验数据，风扇寿命可以考虑加速风扇测试。接线端子等可以通过机械自动插拔实验，如十万次插拔后验证器件性能，通过机械加速实验提前预知器件的极限寿命或插拔次数。

10. 安规排查：涉及安规的电源、器件（如PCB、电源接入端子等）OEM、JDM等设备进行静态安规排查，OEM、JDM进行安规测试验证。

11. 机械应力：外壳、机箱、端子等来料进行相关机械测试，如碰撞冲击、重压、连续插拔、牵拉等方式，在强化机械应力下看来料是否开裂、脱落、失效等。

（二）来料鉴定推荐表单

不同来料的失效模式有所不同，但究其原因是受来料本身的固有材料、工艺和工作环境要求等所约束，针对不同的来料有相对应的考察项来鉴定和核实来料是否满足产品设计和应用的要求。

表3-2　不同的来料有相对应的考察项来鉴定和核实来料是否
满足产品设计和应用的要求

	采购件							定制件			自制件		
	海量器件	接线端子	电源	光学器件	风扇	晶振	芯片	PCB	结构电缆	JDM	OEM	自研芯片	电源	光学器件
厂家稽查	√	√	√	√	√	√	√	√	√	√	√			
实物检视		√	√	√	√	√			√	√	√		√	√
环境试验			√	√			√		√	√	√			
二级器件			√	√			√			√	√			
时序验证				√		√	√					√		
材料鉴定		√					√	√						
散热鉴定					√								√	
生产工艺			√	√	√	√								
寿命测试		√			√			√						
安规排查			√						√				√	
机械应力		√							√					

来料涉及采购件、定制件和自制件，采购件和定制件均涉及厂家生产工艺和质量制度稽查，这样可避免资质较差的厂家引入缺陷来料。如果采购件中涉及第三方采购的二级器件，针对二级器件供应商也会纳入稽查范围。

来料鉴定作为器件最初引入阶段是必须完成的，同时，在引入该期间后，还需要通过定期和不定期针对来料鉴定，在持续跟踪过程中所发现的材料、工艺问题并跟踪闭环，并通过鉴定试验持续验证是否有显著性变异，持续地保障来料的合格。

相比来料问题导致产品召回和返修成本而言，来料鉴定的成本仅是召回和返修成本的很小一部分，同时，高质量产品会带来品牌溢出利润，因此来料鉴定工作虽然烦琐，但能够极大降低维护成本和增加利润，因此可以说，来料鉴定工作有极高的意义。

三、关键部件评估

针对关键的部件进行专项评估，能快速提升该产品的可靠性。针对关键共有部件的评估价值是极高的，以前华为器件中，电源、晶源、光源和风源问题最多，其中的电源问题造成华为有史以来的最大硬件整改，在2000年前后爆发，大面积产品召回造成损失超十亿元人民币。

在通信设备上，基本上每个单板都有一个电源模块，为了实现更高的可靠性，光网络所有的电源模块均采用国外公司的电源模块（包括华为卖出去的艾默生公司），虽然可靠性有所保障，但价格非常高。2008年在华为成都研究所（后简称"成研"）的降成本专项工作中，提出把光模块、电源模块进行国产替代，成本可以降70%，但可靠性是否可以保障？

通过华为的能力提升供应商的能力，不但让电源模块可靠性大幅度提升，综合性能低于进口电源模块，价格远低于进口电源模块，而且培养了两家国内的DC-DC电源模块公司。

评估类型	评估内容	汇总
可靠性评估	• 新产品中安排EMC、安规和振动实验 • HALT实验	汇总问题 厂家更改 跟踪闭环
二级器件评估	• 器件材料清单评估 • 器件网上失效数据评估	
工艺评估	• 实物检视 • 现场工艺稽查	
功能评估	• 规格书验收 • 电源部门组织专业测试	
热评估	• 风洞实验热测试评估 • 常温实战测试评估	

图3-1 关键部件评估措施

（一）可靠性评估

针对关键部件的可靠性评估重点在可靠性实验上，相比正常的使用条件，可靠性试验是用一种强化加速的方式来加速找到器件的可靠性薄弱点，再针对薄弱点进行针对性的改进。

1.EMC 测试：配合产品完成 EMC 测试，针对 EMC 测试的问题配合产品完成设计问题和应用问题的修改。如果该器件的某些性能不佳，可以让厂家更改设计尽量抑制 EMC 问题，比如，电源部件的辐射是干扰源，如果要解决电源辐射，需要针对电源部件的输入环、输出环和反馈环进行优化布局，并在部件外壳上进行针对性的屏蔽。同时需要统筹电源部件的散热，避免在解决 EMC 问题后引入散热故障而导致电源部件的可靠性降低。

2.安规和振动试验：安规、振动的试验可以按两类试验去完成，一类是配合产品完成所需要的安规和振动试验，配合试验结果进行问题修改，修改后支撑产品完成该类的试验。

另一类是针对该部件产品的固有性能进行的试验，比如，电源输出为该部件的额定功率 100W，就应当在输出 100W 的条件下去针对完成相关的安规和振动测试，在额定功率输出的条件下比配合产品完成的测试要严酷很多，由于每个产品的最大功率均小于额定功率 20% 以上（产品的降额设计所要求），因此很难发现该部件所承受的极限工作条件下的真实能力。

3.HALT 实验：HALT 实验的条件远超过产品的工作环境，HALT 实验重点是在极限的工作环境下，寻找产品能改进的薄弱点，通过对薄弱点的改进让产品有更高的环境适应性。

如产品工作环境是 -10℃ ~-55℃，HALT 低温测试从 -10℃ 开始逐步降到 -50℃，当产品出现损坏或者产品无工作情况（恢复工作条件后产品正常），需要诊断是哪个器件造成产品的异常，通过产品薄弱点去改进恢复产品，然后再降低工作温度继续寻找薄弱点。

HALT 实验相比常规实验所出现的问题主要是找到改进机会点，但不是所有的问题都有机会点，比如，所涉及的问题由芯片所带来，由于芯片型号所确定的器件规格不能被随意改进（除非能选择到更高规格的芯片），因此该问题没有改进机会点。

（二）二级器件评估

电源、有源晶振、风扇、光模块等部件均由多个器件构成，因此该类部件产品的器件均需进行评估，避免因为部件的器件所带来的可靠性问题。

在针对部件的评估中，需要和部件供应商签署保密协议的前提下，让部件供应商提供该部件的二级器件清单，针对二级清单供应商进行初步筛选。如在华为成研某产品的电源评估中，发现某电源型号使用了国X电容有较大风险的器件，而国X电容因为工艺问题造成产品大面积召回，找到问题后电源供应商替换了有问题的国X型号电容。

另一个二级部件可靠性来源于以往故障定位的根因器件，根据以往产品失效频发的部件，会让供应商更改器件型号或者优化部件设计，避免以往的问题再次出现。如果涉及部件关键部位的材料应用，比如，风扇的转轴材料会直接影响风扇的寿命，光模块插线端子材料也关乎通信稳定，若材料强度不够则会造成弯针或断针等通信严重事故。通过对关键部位的材料鉴定可极大提升产品在实际工作环境下的可靠性。

器件评估还需要结合以往的部件在客户端使用中出现的问题进行汇总，针对TOP的问题进行根因分析，发现涉及二级器件的薄弱点，需要让供应商进行改进。

（三）工艺评估

器件的工艺评估包括两类，一类是器件的静态工艺评估，另一类是器件生产工艺评估。根据器件的特点来制定针对性的器件评估范围和评估内容。比如，用X光照射芯片，通过部件所涉及的芯片内部工艺设计来检查芯片的工艺是否有隐患。对于端子材料、外壳等均可采用静态检视的方式初步判断部件是否存在工艺问题。

而生产工艺评估需由甲方列出针对性的检查项，例如，在华为MSTP电源评估中，由生产工艺部门列出36大项72小项的评估清单，从焊锡材料、工装工位、生产过程、加工过程、测试过程、坏品维修等多方面现场全面评估，根据评估的结果提出具体的问题。供应商针对问题进行全面改进，改进后在供应商生产现场验收后并关闭生产工艺评估问题。

现场工艺评估对国内的供应商提高产品质量极为重要，之前华为的直流电源模块均为欧美厂家提供，质量确实比国内好，但价格非常高，产品硬件毛利较低。华为通过扶持瑞谷电源让电源模块质量不比进口差的同时，采购成本下降了70%，最终实现了中国直流电源产业的升级。像瑞谷电源的案例还有很多，通过工艺评估等多种方式，华为向中国小公司快速赋能，让国内产业链快速提升。

（四）功能评估

功能评估就是针对关键部件涉及的规格全面测试和评估，通常有两种方式：一种是配合当前产品一起做测试，在测试中发现的问题给供应商改进；另一种就是基于部件的技术指标进行测试，比如，电源的纹波、噪声、开启电压波形、输出精度、负载特性、动态负载特性、散热能力等，基于测试的效果评估电源的基本指标是否满足规格书要求。

功能评估中还涉及特殊评估项目，比如，风扇的寿命评估，这个评估的难度非常大，可以考虑采取增加测试风扇的数量、提升环境温度和湿度的方式对寿命加速测试，最终发现薄弱点进行单点改进，针对大数量的偶然失效风扇数量（如100台风扇在测试三个月损坏2台）对风扇的寿命进行预估。

（五）热评估

对于电源部件进行热评估，由专业热设计专家设计测试条件，通常有常温测试评估和风洞测试评估，针对电源部件中的关键部件的温度测试，找到温度异常点或者散热的薄弱点，针对问题进行改进。

比如，某电源功率较高的问题，可以考虑更换更优的器件替代（如内阻更优的开发器件），以满足某电源功率器件异常高温的问题，针对整体部件温度较高的问题，需要针对性地改善散热工艺和散热风道，避免由于散热不佳造成整体部件温度异常升高，最终导致器件在高温环境下损坏或部件使用寿命大幅度缩短。

四、产品来料排查

来料排查的目的是保证产品整个生命周期的来料零缺陷落地,包括来料生产、生产检测拦截、鉴定、器件升级等。来料排查对产品来料提升有极佳效果。

在可靠来源中最具体的落地是基于产品来料的 100% 覆盖式排查改进,同时把所涉及的器件降本增效的工作同步完成。产品来料排查最核心的目的之一是来料 100% 无可靠性隐患,之二是同步找寻降低成本的机会并实施。

来料在可靠性所涉及的范围最大、持续时间最长,由于产品所涉及上千的器件来料,也是最难的可靠性专项工作。如何展开基于产品的来料排查?

华为 MSTP 产品连续三年为华为公司贡献近一半的利润,最关键的原因就是产品可靠性极高。其中重要的工作是在 2008 年完成产品来料排查专项工作。

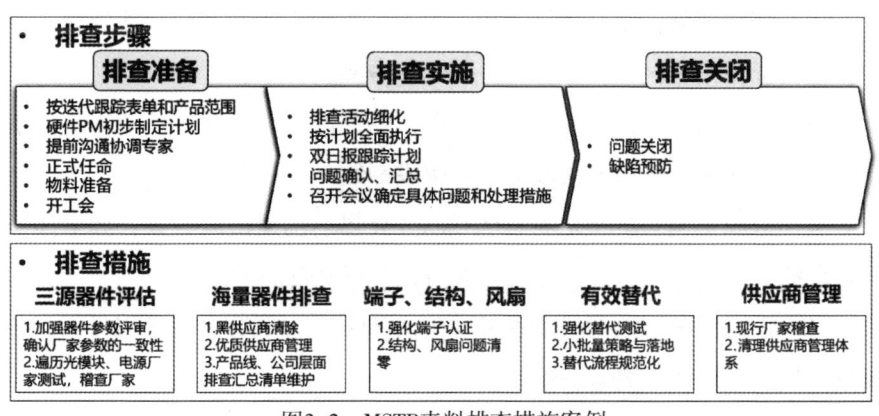

图3-2 MSTP来料排查措施案例

（一）排查产品选择和目标制定

1. 产品选择：最佳的选择就是在研的重点产品，同步产品研发过程安排排查具体的器件排查措施。在完成在研项目的同时，还会针对海量和高端的老产品进行统一排查，这样可以通过一次性排查，稳定产品线最重要的产品来料。

涉及以上产品器件100%覆盖，同时重点关注到重要的20%器件。

2. 目标制定：所涉及的器件100%覆盖排查，100%历史问题解决，所有器件的设计和工艺缺陷100%改进，无一次新增来料批次问题。

针对20%关键器件、部件的重点排查，涉及三源（电源、光源、晶源）可靠性评估，确保无设计类和工艺类问题，同步提升供应商能力。端子、风扇、结构的排查，针对接线端子强化认证，确保端子的高质量。结构的材料、公差、工艺等的排查保障结构件的质量。针对风扇的针对性排查，保障风扇的质量。

同时实现降成本目标，通过所涉及的新电源模块在成本降低70%的同时，功能和可靠性不能劣化于进口电源模块。

（二）排查步骤

1. 排查准备：为了高质量、高效推动排查，前期PM的准备尤为重要。

（1）来料清单：根据所确定的产品，让产品线输出所涉及产品的来料清单。

（2）领域划分：结合器件清单、电源、结构、工艺等功能部门初步分配各领域责任人。

（3）计划输出：硬件PM结合在研产品进度，制订针对性的物料准备计划、排查计划，并和各领域责任人达成一致。

（4）资源协调：各领域责任人协同PM提前沟通协调专家，如果涉及公司级的高级专家，由各领域责任人协调并得到资源承诺。

（5）正式任命：PM输出任命书，包括范围、总目标、各领域目标、各领域专项初步计划、奖惩细则。

（6）物料准备：按照物料准备计划完成来料准备，所涉及产品测试、专业试验、材料鉴定所需的物料提前完成准备。

（7）开工会：由 PM 组织开工会，涉及研发、测试、各领域专家到会，会上对排查价值、目标、初步计划，任命由 PM 宣讲，并在会上达成共识。

2. 排查实施：PM 组织各领域责任人落地排查计划。

（1）计划细化：各领域责任人根据领域计划和目标，再综合项目进度要求和资源，细化各领域的计划，各细化计划需重点体现执行措施、协同条件（需要其他领域的人配合）、达标要求、跟踪人和完成时间，确保计划高效性执行。如果涉及较大的协同，需要把协同条件同步到所涉及的排查细化计划中。

（2）计划执行：各领域按计划执行，领域责任人负责保障计划执行的协同落地、措施执行到位和结果高质量，过程中严控风险，针对风险落实针对性措施并跟踪关闭风险。如果涉及不能控制的风险，领域责任人须尽快知会 PM 并上升风险寻求更高资源配合。

（3）双日报跟踪：各领域责任人每双工作日汇总计划、风险执行情况，PM 汇总各领域计划和风险，每双日邮件知会各涉及专家、领导和执行人员，达到整改排查活动的状态显性化，计划和风险在受控状态。

（4）问题确认、汇总：每个重要阶段（如稽查阶段、测试阶段、问题改进阶段、问题闭环确认阶段等）PM 召开会议对各领域在排查过程中的计划、措施效果、风险进一步跟踪，如果不能达成该阶段目标，根据问题的严重情况对该阶段是否延迟或者带风险进行下一个阶段。如果是本阶段的风险或问题带风险到下一个阶段，需要强化跟踪该风险和问题并在下一个阶段关闭。

（5）问题攻关：如果涉及极难解决的问题，PM 召集所涉及领域责任人和相关配合专家，协调供应商共同召开问题攻关会议。通常来料排查均有极难解决的问题，问题攻关会议需要针对性彻底解决该问题，在会上制定专项改进计划和措施，通过强监控方式落地计划和措施，并跟踪问题，直到解决为止，通过问题攻关可大幅度提升来料高难度的可靠性。

3. 排查关闭：PM 负责各领域责任人关闭所有问题，同时更新公司缺陷系统。

（1）问题关闭：各领域跟踪排查问题措施落地，问题回归验证，确保所有的问题关闭。

（2）缺陷预防：针对 PM 汇总所涉及的器件缺陷，制定预防措施录入公司缺陷系统避免重犯。

（三）来料排查措施

针对产品的来料进行 100% 覆盖排查，针对不同器件采取对应的措施。

（1）关键部件评估：来料问题中通常关键部件的问题较为普遍，同时极难完全闭环。关键部件的评估参考关键部件评估章节的内容。

（2）海量器件排查：海量器件涉及较大的通用器件，比如，电阻、电容、常用芯片、二极管等，海量器件评估需要分类汇总各器件的清单，根据商家维度和历史上的可靠性表现分类措施，对历史上问题较少、厂家品控较高的供应商可免于排查，而针对问题历史较多、品控较差的商家需要针对性梳理具体措施排查。

针对具体措施，首先是看历史问题解决措施的闭环落地审查，另需要制订具体的厂家生产稽查、专业测试、专业鉴定可执行计划，执行计划中发现的问题形成问题跟踪表单，推动供应链、器件厂家协同解决问题。

如果涉及厂家品控体系的问题，根据情况可下架该供应商器件编码，或协助该器件供应商的品控体系建设，通过赋能让供应商的品控能力极大提升。

（3）结构、端子排查：结构、端子涉及供应商的来料鉴定、环境适应性测试、疲劳/寿命测试、公差验收等多个测试项目。针对具体的结构来料制定具体的措施落地。如果涉及工装设计（如端子自动插板设备）需要推动工装部门设计专有设备，并落地自动测试中。类似端子的插拔自动装备很重要，通过多个端子自动插拔能获得该端子的最关键特性（端子插拔有效次数），有了这样的高质量器件才能支撑量产产品的高可靠。

（4）有效替代：公司的来料不仅要当前来料无可靠性缺陷，而且需要构建在器件升级，最关键是引入新厂家时不能引入新问题。只有这样才能保障产品全生命周期来料的安全。如何构建高效高质量的有效替代机制，参考第九章"可靠升级"的内容。

五、IQC供应商前移

来料入库检测是避免劣质来料的重要手段，但资源冲击巨大，效率也很低，覆盖范围也很小，通过IQC供应商前移方案完美解决问题。

在大公司，供应商来料的管理严格按照来料抽样的方式控制质量，通过供应商的等级动态抽样检测来料，作为供应商某批次来料的判断依据，根据来料抽样检测的合格率作为对该批次来料做接收、严加控制和拒绝的依据。

这样有三个弊病，一是不能全量检测，存在相当的抽样误差导致判断失误；二是来料部门需要投入大量的人力、检测设备和环境，验证判断周期较长，且当来料拒收事件发生后会对生产计划造成极大的冲击，为了减少冲击就需要库存更多来料，大大降低了制造毛利润；三是抽检通常只检测重点的指标，可能非重点的指标因未检测导致来料质量大幅度降低。

如果把入库检测的工作前移到供应商生产线，上述三个问题便可迎刃而解。

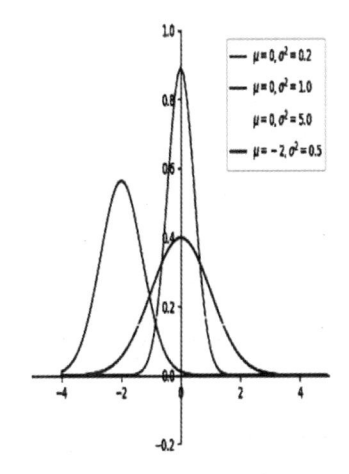

图3-3　器件生产线检测参数共享

（一）IQC 环境准备

1. 签署协议共享客户现场检查数据

由于存在商业机密等信息，一般供应商不愿意共享现场检查信息，因此，IQC 环境准备关键是需要和供应商签署协议，包括：

（1）避免竞争条款：约定企业不能生产供应商来料的竞争内容；

（2）信息安全条款：约定所有的数据保密，不能向第三方泄露数据和相关内容；

（3）共享协议条款：约定共享数据的范围、共享方式和接口协议。

2. 通过互联网联机 IQC 和客户检验环境

构建 IT 系统，通过 IT 软件打通供应商和企业的数据共享，并对 IT 系统验收无误后就可以开始运作。

3. 约定需要检查的重要参数和约定的要求

在协议范围约定的共享范围的基础上，在 IT 系统调测实时的数据，并根据实际的生产情况，约定具体共享重要的参数、共享格式、共享数据单位等。

4. 约定相关检验异常处理的方式

约定具体的合格标准和拒收标准，并约定异常处理方式。例如，来料某批次不符合验收标准，但实测数据非常接近验收标准，可采用加严测试筛选出合格来料。

如果某批次出现大规模的劣化，需要供应商停产并进行生产工艺排查，并给予具体的生产工艺问题报告和整改措施，整改后前期来料需要加严筛选方式。经多轮（具体需约定）加严筛选均合格的情况下，才允许恢复到正常验收模式。

（二）实时查询

1. 在客户检测环境中实时检查关键参数

客户环境在生产来料中，实时测试关键参数，并实时共享给企业来料检验部门。同步把关键参数传送到 IQC 环境中。

2. 通过大数据分析关键参数的分布情况

通过大数据分别分析单个实测的分布，根据分布自动判断数据的中值、收敛度、极端异常数据等，得出该项重要指标是否重要的结论。

汇总所有的重要单个实测分析结论，如果全部合格，得出该批次合格的结论，否则给出不通过的结论。

企业把批次信息和数据信息关联并归档，并作为后期产品来料批次信息进行生产、发货跟踪，如果后期该批次来料在生产、客户环节出问题，作为产品批次整改、召回的重要判断信息。

3. 出现异常后分析

出现异常或问题后，按照事先约定的异常条款处理。

如果出现中值点严重偏移、数据的收敛度低或者异常高或部分异常分布等（如连续出现3个超上限点），需要人工介入分析，并给出最终异常的原因。

如果出现系统性误差，需要排查整个生产系统并恢复正常。

如果是生产过程中某个设备或工艺造成的，需修复单点设备或调整工艺。

供应商根据实际情况以报告的形式知会企业。

（三）设施对比效果

1. 减少重复测试的设备，大大降低检测成本和检测场地占用

这个改善很明显，通过测试信息共享并认可，可以让绝大部分批次的来料实现免检入库，减少同一参数重复测试。

在传统的制造业中，在质量保障的前提下如何减少不必要的环节是极为困难的事情，IQC供应商前移的思路可以在传统制造业中借鉴。

2. 大大提高了检测效率和制造毛利润

通过对比常规的入库检验，效率提高20倍以上，来料入库时间仅有原来的10%，平均减少了20%的来料库存，器件周转明显提高。产品制造毛利提升明显。

笔者经常和制造业交流，现在绝大多数制造业在"内卷"的竞争环境

下，很难再对成本降低有提升，而 IQC 前移可以提升 2% 左右的制造毛利率，对制造企业的竞争力提升极有吸引力。

3. 问题可以及时避免

相比于常规的入库检测，IQC 来料检测实现 100% 器件监控，实现 100% 重要指标监控，并通过软件自动化判断，在大幅度提高判断的同时，来料可靠性得到较大幅度的提升。问题发现的准确度和入库周期均有较好的改善。

通过迭代模型对原有数据进行定期修正，比如，来料某重要参数中心值和收敛值按照实测数据修订。

新的模型替代老模型，让器件生产更符合现实的需求，同时，新模型的使用使来料质量进一步提升。

六、企业"315来料打假"

如果仅用道德去约束供应商不以次充好没有可操作性，如果仅用法律去惩罚造成严重后果的供应商势必会两败俱伤。"315"打假就是明明白白的打假阳谋，可以最大程度上避免供应商造假。

企业为何要315打假？其实是通过提前约定供应商造假的具有法律约束力的惩罚条款，通过不定期抽查企业器件关键材料鉴定和实验，让供应商放弃作假的念头，如果胆敢以身试法，被查处后将受到作假获利10倍以上的惩处。

（一）供应商作假的背景和危害

供应商作假有很现实的意义，通过以次充好，造假者的利润大幅度提高，但可靠性会因此大幅度降低，造成产品出现大面积事故而引起客户严重的不满，企业甚至会遭受毁灭性打击。

如高端端子的管脚材料和普通端子管脚材料成本至少相差三倍，由于管脚都镀金，从外观和常规的测试均无法发现管脚材料问题，需要通过材料鉴定和超长疲劳试验才能发现该问题。但在客户场景下，由于经常在插板安装机械应力冲击下，劣质管脚的断针和失效是高端端子的10倍以上。如果高端端子是应用在不能现场替换的母板上，造成企业产生巨大的维护成本，超长期业务中断导致客户信誉丧失。

鉴于材料鉴定和超长期疲劳试验是不常规的活动，315来料打假就必须提上日程。

（二）君子约定

在端子、结构、PCB等和材料相关的器件、部件中制定规格书，并在合同中约定材料要求。

签署客户来料协议，约定好如果违反来料协议所需要承担的相应责任。约定客户的质量管理制度，约定和客户的来料鉴定机制。

告知供应商高层材料作假的后果，并告知公司315运作的方式，从供应商高层消除作假的冲动。

（三）器件来料鉴定及存样

对客户提供的最初来料进行鉴定，并针对问题让客户修改完善。对客户修改后的材料进行拍照、存样，关键参数进行归档。

器件存样、参数作为后期材料鉴定的基础。器件存样至少需保留三份以上，并编码后封存。

材料鉴定及存样极为重要，可以作为后期鉴定供应商是否作假的重要依据，并具有法律事实上的重要证据。

（四）315抽查

对客户的来料进行不定期抽查，和材料鉴定的参数和存样等比较，客观记录抽查结果，并保留好证据。

抽查有两种方式，一种为和供应商共同鉴定的方式，这种方式类似广而告之，好处就是让供应商知道企业在不定期315打假，从而避免冒险冲动；另一种是企业内部的材料鉴定，如果发现作假问题，按照和供应商的约定条例惩处，造成的损失加倍索赔。

（五）打假处理

打假处理方式需在前期和供应商的协议上约定，包含以下几种处理方式，及几种排列组合的处罚方式。

1. 警告：就较小的不一致问题对客户进行警告，要求限期整改。

2. 罚款：对假冒伪劣进行损失评估，根据损失加倍对供应商罚款，并要求限期整改。

3. 降级：针对不诚信的客户降级，降低采购比例甚至拉黑。

4. 广而告之：针对作假的供应商，通过媒体、记者会等方式广而告之，让其承担应有的商誉损失，同时告诫有潜在作假的商家收敛，达到事半功倍的效果。

5. 法律追究：对造成重大的客户损失的供应商进行法律责任追究。

七、来料组织架构及运作

来料问题在产品可靠性问题中占绝大多数，通常来料引起的产品故障高达 80% 以上，因此器件来料的可靠性是可靠性工作的重中之重。

来料改进需要在公司层面构建各领域（如芯片、电缆、电源等）能力中心，来料改进工作需要落实到具体的产品上。而产品线层面具有承上启下的作用，向上求助和寻求公司资源支持，向下统筹旗下的产品排序和资源支撑工作。

图3-4 公司级来料组织三层架构图

（一）公司级能力中心建设

企业永远也解决不了超过公司能力外的问题，来料可靠性提升的前提是公司具备相应的能力建设。

通常企业的能力中心建设由公司的器件管理部门构建，包括器件的通用鉴定能力、应用能力。需要具备供应链对供应商在工艺和验证上的现场稽查能力。部分来料需要对应的专业部门构建，比如，结构、电缆、接线端子等和结构强相关的来料业务，需要公司的结构部门建设能力中心，EMC、安规等来料也是对应的专业部门构建，热设计部门需要构建风扇能力。

构建能力中心关键有两点。第一是资深专家池建设和支撑，涉及能力差距的识别和培训，以及业界高端专家的招聘。每年持续构建各领域的能力和发展方向，识别现状差距，制定落地措施持续改进。

第二就是知识库、案例库和预防落地点的持续建设，各领域能力中心持续分析各自领域的来料问题，并把每个问题关闭的同时，通过案例、知识库、落地预防措施等落地到研发和生产的具体环节；通过每年持续落地重点工作，让该领域所涉及的来料可靠性持续提升，直至达成业界最佳。

（二）第一层聚焦设备层面的展开

由于公司资源极为有限，就需要按产品的重要性对产品进行迭代排查，以客户视角落地产品的来料零缺陷。围绕重点产品来料隐患的清零，驱动公司级来料的提升。

来料的落地点是产品设备，来料100%合格，产品的来料排查工作才有意义，否则会因个别故障器件造成大面积整改和大面积故障产品返还。因此，每次来料排查都是围绕具体产品来展开，最终目的是让来料100%在整个产品的生命周期均无隐患。

在产品来料排查开展过程中，首先需聚焦在研产品，在研产品进行来料可靠性排查，可以合理利用产品研发资源在开发和验证过程中做到更为全面的验证。其次聚焦在重要的产品，如海量和高端产品，最后聚焦主流。

（三）第二层统筹产品线层面的资源

产品线统筹安排资源可以极大提升资源利用效率，这样在年度统筹安排下，可以整合研发、维护和公司级资源围绕产品线的来料提升。

这样的分工有一个好处，比如，统筹产品线资源可以同时进行在研、高端产品和海量产品同时进行排查，在涉及共用来料的排查过程中，可以通过在研产品验证减少资源的重复投入。

同时，产品线具备对特殊器件能力中线建设诉求，比如，无线的天线、光网络的光模块、存储的硬盘，公司级的特殊器件能力中线都是建设在最紧密的产品线上。同时，通过产品线的特殊器件能力中心的建设可以辐射到整个公司。

产品线来料 TOP N 问题分析与闭环，在过程中产品线统筹协调公司级资源，包括统筹各供应商的现场稽查、问题根源分析、供应商问题回归和关闭，通过产品线的组织让来料的排查效率更高、结果更好。

（四）第三层持续公司层面的来料提升

公司层面一盘棋，有效利用资源把公司各产品线所涉及的器件，各维度来料能力中心的构建和缺陷案例库、鉴定方法汇总。

公司层面的有序规划和推进来料改进，有助于公司资源的充分利用，避免工作各产品线的自我作战而重复浪费资源，另外，可以通过能力中心的有序规划，最终实现涉及的公司器件库的来料 100% 无死角覆盖。

公司层面的通用器件排查，维护排查计划和节奏，可以通过各个来料领域逐步实现全领域的排查。比如，可以统筹公司电阻、电容所有的排查，实现在参数测试、供应商生产工艺现场稽查、供应商质量保障体系审计、生产验证数据共享等，从来料分类的角度逐步让各类型来料隐患清零。

八、与供应商共赢

华为能在美国的制裁下持续发展,很大原因是华为的供应商实行共赢的策略。早在美国实施制裁之前,华为就布局多年把工艺能力和品控能力赋能于实力不强的国内供应商,虽然在早期也出现过京东方绿屏门事故,但通过华为的持续订单和赋能支持,促成了京东方从一个技术落后的公司成为世界顶级的屏幕公司。

不仅帮助了京东方手机屏的推广,在长江存储最关键的时候华为毫不犹豫用旗舰手机 Mate 40 为长江存储背书,最终让长江存储在国外三星、SK海力士、美光的围剿中脱颖而出,中国也摆脱了存储严重受限于国外的困境,摆脱了国外厂家存储芯片随意提价的被动。

与供应商共享利润和发展是大公司能长远发展的战略。如果仅以牺牲供应商利润的方式来提高公司利润,这种竭泽而渔的方式最终将归于毁灭。

(一)如何理解"深淘滩,低作堰"

华为任正非参观都江堰后,对古人的治水理念大加赞赏,根据都江堰的治水理念总结出"深淘滩,低作堰"企业运作理念。通过该理念推动华为持续降低内部管理成本,持续在主航道保持为客户创造价值,并保持较低的盈利率,把剩余的增加价值持续让利于供应商,这样在供应商有盈余的条件下能持续研发和改善工艺,最终构建极具竞争力的产业链。

深淘滩,就是不断地挖掘内部潜力,降低运作成本,为客户提供更有价值的服务。客户绝不肯为你的光鲜以及高额的福利多付出一分钱的。深淘滩就是练内功,华为引入 IPD 就是让价值流在企业内部更高效流动,避免过多的内耗。深淘滩也是企业能有效运作的前提,只有内部运作高效,才能在激烈竞争中把握客户的需求,推出更高质量、更低成本的产品。深淘滩的方向是产品价值最大、成本最优，这样才能给客户持续带来超预期的价值。

低作堰，就是节制自己的贪欲，自己留存的利润低一些，多一些让利给客户，以及善待上游供应商。将来的竞争是一条产业链与一条产业链的竞争。从上游到下游的产业链的整体强健，就是华为生存之本。物竞天择，适者生存。正如一场漫长战争的胜败，往往取决于后勤补给线。

从战略的角度而言，仅局部最优的深淘滩是远远不够的，必须从全局的最优才能让产业链持续发展，最典型的例子就是PC攒机虽局部最优，却造成产业衰落的案例。

【案例】超高的垄断利润毁了攒机产业

攒机出现在20世纪80年代，PC兼容机构成了一个庞大的产业生态链，有些公司只做硬盘，有些公司只做显卡，也有像戴尔、联想做整机集成，由于PC市场足够庞大，因此都能分到一杯羹。过度开放的生态系统产生了绝对的垄断，CPU处理器由Intel垄断，操作系统被微软垄断。绝对的垄断也滋生了绝对的暴利，Wintel联盟拿走整个产业链的95%利润，仅剩5%的利润被众多商家疯抢，各路厂家不得不挣扎在生存线边缘，整个产业链哀鸿遍野，PC兼容机逐步消失在大众视野。

相比IT产业在技术上的龟速发展，其他领域的公司却锐意进取，积累了雄厚资金和技术的大公司开始反噬IT产业。苹果推出自研芯片M1和iOS操作系统的电脑，华为也推出自研芯片鲲鹏920和欧拉操作系统的服务器，至此，由一个公司主导芯片、硬件、操作系统、软件应用的全栈式解决方案。

微软和Intel通过绝户的利润分配，虽然让自身利益得到最大化的保障，但也造成PC产业链的巨亏，最终导致整个PC产业链的衰败。

（二）共建生态的价值

受美国制裁，华为手机业务受到极大损失。为了弥补业务，华为进军汽车业务，最初希望能和国内大车企合作，但没有一家主流车企愿意和华为合作。最终，只有小车企小康在2021年主动寻找华为合作。

最初的合作并不顺利，塞力斯（小康更名后的公司）推出的M5、M7出现大面积滞销，塞力斯连续亏损总额上百亿元。由于前期研发的巨大投入，华为汽车BU也出现上百亿元的亏损。直到2023年9月，随着新问界M7推出后的畅销，塞力斯在2024年第一季度实现多年后的第一次盈利，M9推出半年已经连续多月成为中国50万豪华车榜首，塞力斯市值超2000亿元超越理想汽车成为国内新势力第一车企。

各企业的业务特点不同，不同企业有不同的产业优势，在构建重大产业链（如汽车、手机）优势产业的过程中，不可避免存在企业间的合作和利益分配问题，如果仅从自身利益出发很难构建一个共荣性的价值产业链生态。

相比构建共荣的价值产业生态链，苹果公司利用其垄断地位让中国企业损失巨大，歌尔电气、欧菲光等中国企业被苹果踢出产业链，直到华为Mate 60回归国内主流高端手机后才避免连续亏损，河南富士康也因为大幅度减产让河南产值大幅度下降，多数工人失业。

垄断性地位的公司虽然能短期获得最大化的利润，但从产业链竞争的角度来看，构建共荣性的产业链更能长远发展，让供应商赚钱的同时可同步协同未来技术配套研究。

（三）把生意做成事业

通信产业和传统的汽车产业差别极大，华为为何能进入汽车领域？早在2012年，德国汽车宝马、大众找到华为，希望华为能配套德国车研发汽车无线通信模块，无线成立一个10人创新小组，很快创新小组开发出车联网通信模块。通过创新孵化，华为掌握了汽车领域的开发规范和标准。

如果华为仅限于通信模块配套开发，最多只能成为一个器件供应商。华为通过和大众、宝马车企合作，发现了汽车变革的巨大机会，即未来的汽车将出现极限通信、智能化、电动化，这将颠覆传统汽车制造进化为软件定义汽车全新产业。很快，华为成立车 BU 快速布局新能源车企产业，快速打通全产业链包括电机、电控、电池、车机车控、智能操控全产业链的生态，当前华为车 BU 的发展有目共睹，已经深度合作四家车企，并和十多家大车企成为合作供应商。

（四）供应商寻源

新产品在研发过程中需要有新的器件或部件，会向相关专家提出需求，专家根据现有的供应商进行咨询，同时寻找新供应商作为该产品的备份供应商寻源。通常采用本地化寻源方式，即产品线在深圳找寻深圳供应商，因为在研发过程中会有很多协同设计和调测的工作，异地供应商难以配合到位。新供应商寻源重点考察以下内容。

1. 合作态度：这个比供应商条件更重要，如果供应商不是很配合，后续工作很难开展。如华为车 BU 在找合作商时，国内大合作商虽然条件很好，但都不愿意合作，塞力斯虽然条件差但极力配合。因为华为的方法论较先进，即便底子较差的供应商只要全力配合改进，也会有快速提升。

2. 质量意识：供应商管理层对质量的意识导致最终产品的走向，在导入过程中难免出现很多质量问题，如果对质量不重视将很难控制好最终产品的质量。

在导入的过程中，甲方会要求对输出件（需求、方案、文档、样品等）进行监控。

3. 供应商硬环境：供应商的设备、厂房和办公环境、资金充裕度等，硬件环境相对较好对后续发展有较大的助推力。

4. 供应商软环境：公司制度、质量文化观、关键研发人员能力、流程体系和配合制度等，有较好的软环境可以快速协同。

（五）如何帮助供应商改善

这是个很大的命题，笔者在华为工作期间为了配套产品开发，曾经协助多家供应商成长。赋能的最终目的是在满足华为高质量要求的前提下，达成双赢。

华为的质量要求远高于国内绝大多数供应商，如果严格按照华为质量要求筛选，很少有国内企业能满足。但供应链的安全可控又是较现实的问题，如果仅选用质量高的进口商，不仅价格高、周期长，而且需要新特性要求时基本得不到响应，因此需要通过赋能的方式扶持国内供应商。

早在 2000 年前后，华为为了降低来料供应风险，通常采用一个编码下有 3 家以上的供应商，这样就可避免单一供应商在生产计划和定价上的风险。华为导入国内资质较差的供应商，通常从边缘小批量产品开始，这样可以把风险控制在极小范围内。

1. 流程对接：供应商很少有像华为一样完整的质量体系，因此在协同过程中需要对接两个公司的流程接口，如需求的串讲和评审，规格书验收，方案评审过程，测试验证报告，产线工艺稽查报告等，在合作初期就需要确定好公司间正式的配合流程与质量要求，避免后续的工作反复。

在相当程度上，供应商引入配合制度后对其供应商的流程有极大促进作用。

2. 质量文化：在进度和质量压力下，供应商多数情况有一些作假的冲动，这样会给产品带来不必要的隐患。笔者在引导供应商的过程中，很重要的一点就是把华为的质量要求明确给供应商，并把诚信作为底线要求，同时会告知如果遇到技术上的问题可以协同配合解决，但最终结果不能出现任何错误。

供应商在过程中极为真实地反馈结果和存在的问题，在双方共同的努力下完美交付，最终实现双赢。

3. 能力赋能：由于供应商的能力很难达到高技术要求，华为经常会协助供应商设计，通过华为专家的方案评审、原理图检视、PCB 检视等让设计交付件有较高的质量保障，虽然企业投入较大，但相比于产品上市后出现问题的批量整改，其代价还是在可接受范围。

其实很多设计都是相同的，比如，2012 年华为做电源，仅用一年就成为世界第一，由于没有厂家满足华为中央机房空调的要求，华为自行研发的空调性能高居第一。因此，即便华为不做具体的器件产品，但因为技术能力较强也可以给供应商赋能。

另一个赋能就是生产工艺的赋能，这样的例子很多，包括京东方、长江存储在解决良品率的过程中，华为专家配合赋能解决。

第四章
可靠设计

笔者在十二年的研发过程中，深信可靠性是设计出来的。

软件设计类似各功能模块的迭代累加，因此软件设计可以按照堆叠积木的方式推动，软件敏捷正是这样的设计方式迭代开发，模块与模块间可以做到解耦。而硬件难度极大，其功能有像软件堆叠的功能方式实现，还有一些需要系统级的表现方式，比如，功率、EMC能力、抗干扰能力、辐射、散热等，还需考虑成本问题，因此硬件设计的难度远高于软件。

本章重点讲解如何通过可靠性工程方法提高设计产品质量。

一、可靠设计全景图

如果说可靠来源是可靠性的基础，那么可靠设计就是产品可靠性的灵魂，所有的高可靠产品都是精心设计出来的。在可靠设计中，FMEA又是可靠设计灵魂中的灵魂。

可靠设计包含众多的设计方法，包括仿真、抗干扰健壮设计、系统FMEA、板间FMEA、单板FMEA、CBB、简洁化设计、器件降额设计、器件归一化等多个可靠性的应用，在过程中还需确保专家的经验和缺陷预防的措施能有效落地在设计中，避免以往的缺陷又出现在新产品中。

产品的可靠性设计从芯片设计开始，到产品投板制造前结束，好的设计在投板前就注入了高可靠的基因。

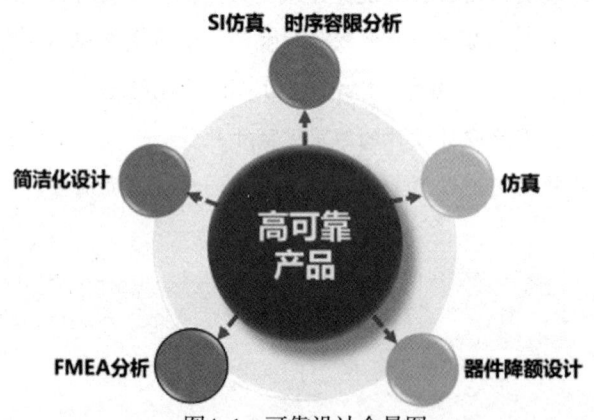

图4-1 可靠设计全景图

从图4-1上看可能觉得内容较少，其实这是错觉，就拿仿真而言，如果打开手机的仿真可包括几十项，如SI仿真、热仿真、跌落仿真、人体热仿真、防水仿真、声音仿真、结构应力仿真等。

二、FMEA设计

笔者刚从成研调往深圳不到一个月，就被存储求助回成都参与高端存储可靠性攻关，我见 PM 的第一句话问高端存储产品系统的可用度是"几个9"？PM 面对笔者的问题一脸蒙。FMEA 作为产品可靠性的纲贯穿于整个产品的生命周期，也是能让高端存储成为世界一流高端设备的基础。

FMEA 设计在可靠性提升上是极为常用的手段和方式，FMEA 贯穿了从需求、方案、原型设计、底层实现、验证、生产和维护统计全过程，在设计过程中重点在系统级 FMEA、单板级 FMEA 和 PFMEA，FMEA 最终目的就是产品可用度最终实现几个9。

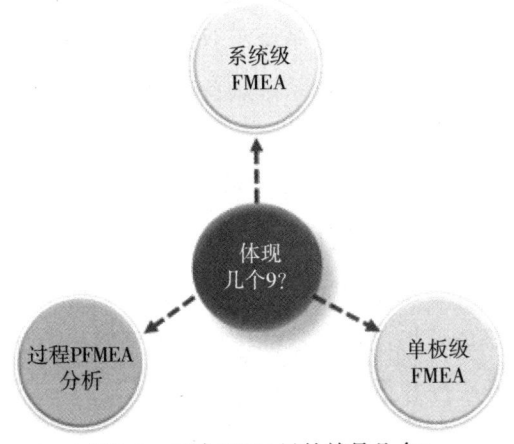

图4-2 三个FMEA目的就是几个9

（一）系统级 FMEA

在中国为何华为能成为世界一流的高科技企业？手机可以对标苹果，汽车能对标 BBA、保时捷和劳斯莱斯，高端存储、高端路由器可靠性均是世界一流。同样的产品如果所有指标均一样，仅是可用度从 5 个 9 提升到 6 个 9，产品的成本可能提升 4 倍以上，因此余承东所说"安全是最大的奢华"绝不是随口而言。正因为华为产品有高显著的可靠性差异，所以可支撑华为产品构建世界一流的品牌价值。

系统级 FMEA 是可靠性设计的纲，系统级可靠性目标参考以下步骤。

1. 系统级可靠性目标确定

不同类型的产品有不同的可靠性要求，如一般民用设备实现 4 个 9，通信接入设备（无线基站、底层接入网）需要达成 5 个 9，骨干通信设备需要实现 6 个 9，而国家网级通信设备需要满足 7 个 9，更重要的是高端存储系统级可用度要达到 9 个 9 以上。保障好设备的可靠性离不开好的系统级 FMEA 设计。

有了系统级可用度目标定义，根据不同的产品定位，才会构建系统灾难级可靠性容灾设计，才会布局产品远程巡检、故障保护模式、备件策略、维护策略等。

系统级可靠性故障如果会带来灾难级事故，容灾架构还会设计双系统热备份架构，比如，高铁的操控系统需双系统热备份，避免单系统失效造成高铁灾难级事故。如果涉及双系统热备份架构，需要单独定义单系统的可用度指标。

2. 单板可靠性目标分解

单系统架构由各单板、部件构成，有了系统级的可靠性目标定义，就需要向下分解单板和各独立单元（系统中可独立更换）的可靠性指标，所涉及的单板如果不能承担系统级指标，就会根据冗余设计来备份单板，通过冗余成本的提升来提升系统级的可靠性。

单板级可靠性分配过程可能会改变原有的系统架构设计。战斗机可以是单引擎，但客机一定是双引擎设计，关键部件可靠性指标不能承担系统级可靠性目标，最终会导致系统架构重构。

3. 单系统级可靠性分析

系统级可靠性分析只考虑单系统架构形式，不会考虑容灾多系统架构，如果涉及多系统的架构，应该在更高阶的架构容灾中分析。如云计算容灾架构涉及开放式的架构设计，不同的基础单元（如存储兼容多家可靠性不一致不同型号的硬盘）、不同的网络构建方式、不同的规模均会影响整个系统的可靠性指标。

单系统级可靠性分析构建在单板级可靠性和板间级可靠性架构基础上，单板级可靠性是基石，板间级可靠性是在各单板、部件之上所构建各单元间、单元与系统间的相互关系，包括热备份、冗余、故障预检、故障报警、故障隔离、故障保护、容灾设计等。

单系统级可靠性分析有两个目标。一是通过各单元可靠性分析和系统分析预测出当前系统架构下的系统级可用度，如果存在较大的差异可能重构当前系统架构。

另一个目标是提升系统的可用度，通过分析出系统一级、二级、三级等故障影响，再针对性做出对策，常见的方式如下：

（1）提升关键单元的可靠性，如把对可靠性影响较大的商业级芯片更换为工业级芯片；

（2）把一级、二级故障的概率降低，比如，把风扇散热方式由 N+1 架构改变成 N+4 架构，这样可大幅度降低因风扇问题造成系统级故障；

（3）彻底摒弃结果不佳的方案，重构最佳方案。

系统级可靠性其实难度不在于分析，而是在于成本和可靠性提升的关系很难平衡，都知道冗余设计能极大提高可用度，但在有效空间、有限功率、有限售价的条件下很难有平衡。另外，系统级提升还可能带来维护成本的提升，比如，冗余设计后可能维修的单板数量翻番。因此，没有一个完美的方法论去解决所有的系统级可靠性问题，也许当前技术和工艺还不能支撑系统高可靠设计，如果出现此局面，建议暂不开发产品，等技术、工艺成熟度提高后再开发高可靠系统。

（二）单板级 FMEA

单板/部件级 FMEA 是分析系统中可更换单元的可靠性，不能更换的单元属于系统级 FMEA 分析的范畴，如机箱和背板。如果产品属于一体化简单的产品（如无线耳机），直接按系统级维度分析即可。

1.器件的失效模式汇总

单板级 FMEA 建立在器件失效模式和失效率与历史统计相同的假设

上，受限于数据采样的数量和失效模式的认知限制，包括新器件还没有足够数量的统计，产品不同环境下也存在可靠性差异。因此，单板级 FMEA 很难反馈单板真实的可用度，单板级 FMEA 是一个经验上的预估。

通常，器件历史数据在较大的统计支撑下，通过单板级 FMEA 分析后的可用度不会出现数量级的偏差，因此分析的可用度极具参考价值。

做单板级 FMEA 分析首先需要汇总单板使用的器件清单，再根据清单汇总失效模式和失效率。

2. 单板失效模式分析

硬件设计的原理图完成后，就需要把所有的器件汇入单板失效表单进行失效分析。在失效模式中，需要分析各模式对系统的影响，比如，滤波电容失效模式中包含短路和断路模式，滤波断路模式基本不影响单板功能，通常单板的滤波电容较多，单个电容断路只是单板的纹波有所提高，但不会影响单板的功能。但如果电容发生短路故障，就会造成因电流过大使单板保险管烧断而失去工作，因此，同样是电容失效，各模式对系统的影响是不一样的。

根据专有的单板失效表单，分析出各个期间在不同模式下对系统的影响，根据对系统的影响把期间影响的故障分为致命、严重和一般问题，如电容短路是致命问题，电容的断路却只是可忽略不计的一般问题。

根据表单的各器件失效概率进行汇总，最终统计出单板的失效率。通过失效率可统计出该单板的可靠性指标可用度。通过判断单板可用度和系统给单板分配的可用度指标对比，判断单板是否满足单板可靠性指标。

3. 单板可靠性增长

单板失效分析后，单板级 FMEA 最重要的工作就是让单板的可靠性增长。

如果单板可用度大于等于单板目标，说明单板是满足系统可靠性要求的。如果单板的可用度略小于目标，就需要通过单板可靠性增长活动提高单板可用度，但如果可用度远远低于目标，一般会有两类结果，一是需要审视单板的方案，该活动可能颠覆原有的单板方案；二是对影响最大的几个器件进行单独审查，可以通过备份、并联等方式大幅度降低该器件对单板失效率的影响。单板失效率增长重点考虑致命和严重的问题，方法有两个，一个是大幅度降低该类故障模式下让单板失效的概率；另一种就是彻底改变方案避免原有单板拓扑架构，在方案中规避该类故障。

第一类大幅度降低失效概率，需要根据成本等因素综合考虑解决方案，比如，单板上电瞬间电流过大，造成保险丝损坏导致单板失效。针对该问题可考虑保险丝并联的方式低成本解决该问题。但并联解决也未必是最佳方案，其中最重要的一点是成本因素。

比如，电源模块的失效率一般较高，重要单板电源失效会造成单板致命问题，降低电源模块导致单板失效通常有三种方式：一是由一个电源模块并联两个电源模块热备份方式，采用此方式将大幅度降低单一电源模块对系统的影响，这会导致单板成本的急剧增加；二是把失效率高的电源模块更换为失效率极低的电源模块，由于电源可靠性的大幅度提升也带来成本的增加；三是引入低压备用电源总线，当单板电源模块失效后把单板电路切换到备用低压总线上，切换电路的成本远远低于电源模块的成本，占有的空间也很小。因此第三种采用低压总线的方案是低成本最佳方案。

第二类改板单板的方案改善单板可靠性，由于涉及的工作量较大需一事一议，由于新方案颠覆原有的方案，需要变更完成后重新对单板做FMEA分析。

总体而言，单板级FMEA是非常严谨的质量工程活动，也是研发能力综合的体现，成本低、方案简单、可靠性高是单板级FMEA的最终目的。

（三）过程PFMEA分析

系统FMEA和单板FMEA仅是理论上的可靠性分析，需要建立在生产流程和工艺有效的基础上。但生产过程本身就会带入不可靠因素，比如，芯片焊接过程中会带来虚焊（剧烈振动后断路）、漏焊和连焊（相邻管脚短路），这类问题不是器件失效带来的，是生产过程带来的，因此完整的FMEA分析还需要对生产过程进行分析。

PFMEA分析关键是提升生产过程中的一次通过率，类似芯片的良品率，受不同工艺难度的影响，生产的一次性通过率很难无限提升，比如，5nm 的芯片良品率很难提升到 80% 以上。

因此，PFMEA 分析过程就是针对生产过程中关键过程的系统性提升，比如，单板回流焊的一次性通过率提升可以独立分析，比如，通常每个焊点的失效率为 1fit（百万分之一失效率），那么 10000 个焊点单板因为回流焊所带来的 1% 故障单板是可以接受的。如果该类单板因回流焊所带来 5% 的失效率，那么回流焊的系统存在极大的生产隐患，就需要分析温度是否合适，时间是否过长，焊锡材料是否合格，单板设计是否带来生产工艺风险，并对具体的问题进行具体分析，尽量把该过程的系统性可靠性提升到正常的水平。

生产后的检测也是关键的活动，比如，芯片的良品率只有 80%，由于生产重要指标漏检最后芯片"良品率"提升到 90% 的可笑事件；或者由于检测指标设计不合理也可能让该芯片良品率只有 60%，因此漏检和严检都是不可接受的。

PFMEA 分析同步研发，在系统、单板设计的同时，需要同步设计生产方案、装备、夹具、生产工艺，通过各生产过程的目标牵引（如回流焊一次通过目标）构建生产过程，同时在产品预生产、小批量、大规模生产中发现单点或系统性问题，通过专项的生产可靠性提升最终满足生产可靠性要求的过程。

三、仿真

华为在 Mate 7 之前没有一款成功的手机，但 Mate 7 意外"火出天际"，原本预估的 100 万部销量最终销售 700 万部。为什么 Mate 7 这么火？

2014 年 11 月笔者在成研主办华为第一届硬件工程大会，特邀 Mate 7 工程团队分享，团队来了三位不同领域的专家。其中一位专家谈了一个"梗"，以往华为的旗舰机销售惨淡，就 100 万的产量也是余承东拍脑袋强行决策的，谁也没想到 Mate 7 上市后一机难求。

随着三位专家在硬件工程大会上的分享，笔者似乎找到了答案，就是 Mate 7 团队第一次采用仿真驱动开发模式。这一次颠覆性的开发在选择最佳方案的同时，还让旗舰手机的开发周期从原来的 15 个月压缩到 8 个月，对比当年苹果和三星旗舰，Mate 7 在 8 个关键指标上遥遥领先。比如，Mate 7 在业界第一次采用手机金属外壳，通常金属外壳对信号有屏蔽作用，但华为采用金属外壳非但信号没有被衰减，较苹果和三星在信号灵敏度上遥遥领先，能取得如此颠覆性技术最关键的原因就是在手机方案阶段，团队采用 SI 高速仿真，通过多个方案仿真结果对比选择了最佳实现方案。

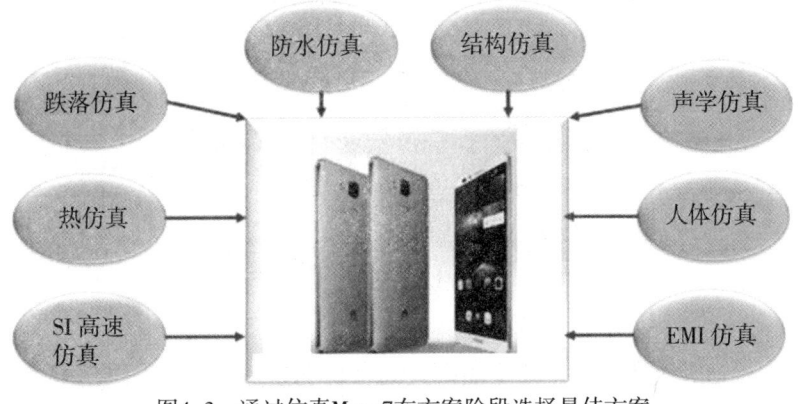

图4-3 通过仿真Mate 7在方案阶段选择最佳方案

（一）领域仿真能力建设全景图

当今人类积累了大量的理论，很多设计在方案阶段可通过现有的理论去模拟最终产品的效果。比如，跌落仿真，根据方案所构建的产品模型在不同高度、不同角度（如屏幕先触地）、不同地面（如硬板地）进行自由仿真，模拟出在不同场景下模型各部位所受应力冲击下是否受损，在最佳的模拟结果中筛选最佳设计方案，驱动最终的产品设计。

硬件产品仿真从领域维度分为多个领域，如华为 Mate 7 产品采用跌落仿真、防水仿真、声学仿真、SI 高速仿真、EMI（辐射）仿真、热仿真等，通过同一产品模型在不同领域的仿真模拟，得出最终产品在各领域中理论上的效果。

从阶段角度来看分为方案级仿真、详设级仿真。仿真的有效性是建立在模型构建上的，由于仿真的参数模型和实际的产品参数有一定的差异，真实的产品测试和仿真结果会有一定偏差，因此真实产品测试后，通过真实度分析，根据实际测试结果对仿真模型的参数进一步优化仿真模型，为后续产品的仿真构建更接近真实测试奠定基础，因此仿真模型是一个迭代优化的过程。

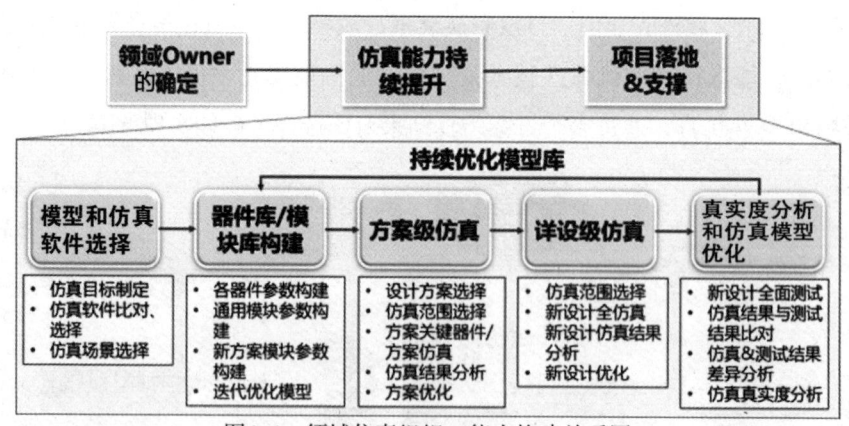

图4-4 领域仿真组织、能力构建关系图

（二）领域 Owner 的确定

仿真应用最难的一点就是能力建设，特别是前期的方案级仿真，仿真结果的优劣将决定研发的走向。但仿真能力前期建设是难度极高、投入极大的工作，鲜有部门会主动投入，构建某领域仿真能力建设需要相关职能部门承担 Owner。

如何推动各部门承担各领域 Owner 有两种方式，一种是基于目标达成责任部门的主动认领，另一种就是基于事实的被动接受。

主动构建仿真能力一般体现公司高层领导的意志，例如，当年华为手机终端在常规 IPD 流程下研发周期是 15 个月，超长的研发周期严重影响了公司业务开拓。2013 年在余承东推动下周期缩减到 8 个月，因此原有的研发过程就必须重构。在刚性周期驱动下的方案级前仿工作迫在眉睫，各工程部门认领各自领域的仿真工作就提上议题，热设计关注方案级热仿真，而结构部门需认领跌落仿真、防水仿真，各部门调动各自最关键的资源圆满完成仿真能力建设，最终落地第一款 Mate 7 手机取得了颠覆性的成果。

另一种就是被动认领。通常结构开模需要三次，第一次是初样，根据初样的问题修改后为第二次正样，最后在正样的基础上还有一次小幅度改模。在传统的模式下，三次结构开模被业界默认为标准的模具开发模式。

但华为硬件开发 10 万 pin 超大规模单板均可以达到一次性成功，原有的结构开模严重影响产品进度，因此硬件部长亲自找到结构部门高层向总。当向总了解到超大规模单板一次成功的能力后，要求强化结构团队构建结构仿真能力，在方案阶段就驱动结构开模仿真，最终结构开模一次性成功。

仿真 Owner 确定后，其工作核心有两个，一个是持续构建某领域的仿真能力，另一个就是支撑当前产品的研发，确保该领域在研发过程中持续得到最佳解决方案。

（三）模型和仿真软件选择

各领域 Owner 确定好构建该领域的仿真能力后，具体的步骤如下：

1. 领域仿真确认：一般的部门根据自身特点会承担一个领域的仿真，但有些部门会承担两个以上的仿真任务。比如，结构研发部门会承担跌落仿真和防水仿真两个领域。部门确认好具体的仿真领域后，由高级专家领队组建仿真能力建设组，牵头制定仿真目标、平台建设计划和结果目标等，并持续构建和迭代优化仿真能力建设。

2. 仿真软件选择：仿真领域专家从本领域的认知出发，通过选择当前的仿真软件对目标的适配性，从多个软件中确定最终仿真平台的软件。如果当前的软件难以满足产品研发需要，也可以通过定制开发、软件外包等方式研发仿真平台软件。

3. 通用模型构建：产品、器件、模块在不同领域所关注的模型是不一样的，同样是产品外壳，跌落仿真会关注材料的强度等指标，热仿真会关注产品散热风道，而防水仿真会关注产品的密封工艺等。因此同一个产品、器件和模块在不同的仿真下会有不一样的模型，该模型所定义的参数将在仿真中模拟不同场景下的仿真结果，如从 1.5 米跌落手机屏幕触地是否屏幕摔碎等。

4. 仿真工作赋能：初步探索出软件平台具备仿真后，需要对具体的研发人员赋能，在专家的指导下，研发人员在过程中能及时利用仿真平台。

（四）器件库／模块库构建

仿真平台最大的作用是基于大量的器件、模块模型的基础上，通过仿真尽量逼近产品在实际使用场景（如雨淋、跌落等）中对产品和客户的影响，因此，各领域仿真团队首先需要把常规的器件、模块建模，在仿真场景中方便调用。

1. 仿真库建设：各领域在通用模型的基础上，把现有的器件、模块或整机进行参数构建，共用的仿真库是仿真平台的基础。

2. 新模块参数构建：随着新产品的研发，会逐步引入新的模型进入共有仿真库。首先新模型需要在通用模型中的参数配置，在后期产品验证的过程中对标实测与仿真，通过仿真真实度分析后调整原有模块的参数，经过评审后新模块模型进入共有模型库。

3. 迭代优化模型：每个产品仿真和最终实测间都存在一定的偏差，通过真实度的分析持续优化各模型参数，模型新参数下再次仿真，如果真实度有显著的提高，把优化后的模块参数固化后入库。

(五)方案级仿真

方案级仿真也称为前仿，在方案阶段可以避免出现方案级错误。

比如，华为 Mate 7 在需求阶段定义为商务手机，其中最关键一点就是使用时间比普通手机长一倍以上，电池容量扩大一倍以上，仅满足商务机定位会增加手机极大的风险。超大电池进一步压缩手机有限空间，部分不规则布线会造成高速信号阻抗增大，高速线过长也会造成天线效应，让手机的辐射增加，重量的增加也让手机跌落过程中更容易损坏，手机面积增加可能影响人体手握习惯，等等。因此，在方案阶段需仿真验证增大电池后手机性能和可靠性的可行性。

方案仿真的价值就是基于以上风险可行性的模拟验证，在仿真过程中发现辐射、应力、散热等多个致命问题，通过不断优化和调整最终选择最佳的仿真。通过方案仿真的避雷，最终华为 Mate 7 成品的 8 项关键远远超过苹果和三星的旗舰手机。

(六)详设级仿真

详设级仿真也叫后仿，就是产品所有设计完成后，再关键设计投入制造前的仿真。方案级仿真只能针对大方向的定向性仿真，和最终产品的效果相差比较大，而详设级仿真属于所有设计要素确定后的全仿，因此和最终产品的效果相差极小。

在详设级仿真中一般不会出现方案级的问题，但能发现很多极端指标造成产品失败的问题，比如，辐射超标，跌落仿真某部位应力过大造成破损，防水仿真有细小缝隙造成漏水，某部位出现高热造成人体烫伤，等等。通过仿真发现的问题汇总后，统筹更改布线、布局和工艺等措施，再次迭代详设级仿真，逐步收敛严重问题，最终实现无严重问题后投产制造。

详设级仿真由于最接近产品真实使用场景，通过提前发现问题可以避免产品投产后的多次修改，产品模具的多次修模，不仅产品质量得到大幅度提升，成本得到大幅度优化，而且由于产品基本可一次性投产成功，也大幅缩短了开发周期。

(七)真实度分析和仿真模型优化

产品投产后的回研发验证测试,需要对相同的仿真场景对比测试,如1.5米跌落测试按仿真的角度和落地材质进行测试验证,收集该场景下的产品跌落效果,各参数和所受的应力;热仿真和实测仿真各部位的温度对比;产品的信号灵敏度和SI辐射情况。

实测在验证产品是否合格的同时,还要进一步验证仿真和实测的真实对比。仿真系统无论做得如何完美都不可能模拟出真实世界,就好比天气预报一样,能预报出某市区下雨下雪,但无法准确预测出某街道某时刻下雨量。因此仿真和实测的差距有一定的偏差。通常,较好的仿真系统和实测数据偏差较小,也就是更接近实测数据,在相同场景下仿真结果和实测结果接近的程度就是仿真系统的真实度。较好的仿真系统真实度在80%以上,极佳的仿真系统可达到90%。

造成仿真结果真实度误差的原因有系统性误差和模块级误差。系统级误差也就是仿真系统模拟现实存在的较大误差,比如,忽略某关键参数,或某参数影响的算法出现较大错误,出现系统级误差会造成所有的仿真均有较大的失真。

另一个误差是某部件、机箱等模型误差带来模块级误差,是单一模型参数有误带来的误差。比如,某模块的尺寸差数和实际有误,造成仿真结果和实测偏差较大。

通过同等场景下仿真结果和实测结果偏差分析,找到在仿真系统中具体的真实度偏差问题根因,通过修改系统级仿真参数或算法方式优化系统级误差,通过调整模块参数优化模块级误差。把优化后的系统再一次做多场景仿真,通常优化后的真实度达到90%可停止优化,如果没达到90%尽量去优化,但真实度不能低于80%。

通过迭代优化的仿真系统被用于新的研发仿真中,这样可以让仿真模型不断趋近真实场景,让系统不断优化。

四、简洁化设计

简洁化设计是简约而不简单,用最少的器件完成简约直接的功能,产品简单易用。简洁化也意味着更高的可靠性、更低的成本和更高的利润。

乔布斯把濒临破产的苹果做到市值第一,在关键时间推出了 iPod 和 iPhone 以简约到极致的设计从而引爆全球。对比诺基亚的按键手机,iPhone 的精致简洁和 APP 界面的易用性给手机领域带来革命性颠覆,从此十多年霸主诺基亚的江湖不再。

假设一个器件的失效率为 1fit(百万分之一),1000 个器件产品的可用度为:

$A=(1-0.000001)^{1000}$

A=0.998,失效率为 0.002

产品 500 个器件,那么可用度为:

$A=(1-0.000001)^{500}$

A=0.9995,失效率为 0.0005

对比,1000 器件的产品失效率是 500 器件失效率的 4 倍。由此可见,器件越少可靠性越高,失效率会越低,同时,成本会降低一半。由上可知,简洁化对产品的可靠性和成本都有巨大的贡献。

简洁化设计包含四个阶段,需求简洁化、方案简洁化、设计简洁化和 SI 仿真简洁化。

```
┌─────────────┐  ┌─────────────┐  ┌─────────────┐  ┌─────────────┐
│ 需求简洁化  │→ │ 方案简洁化  │→ │ 设计简洁化  │→ │ SI仿真简洁化│
└─────────────┘  └─────────────┘  └─────────────┘  └─────────────┘
```

需求简洁化	方案简洁化	设计简洁化	SI仿真简洁化
• 体现设计的简洁化牵引指标 • 体现安装过程的简洁要求 • 体现安装、升级软件简单化 • 体现维护的简洁要求	• 核心芯片外围电路的简洁 • 减少电源和时钟种类 • 多方案选型 • 方案通过串讲简洁化 • 创新思路（如用逻辑芯片替代CPU）简洁	• 编码归一化 • 通过自检、互检、封闭检视简洁 • 设计细节简洁 • 原理图阶段对电源初步仿真分析 • 逻辑、软件代码简洁	• 减少电源平面 • 减少PCB层数 • PCB投板前，PI频域精仿真 • PCB安装、加工工艺、工具简洁化

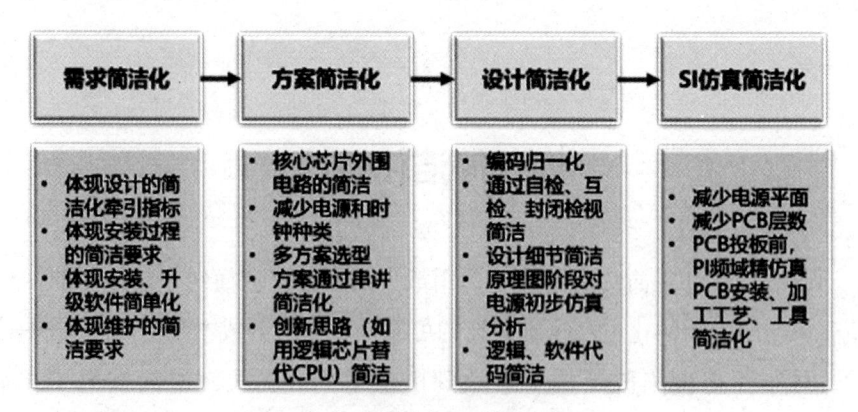

图4-5　产品简洁化设计的四个阶段

（一）需求简洁化

需求简洁化是简洁化设计的纲，其内容包括研发器件数量、编码归一化、软件代码行及界面、包装/安装/配件、维护及工具等要素，跨越整个产品生命周期。好的简洁化需求不仅是对器件数量的牵引，还包含安装、维护、软件易用性等需求。

1. 体现设计的简洁化牵引指标：器件数量、编码归一化牵引。

2. 体现安装过程的简洁要求：即插即用，现场安装工具最少化等。

3. 体现软件安装、升级简单化：如软件一键安装、一键升级等。

4. 体现维护的简洁要求：如远程自动巡检、远程一键恢复等功能。

产品需求完成初步设计后，通过需求串讲和规格反串讲的方式和周边领域达成一致，具体请参考《创新质量体系》155页"需求&规格串讲"内容。

（二）方案简洁化

产品完成同样的需求可以有不同的设计方案，方案是在设计中起到承上启下的关键所在。在方案阶段中围绕核心器件选择的同时，还需对方案进一步在以下领域中细化。

1. 多方案选型：选择最简洁的设计方案。

2. 芯片外围电路的简洁：如上拉采用排阻（多电阻组装在一起）减少器件数量。

3. 减少电源和时钟种类：尽量选择电源和时钟最少的方案。

4. 人机界面简洁化：软件人机界面易用性好，合理布局少而简约（如一键安装）。

5. 创新思路简洁化：如用光纤替代传统的并行总线，大幅度减少内部连接数。

产品方案完成初步设计后，通过方案串讲的方式和周边领域达成一致，具体请参考《创新质量体系》158页"硬件方案串讲"内容。

(三) 设计简洁化

在软件和硬件详细设计中，不仅需要考虑规格的落地，还需考虑器件编码、软件代码、生产制造、工装、测试等的简洁化设计，好的简洁化设计可以构建柔性化生产能力。

1. 细节简洁化：在具体细节中尽量减少器件的数量。

2. 编码归一化：使用同样型号的器件，比如，高频滤波电容统一选择100P。

3. 电源仿真分析：电源布局仿真，满足电源纹波和干扰同时大幅度减少滤波电容。

4. 代码简洁化：逻辑、软件尽量用最少的代码完成相同的功能。

5. 工序简洁化：比如，全采用贴片器件，可减少器件插装和波峰焊制造工序。

6. 测试简洁化：设计中预埋多产品共用的生产测试接口（如测试通信串行口）。

7. 装备简洁化：比如，设计兼容多功能制造工装夹具，减少夹具编码数量。

产品完成软件、逻辑、硬件初步设计后，需要通过自检、互检、封闭检视进一步夯实简洁化成果，具体请参考《创新质量体系》162页"检视三部曲"内容。

(四) SI仿真简洁化

硬件完成PCB设计后，可以通过SI仿真进行优化简洁，笔者在华为为某重要单板通过 SI 仿真，该单板共减少 1951 个电容。

　　1.减少电源平面：通过仿真在满足设计要求的前提下，可实现电源平面在 PCB 上减少。

　　2.减少 PCB 层数：仿真串口和高速信号线，通过合理布线减少 PCB 层数。

　　3.电源滤波仿真：减少滤波电容并做电源 SI 仿真，在满足性能的前提下减少滤波电容。

　　4.PI 频域精仿真：在硬件设计定稿前进行最终的精仿真，确保无风险后硬件投板制造。

　　简洁化最终目的是在满足性能的前提下尽量减少器件数量，但这并不是为了简洁而减少，过度减少可能带来产品性能下降的风险，比如，过度减少滤波电容会带来硬件的批量召回。通过 SI 仿真满足性能设计的简洁化才是最佳的方案。

五、抗干扰健壮设计

产品为何时好时坏？自然界干扰无时不在，设备内部也有强干扰源，电路参数也会随温度、供电源等偏移，抗干扰健壮设计是一门很深的学问。

笔者曾经攻关了一个通信设备误码问题，这个设备平时业务均正常，但每天凌晨1点准时出现误码，而后又恢复正常，该问题连续攻关1个月无解。最后蹲守三晚才发现罪魁祸首，原来是凌晨1点公司关闭中央空调，开关关闭瞬间的电流浪涌干扰通过220伏电源线传递到设备，可能会造成数字电路误动作，模拟电路信号被干扰造成失真。

不单是市电220伏电源线会传导干扰，在自然环境中雷电、静电、宇宙辐射、电弧焊等均有较大的干扰影响设备正常工作，其中70%的干扰通过电源平面传递。不仅外部的电磁干扰，产品内的功率开关源（如电动机）也有强磁场和强电场干扰源，在强干扰下会造成数字电平的误判；设备自身也会带来参数的正常扰动，比如，温度对所有器件都有相应的参数漂移，电阻、电容等的参数在不同的温度下有小幅变化。数字电路中的晶振源按规格输出也不是精准不变的，有一定的上限频率和下限频率。

干扰产生的误操作会带来设备故障，如果发生在汽车或飞机上可能带来灾难性后果。因此，设计一个抗干扰的健壮产品在可靠性工程上非常重要。

抗干扰健壮设计需要考虑两个方向，一个是如何阻断外部干扰，让设备外的干扰不影响产品正常的工作；另一个如何让设备时序容限能力增长，在温度偏移、时钟漂移、内部干扰隔断等场景下正常工作。笔者通过多年的探索，将产品健壮设计过程分为四个阶段。

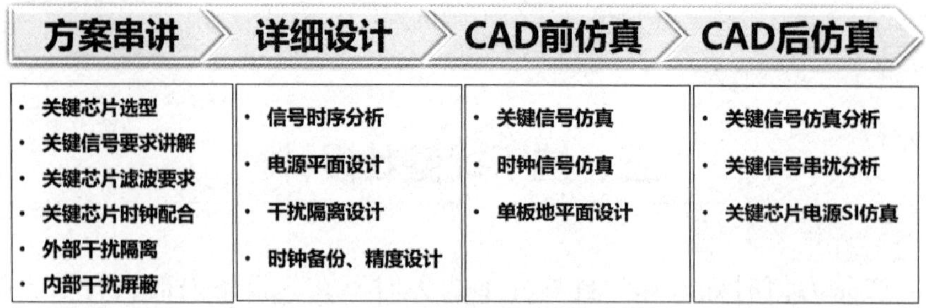

```
方案串讲  →  详细设计  →  CAD前仿真  →  CAD后仿真

• 关键芯片选型          • 信号时序分析        • 关键信号仿真        • 关键信号仿真分析
• 关键信号要求讲解      • 电源平面设计        • 时钟信号仿真        • 关键信号串扰分析
• 关键芯片滤波要求      • 干扰隔离设计        • 单板地平面设计      • 关键芯片电源SI仿真
• 关键芯片时钟配合      • 时钟备份、精度设计
• 外部干扰隔离
• 内部干扰屏蔽
```

图4-6 产品健壮设计过程

（一）方案串讲

方案设计不仅需要满足产品的需求规格，而且要满足产品抗干扰健壮性设计，有好的健壮方案才能有好的健壮产品。

1. 关键芯片选型：根据产品工作环境选择适配芯片，如干扰较大的室外设备（如广西雷电较多）需要选择较强的抗干扰芯片。

2. 关键信号要求讲解：对信号总线的总线类型、频域、时序、阻抗和易被干扰特性（如差分线）的特点和技术要求详细讲解，标记出易被干扰的信号并制定抗干扰对策。

3. 关键芯片滤波要求：对关键芯片、关键部件供电电源精度、纹波、噪声、温度偏移范围等进行详细讲解，避免因电源的质量对关键电路的影响。

4. 关键芯片时钟配合：对产品关键时钟的备份、精度要求、时序波形、心跳保护等方案进行讲解，如对超高精度时钟要求需要设计恒温装备的方案。

5. 外部干扰隔离：对外部雷击、浪涌、静电、公模差模干扰隔离和屏蔽方案详细讲解，结合设备的供电、工作场景、外观材质等限制给出可行性方案。

6. 内部干扰屏蔽：内部干扰源识别、布线布局隔离、电源平面隔离、屏蔽方案详细、信号线串扰讲解，确保内部干扰源对关键芯片、关键信号和信号线串扰影响最小。

方案串讲按照信号的走向讲解，在讲解关键芯片时，需同该芯片的电源平面、控制平面、时钟平面的要求同步讲解，以达成该芯片最佳的工作环境。请参考《创新质量体系》158页"硬件方案串讲"内容。

（二）详细设计

方案完成评审后，对产品的实现落实到原理图、结构外壳和PCB线路板设计上，同步对具体的设计进行仿真和分析，让最终的设计满足产品健壮性设计要求。

1. 信号时序分析：对关键信号的时序进行资料分析，针对容易干扰的信号线需要有防串扰和抗干扰的方案，针对差分信号的阻抗匹配需提前布局布线分析。

2. 电源平面设计：根据产品电源方案分析的要求对电源完成设计，包括关键芯片供电设计、电源/地平面PCB方案。

3. 干扰隔离设计：对外部干扰的隔离设计，内部干扰源的屏蔽设计，完成后须通过各领域专家评审，确保干扰隔离方案落地产品设计。

4. 时钟备份、精度设计：根据方案完成时钟备份、心跳保护方案、精度等落地产品设计，确保高质量方案在处理时钟正常和异常情况下，不会出现严重事故（如汽车失控）。

详细设计过程在健壮性设计中是最烦琐的工作，不但需要承接方案的落地，而且需要确保设计零缺陷实现，由于每个人的能力有限，保障零缺陷需要通过自检、互检和封闭检视趋于组织能力极限目标，零缺陷实现方案请参考《创新质量体系》162页"检视三部曲"内容。

（三）CAD前仿真

CAD前仿真是为了关键芯片、关键信号和电源初步布线布局后，优先仿真产品最关键的信号，确保最关键信号得到最佳的布线布局方案。

1. 关键信号仿真：同步在PCB实现的基础上进行线路时序仿真，确保仿真后的信号线能满足抗干扰的要求，同步优化关键芯片、信号布线。

2. 时钟信号仿真：对时钟在不同芯片引入点的延迟、波形衰减、时序信号波形、时钟毛刺等进行仿真和分析，同步优化时钟布局布线。

3. 单板地平面设计：对关键芯片滤波电容对电源影响分析，合理优化电源和滤波电容布局。

抓住关键的 20% 就抓住 80% 的效果，在产品的功能迭代更快、设备小型化的今天，前仿驱动产品优化布局布线效果越来越明显。

（四）CAD 后仿真

后仿和前仿有很大的区别，前仿对关键信号的布局布线优化极有好处，而后仿就需要对最终关键信号实现进行无死角仿真验证，最终需无任何干扰隐患后才投入生产。

1. 关键信号仿真分析：对关键信号最终设计进行仿真，确保关键信号的时序、电平、阻抗、辐射、噪声等满足容限要求。

2. 关键信号串扰分析：易干扰信号线的屏蔽保护、干扰源距离与面积、阻抗匹配等检视，同步仿真结果进行优化易干扰信号线的布线布局并达到最佳效果。

3. 关键芯片电源 SI 仿真：对关键芯片的引入电源仿真，对最终的电源平面仿真，确保整个电源平面得到最优的布局实现。

后仿和设计并行，不会影响产品进度，但对质量的影响极为重要。硬件多数改板的原因是时序信号不好，产品受干扰严重，而且极难重现误码问题。

后仿为最终的投产把关，在硬件投板前发现一个问题，改动的代价基本为零，而硬件投板后，硬件改板平均的代价高达 30 万美元，产品延迟两个月进度。

六、降额设计

所谓的器件降额设计就是大马拉小车,即便在最极端的情况下也能轻松应对,器件在工作期间受应力冲击较小,产品的寿命会更长,维修的成本也会更低。

每个器件都有工作极限条件,通常作为器件的最重要参数,比如,规格为100V的电解电容,其工作的最大电压为100V,电压大于100V有可能击穿电容,造成短路。

在产品的正常或特殊场景的工作中,均要求所有的工作在最大的参数下,包括电流、电压、温度等,超过额定的范围对器件的应力冲击可能造成器件的永久伤害,或者会严重缩短器件的寿命。

因此正常使用的器件所受的应力均远小于最大的额定参数,比如,电容正常需降额40%工作电压环境,在上下电浪涌的极限冲击下也需要降额20%,不降额并不意味器件一定会损伤,降额幅度越大,所受的应力冲击就越小,因此器件的寿命会更长。

降额设计是一个公司级的质量工程活动,降额的标准需要公司技术部门制定,比如,电源模块和功率开关由电源部门制定降额标准,而电阻、电容等通用器件需器件中心制定相应的降额标准。制定标准后通过网课培训,研发在设计中严格执行降额标准,测试团队会对设计进行专项审核。

What：降额公司级规范制定 → How：降额设计培训 → How in detail：器件降额设计和自检 → Check：器件降额测试审查和验证

图4-7 降额设计过程图

(一) 降额设计培训

公司各领域工程部门对该领域器件进行分析,根据对应器件的特点、工作应力冲击、损伤模型等,制定相应器件的降额标准,并作为公司级标准落地在所有的研发项目中。在降额规范落地的同时，产品团队根据产品设计所需，汇总各领域的《器件降额汇总表单》，形成完整的降额检查表单，方便在研发过程中高效查阅。

各领域工程部门把标准制作成对应的课程胶片，并通过网课方式在公司范围内公开，所有研发团队均可授课，并通过网络考试来拓展期间的降额要求。通常，新员工上岗前需学习网课，且通过考试后才能上岗。通过上岗赋能和培训，让所有的研发者掌握器件降额知识。

（二）器件降额设计和自检

器件的降额设计关键活动贯穿整个详细设计阶段，从器件选型、方案实现到参数应用上。设计过程需落地各器件的降额规范，完成原理图后，研发工程师结合《器件降额汇总表单》逐一确保各器件满足规范要求。

通常在设计过程中，还需妥善处理器件归一化的需求，比如，满足降额设计的滤波电容型号分别为 10uf/6.3V 和 22uf/10V，那么通过归一化后，可以统一用 22uf/10V 的电容。

产品设计过程中如果发现降额不足且没有替代器件，需要提交风险给管理决策层决策风险。同时，通过采购寻源满足降额规范的器件。在原理图设计完成后，工程师在原理图自检环节需要对每个器件的降额核查，确保每个器件符合公司降额规范。

（三）器件降额测试审查和验证

器件降额审查是硬件原理图检视的专项工作，由测试部门负责，审查也可作为静态测试的工作。通过无死角的降额审查，可确保产品设计均满足降额要求。降额审查的工作可以和归一化检查的工作一并完成。

为何降额设计需无死角做到全满足？因为产品由成百上千的器件构成，如果仅有一个器件因承受过应力造成损坏，由此造成公司承担的维修成本远比器件成本高得多。因此，降额审查工作看似烦琐，实质上是投入产出比极高的质量工程活动。

在后期的验证中可能会涉及降额器件的调整，比如，电感的浪涌电流可能远超当初的设计，验证后一定要更换电流更大的电感。

七、归一化及管理

归一化包括宏观和微观。宏观是公司的年度总编码逐步减少，以更少的编码实现更多的产品生产。微观就是落地在产品研发，用更少的编码实现产品功能。

随着公司新产品的持续推出，公司所采购的零件数量同步增加，编码大幅度增加侵蚀公司微薄的利润，这个问题看似无解，但施乐公司给出了极佳的实践案例。

【案例】施乐减少编码获鲍德理奇美国国家质量奖

20世纪80年代初，美国施乐公司通过与日本的富士对比研究发现，施乐公司比富士的利润率低很多，设备故障率也大很多；再深入成本研究发现，零件采购成本高居不下，占70%的制造成本。供应商的数量多达5000家，零件不合格率高达10%，公司不得不大量增加质量检查人员以控制入库质量。

为此，施乐针对性制定了逐年减少零件编码和供应商数量不低于20%的年度目标，制订年度计划落地实施，通过多年的努力，供应商数量减少90%（仅有420家），零件不合格率从10%降到0.225%，95%的零件实现免检入库，质量检查人员减少了86%，零件成本降低了45%。减少编码后，施乐公司利润大幅增加。1996年，基于施乐公司减少编码实践获得鲍德理奇美国国家质量奖。

诺基亚的手机器件归一化是世界控制最好的，所有的手机只需要800个共有器件，这样，每个器件就有海量的订购量，面对某个器件海量的订购量，所有供应商都会给诺基亚最低的价格、最优先的供货权和最高的质量。在严格的归一化推动下,质量极好、成本极低的诺基亚雄霸手机企业十多年,2008年诺基亚全球占有率居然冲到历史最高的40%。

华为从2006年开始推行归一化活动,所用器件编码每年减少20%的目标持续多年,在减少供应商数量和器件编码数量的同时,采购向优质供应商集中。对供应商而言,采购包的大幅度增加也增加了供应商规模利润,因此会在单件价格上有所降低,这样华为在获得优质器件的同时,同步降低了成本。

宏观的归一化管理是"纲",统筹控制公司总编码的数量逐步减少,每减少一个编码节约大量的供应商管理成本,采购入库检测的仪器更少、验证数也相应减少,入库管理更方便;同时由于优质编码更集中,同一编码的大批量采购也有更大的采购议价权。而具体产品的归一化是"领",在支撑公司目标的同时,减少编码的数量可以让产品生产成本更少,维修更容易(减少配件种类)。归一化及管理是一个公司自上而下的方向,通过向优质编码集中,在成本大幅度减少的同时质量也得到了相应的提高。

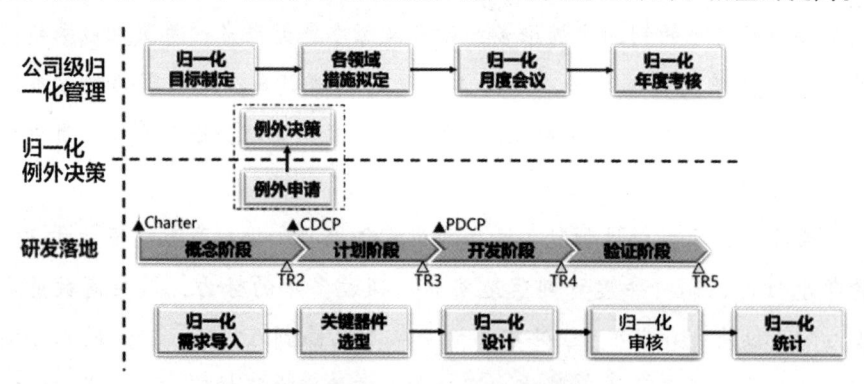

图4-8 归一化分层落地示意图

(一)公司级归一化管理

公司级归一化管理也是宏观的归一化管理工作,需要公司级的部门驱动,通常由公司的采购部门承担管理工作。管理部门需统筹公司所涉及的部门,通过目标牵引、措施拟定、月度会议跟踪、年度考核的方式,强化驱动年度目标的达成。

1.归一化目标制定：管理部门承接公司归一化战略目标，制定出该年度宏观的归一化指标，如：总编码量减少20%，供应商数量减少10%，来料综合成本（包含库存和入库检测成本）降低15%，来料批次质量事故降低50%，等等。制定的目标作为归一化管理部门的年度考核达标指标。

2.各领域措施拟定：公司级归一化指标进一步分解到各领域目标，比如，结构设计部门需要减少结构件编码25%，电源部门需要减少电源模块编码15%，等等。同步承接成本、供应商数量、批次质量事故目标。各功能领域部门所指定的目标综合后能支撑公司级的目标达成，并作为各领域部门的年度归一化考核指标落入各部门的KPI。

各领域部门根据目标再分解为可执行的措施和计划，指定具体的计划措施、完成时间等，汇报各领域的措施和计划并在归一化管理部门归档，各领域归一化计划作为月度会议的计划跟踪项目监控难度归一化落地计划。

3.归一化月度会议：每月管理部门主持会议，各领域汇报归一化措施执行状态，包括计划完成率、风险、求助等，针对较大的风险进行专题决策。月度会议还需跟踪上月各领域的风险关闭情况，原则上，上月的风险需在本月会议前关闭。

4.归一化年度考核：归一化管理团队对各领域目标达成统计分析，最终根据目标达成情况给予考核。对归一化达成较好的团队（某领域零质量批次事故）给予公司级奖励。

（二）研发落地

新产品总会带来新的器件和编码（如外壳），特别是全球竞争激烈的当下，新产品意味着更新的功能和更高的性价比。如何平衡新产品功能和来料归一化收缩，是各硬件公司不可回避的问题。根据研发阶段逐步落地归一化措施，可以确保新产品在满足客户的同时，尽可能满足公司归一化战略目标。

1.归一化需求导入：导入公司级的归一化需求，比如，器件选择优选器件，采用原有的通用结构件部件等，通过需求牵引后续的方案设计。

2. 关键器件选型：关键器件涉及新器件选型，如果是在公司规划内的新器件，需要按公司新器件选型流程即可。如果选型的新器件在公司规划外，需要通过例外申请并在归一化管理部门审批通过后，方可选型例外的新器件。

3. 归一化设计：在设计过程中把归一化落地具体的产品设计，在实现相同功能的前提下落地简洁化设计，选型优质供应商及器件编码，同步尽可能采用尽可能少的编码。同时，研发需统计编码数量，检视归一化需求落地情况，确保归一化需求在设计中体现。

4. 归一化审核：研发完成设计后，由测试团队组织归一化审核，并统计归一化实现情况，优化归一化需求，确保归一化达成最佳效果。

5. 归一化统计：产品正式生产归档后，对最终的产品进行归一化实现统计，针对归一化较差的产品需要分析原因，分析过程中的根因并制定改进措施，落入后续的产品研发。如果产品归一化落地极差，可由测试部门提出产品改板决议，经过决议后研发团队需重新优化并达成产品归一化目标。

（三）归一化例外决策

归一化管理在年初的措施拟定中，各领域部门不可避免有考虑不周的地方，新产品涉及新器件申请，新器件也可能在规划之外。因此，在归一化计划之外的编码申请或编码恢复，就需要在归一化管理例会上进行决策。

1. 例外申请：例外申请可以由多个部门申请，比如，生产部门、研发部门、各领域功能部门等，申请部门需提前在归一化管理例会上申报议题，准备好情况说明材料、影响和风险，初步的风险措施等。

2. 例外决策：归一化管理团队根据实际情况会上评估，针对影响面、风险等进行决策，如果影响较大且不能在会上完成决策，需要后续进行专项会议决策。例外决策需平衡归一化和现状的效益，不能为了归一化而影响公司业务拓展。

例外决策会新增计划外的编码，如果新增编码超过公司目标，需要调整归一化措施，驱动最终公司级的目标达成。

八、CBB设计与管理

CBB（Common Building Blocks，共用模块）把成熟度极高的设计模块通过解耦归纳后，快速复制到新产品中，在研发阶段效率大幅度提升的同时，质量也大幅度提高。

说到CBB，笔者最有体会，2002年进入华为第一年，笔者作为电源专家在华为设计的第一批8个电源CBB，也是华为第一批PCB级CBB。笔者归纳的电源CBB每年在研发调用上千次，复用次数多年均是华为第一，经典的电源CBB沿用二十多年至今。

通常单板电源3.3V为总线，再通过3.3V转换近十个电源，为了效率，多数为开关电源。开关电源所涉及的强功率开关源，开关电源的布线布局需要考虑输入环、输出环和反馈环，同时开关电源是强干扰源，需要考虑电场和磁场干扰的屏蔽，另电源功率器件涉及散热，因此成本极低的散热工艺需在PCB上体现。通过电源CBB推广，笔者的电源最佳设计得以大面积使用。

做CBB刚好把重复工作重构，一次性交付CBB后，后期无须重复布线、布局、散热、器件选型内容，可以把最佳设计无限在研发中复制，CBB对成本、质量和效率非常明显。

结合笔者的CBB经验，从公司管理层面和CBB归纳应用层面来讲解如何构建公司级CBB能力。

图4-9　CBB管理运作图

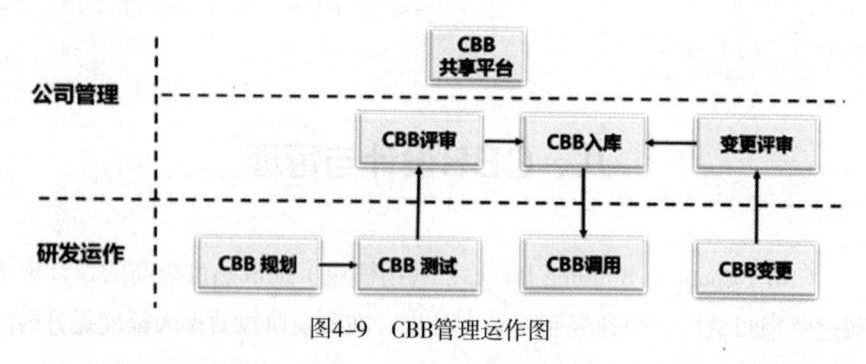

(一)CBB的特征

CBB包括硬件原理图CBB、硬件PCB级CBB、结构件CBB、逻辑CBB和软件CBB（软件函数），具有以下特征。

1. 接口标准：不是什么设计都可以CBB化，CBB的接口简单且标准，比如，电源CBB只有输入电源、输出电源和公共地三线接口。接口复杂的模块不建议做CBB，例如，CPU小系统通常做成标准扣板而非CBB。

2. 最优设计：CBB通常从成熟产品中挖掘，经过测试和市场检验且无故障的经典设计，体现在质量、成本、设计分布最优，CBB让局部最优设计最大化推广。

3. 模块通用：CBB最大价值是最优设计的大面积复制，每次复制就意味着CBB价值体现一次。如果是某产品的专有模块，就不需要输出CBB。

4. 与时俱进：CBB和技术发展同步进化，并符合公司归一化要求，因此，当有局部更优技术出现时，或者归一化编码发生变化时，CBB模块就需要及时变更。

华为2002年开始推动CBB建设，笔者作为电源专家贡献8个电源CBB，彻底解决开关电源布线布局复杂（输入环、输出环、反馈环对布线布局要求极高）、干扰严重、散热工艺难把握、器件最优选择等问题。

(二)CBB公司组织

CBB涉及把最优的局部模块大面积推广，对公司研发效率、成本、质量增益极具战略价值，也是IPD流程重要的工程方法之一。因此CBB规范运作是研发大公司必需的工作。

通常，CBB公司级运作需要公司级公共研发部门承担，比如，公司技术管理委员会，运作的基础，规范组织形式、CBB管理细则、CBB管理运作机制等。通过入库评审、CBB推送、CBB变更管理、CBB奖励机制，推动公司CBB持续优化和推广，最终推动公司级研发能力提升的目标。

(三)CBB挖掘过程

CBB通常由研发团队根据CBB规范挖掘而来，完整的挖掘活动包括CBB规划、CBB寻源、测试、评审、入库、维护和下架。

CBB规划：需要定义哪些模块有价值。研发团队规划动作通常很简单，开会头脑风暴即可，很快就能达成共识，比如，电源模块CBB规划就很快规划出8个电源CBB。

CBB寻源：寻源通常会在成熟的产品上寻找质量表现极佳的现成技术，把现成技术导出原理图和PCB；如果没有好的模块，可以同步在新产品上设计并同步验证跟踪，如果效果极佳即可导入最初的CBB模块。

1.CBB测试：规划后的CBB模块测试，较产品测试严格很多，包括常规测试、动态测试、异常测试（如风道堵塞）等CBB模块的输出，确认满足产品正常或异常条件下的要求后，经过评审后归纳出CBB模块。

2.CBB评审：申请公司级CBB管理例会，会上评审CBB模块测试报告，并展示最终CBB的描述、设计、物料清单、规格书、使用注意事项（比如，电源CBB布局需风道畅通）等。

3.CBB入库：完成评审后的CBB模块设计文档和设计附件在CBB共享平台归类入库，方便研发人员查询和调用。

4.CBB维护：维护通常有两种形式，一种是优化，比如，采用更高效的开关器件，让电源CBB输出效率更高；另一种是被动维护，CBB模块器件被归一化删除掉，不得不重新选型。

5.CBB下架：随着时代的发展，前期的CBB由于技术落后被后续的模块替代，老CBB可以通过下架程序从平台上撤下，避免落后技术被研发选用。

第五章
可靠验证

三星 Note 7 爆炸事故产品在验证期间就发现了安全隐患，但由于三星希望能早于苹果发布旗舰手机，忽视了验证过程中的隐患，最终造成无法弥补的后果。

永远也不能忽视对产品全面、深度的验证工作。作为交付客户之前的最后一关，产品不仅需要在功能和性能上全方面验证，而且需要对产品极为深度的可靠性进行验证，只有这样才能交付高可靠的产品给客户。

全面的产品验证不仅是对设计的补充，相对产品交付后的批量召回和大面积返回而言，可靠验证可以极大减少产品上市后的维护成本，是价值极高的可靠性工程活动。

一、环境应力对设备的影响

2024年春节前后哈尔滨的冰雕格外美丽，也吸引了大量游客观光。但不少苹果手机用户却沮丧地发现不能在户外开机，而华为用户却可以畅快地拍照和视频。同样是高端手机差别为何如此大？苹果官方客服的解释是在低温环境下关机是保护锂电池，但同样使用锂电池的华为为何能正常工作？苹果的解释显然不合理，苹果手机低温适应性差才是根本的原因。

常见的环境应力有温度、湿度、海拔、运输振动、日照等多个场景应力冲击，产品受环境应力的冲击会有不同的影响，轻则关机，重则对设备造成永久性损坏。

表5-1 环境应力冲击及影响详表

产品使用环境	环境应力	影响
温度范围： 如0℃~40℃（室内）	高温	漏电、电参数漂移、材料性能变化
	低温	电差数漂移、材料性能变化、开关接触不良、电气启动电流过大
湿度范围： 如20%RH~70%RH（室内） 5%~85%（室外）	潮湿	漏电、金属腐蚀、原电池效应
	干燥	材料开裂、电解液蒸发
	霉菌	腐蚀、生锈、绝缘下降
海拔	低气压	影响散热、材料性能发生变化
运输条件： 如空运、海运、汽车运输	运输	振动、冲击、离心
	盐雾	腐蚀、表面漏电
安装环境 如空调环境、简陋环境、室外环境	尘埃	散热、表面漏电、机械损坏
	风雨	腐蚀、漏电
	噪声	疲劳、电信号干扰、误动作
日照	日光	褪色、疲劳
	辐射	软件错误

续表

产品使用环境	环境应力	影响
空气污染 如硫化氢、二氧化硫、盐雾	空气污染	硫化氢、二氧化硫腐蚀
	盐雾	腐蚀、表面漏电
电应力环境	电场干扰	雷击、强电干扰、农村小水电

多数产品并不是工作在室内恒温环境中，因此产品的环境适应性是可靠性所关注的重要内容，在设计过程中很难遍历场景应力对产品的影响，因此产品研发完成初样后的可靠验证将是可靠性工程重要的内容。除了常规和环境测试外，通过多个场景下严苛的加速验证，才能确保环境适应强的高可靠产品。

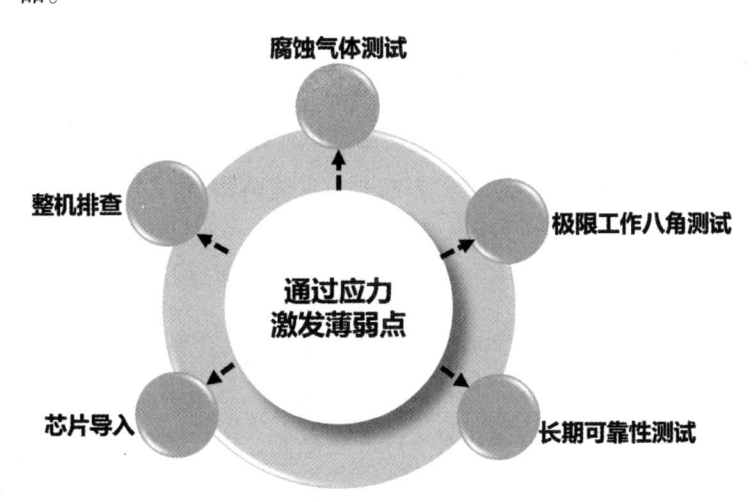

图5-1 强化验证激发薄弱点

本章后续章节将陆续介绍多种非常规的测试方法，通过强化应力方式激发出隐藏极深的可靠性问题，提升产品的环境适应能力。

二、腐蚀气体测试

笔者2002年进华为光网络电源组,当时产品正面临华为有史以来最大的批量整改,综合损失超过10亿元,罪魁祸首就是硫化电阻导致电源模块大规模失效。

为何硫化电阻引起如此大损失?故障电源模块选型镀银的电阻,产品在使用过程中,电阻镀银会和空气中的稀薄的H_2S腐蚀气体发生化学反应,金属银逐步替代成硫化银不良导体,经过长时间积累最终导致电阻断路引起电源模块失效。由于潜伏期长达2年左右,等发现大规模电源模块失效时,市场已经存量大批量的故障电源模块。

光洁的银器长期放置,表面会出现黑色物质,这是银器上黑色的硫化银所导致,其化学公式如下:

$$Ag+H_2S=AgS+H_2$$

空气中不仅存在H_2S,还存在SO_2、氯气、氨气等腐蚀性气体,对产品有极强的化学腐蚀应力。如果产品对应不好或者工艺处理不当,就会造成产品外壳锈蚀、材料开裂、PCB板断路、电子器件坏损等问题,不仅会造成产品外观美观的破坏,而且会造成产品大面积失效返修,甚至会造成更严重的安全事故(如汽车刹车失效),因此产品防腐蚀气体必须严肃对待。

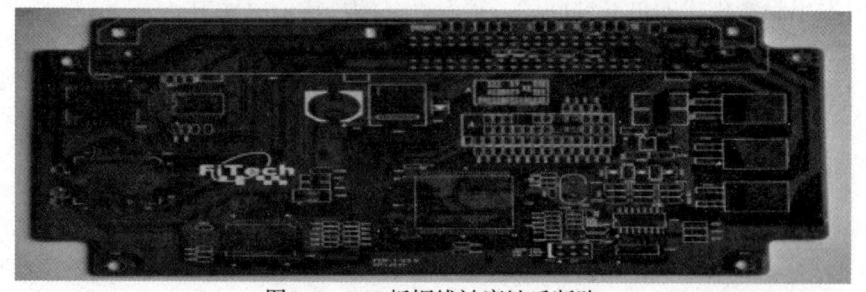

图5-2 PCB板铜线被腐蚀后断路

气体腐蚀试验，又称为大气污染测试（Airborne Contaminants Test），属于美国 Nebs 认证中的环境与安全测试中必测试项目。气体腐蚀试验可参照美国 Nebs 测试标准进行。气体腐蚀试验是一个加速试验，测试中采用远高于空气浓度的各类腐蚀气体，因此气体腐蚀试验也是加速测试试验，通过试验可以发现 2 年以后产品抗腐蚀能力。

（一）气体腐蚀试验准备

气体腐蚀试验仅需看产品的材料是否能承受空气中的腐蚀气体应力冲击，为了节约开发成本，在材料准备中可以采用报废的器件、单板/样机等测试。但需准备完整的 2 套材料，不能有任何的缺损。材料缺损可能会因为无法充分验证而带来不必要的隐患。

首先要确定产品的范围，包括产品全套材料、安装固定材料、包装材料、备件材料等，再根据范围提前准备 2 套及以上的材料。特别说明一下，安装材料也属于测试范围，比如，安装支架采用非不锈钢材料，经过多年的锈蚀，可能造成因支架损坏导致设备高空跌落造成重大人身安全事故。

环境测试专家根据腐蚀测试要求制订验证计划，提前准备包括试验场地、试验腐蚀气体类型及环境准备，测试封闭箱准备。

（二）气体腐蚀试验执行

按计划准备好材料后，把试验产品以完整齐套的方式放置在封闭箱中，需确保每个单板、机箱、部件、安装材料能充分和空气接触。封闭测试箱，分别按浓度要求注入各类腐蚀气体，再封闭注入孔，确保测试箱完全封闭。

按测试时长要求静置封闭箱，通常在 30 天以上。完成静置时间后，取出测试材料，在各类专家鉴定下确认各材料、器件、安装件等是否被腐蚀，记录检测结果。

（三）气体腐蚀问题闭环

经过腐蚀试验后，如果发现外壳、部件、器件等有腐蚀问题，需要分析其腐蚀的根因，并制定相应的措施。

例如，电阻中包含金属银被腐蚀，可采用两种方案解决：一种是更换无金属银的电阻，另一种可采用涂覆工艺解决。外壳、安装支架等暴露在外的材料如果出现锈蚀等问题，需要在材料规格书中指定材料型号，让配套生产厂家按新型号生产交付。

如果某种重要的芯片等材料无法更换，需要考虑涂覆工艺等解决。

拟定好措施后，研发团队须组织会议评审，制定好措施、改进计划。按问题改进措施准备好材料或执行防腐蚀工艺，再一次启动腐蚀试验验证回归，直到无气体腐蚀问题彻底解决为止。根据最新的试验结果修改设计或生产工艺，确保经过试验后的产品再无气体腐蚀问题。

器件被气体腐蚀可能引发产品大规模召回的批次问题，会导致上市产品召回，因此气体腐蚀问题的危害巨大。气体腐蚀测试过程其实很简单，成本也很低，只要发现问题都有较好的措施应对。因此，气体腐蚀试验是投入产出比极高的可靠性工程活动。

三、极限工作八角测试

一些设备偶然会出现失效后又恢复业务的情况,但故障很难复现。通常该现象可能是产品中的重要信号存在时序紧张的问题,在极为特殊的条件下会出现产品偶然失效或信号出现误码,这样的问题极难定位。但通过极限工作的八角测试很容易消除该类故障。

在正常硬件供电中,电源容许 ±10% 的电压误差,会造成最高工作电压和最低工作电压对数字电路的高低电平的判断有所差异;产品在温度最高和最低时也有微小的差异;而产品依赖的时钟晶振在极限情况下也可能有 ±5% 的误差。

最理想的产品在电压、时钟、温度在正常工作要求的范围内均需保持高度的一致性,也就是产品具有极高的容限容差能力,但实际上很难做到,那么产品对极限工作条件容限容差能力的能力如何去测试?

八角测试基于产品影响最大的温度、供电电压、时钟频率三个因子在极限工作环境的测试。比如,产品工作温度是 –20℃ ~55℃之间,那么低温工作条件就是 –20℃,高温工作条件为 55℃。同理,3.3V 额定工作电压的高压为 3.6V,而低压工作电压为 3.0V。

产品有 3 个主要因子,而每个因子有 2 个极限维度,那么产品三因子的极限工作环境有 8 个极限状态,即:

$$T = 2^3 = 8$$

基于 3 因子 2 维极限 8 种状态的遍历测试就是八角测试。

表 5-2　八角测试环境配置表单

序号	测试条件	电压3.3V ±10%		温度 (–20℃~55℃)		时钟20M ±5%		测试结果
		3V	3.6V	–20℃	55℃	19M	21M	
测试1	3V,–20℃,19M	3V		–20℃		19M		
测试2	3V,–20℃,21M	3V		–20℃			21M	
测试3	3V,55℃,19M	3V			55℃	19M		
测试4	3V,55℃,21M	3V			55℃		21M	
测试5	3.6V,–20℃,19M		3.6V	–20℃		19M		
测试6	3.6V,–20℃,21M		3.6V	–20℃			21M	
测试7	3.6V,55℃,19M		3.6V		55℃	19M		
测试8	3.6V,55℃,21M		3.6V		55℃		21M	

八角测试能验证产品在极限维度下的容限容差能力，也是抗干扰健壮设计的有效验证方案。能通过八角测试验证的产品，对抗干扰的扰动冲击也相对较强。

（一）八角测试环境准备

八角测试涉及3因子调控，为了方便需分别准备直流可调电源、信号发生器和温箱作为八角测试的环境准备。

针对产品内部低压工作电压的调整，需要先断开产品内部的低压电源，引入外部的可调电源。注意，测试电压是引入产品低压母线的电压，而非电源输出电压。这样可避免引入的导线电压损耗。

针对时钟需要引入信号发生器，同时断开产品内部时钟，把信号发生器引入芯片时钟输入管脚。注意，如果芯片设计功能是内部时钟，在测试前需要改变内部时钟模式为外部时钟模式。

相对温度极限条件采用常规的温箱，温箱输出范围超过产品极限工作温度范围即可，产品业务监控需要配置外部电脑，当产品出现异常时能及时记录并报警。

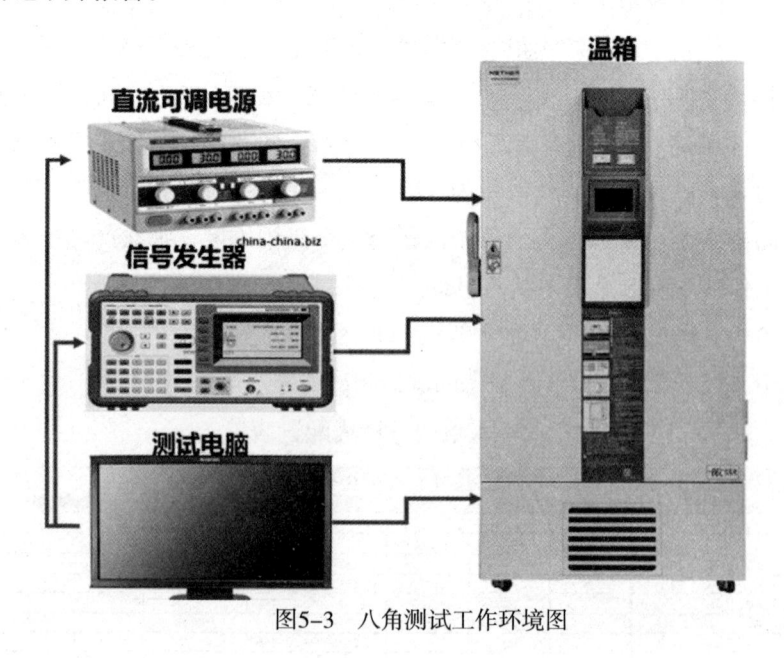

图5-3　八角测试工作环境图

（二）测试过程

按照八角测试环境配置表单配置测试内容即可，通常每种极限条件建议测试 4~8 小时，测试业务是产品最典型的业务，外测电脑随时监控产品运作，一旦出现异常，须及时记录并恢复业务。

当某场景出现业务异常时，测试人员需初步定位产品问题，故障定位必须定位到器件级。需完整分析故障根因和措施修改点，故障消除后，重新测试 4~8 小时且无故障完成该场景验证。下一个场景重复以上操作。

8 个场景完成测试后，如果产品无问题即通过八角测试，如果有问题，在所有场景故障排查措施实施后需连续测试八个场景，每个场景工作 2 小时且无故障才确认八角测试通过。

（三）八角测试问题改进

八角测试问题涉及器件选型、线路板布线布局、干扰屏蔽、散热、生产工艺等多项改进，需针对性改进。

如果涉及硬件线路板投板，需综合其他测试问题一并改板，具体的改板方案需设计部评审通过。如果器件涉及新器件、归一化外等问题，需要按公司器件管理措施，只有通过决策后方可实施。比如，笔者解决八角测试所涉及的高精密低纹波电源问题，原有的器件精度不满足设计要求，需要采用到 0.1% 低温度偏移的新编码电阻，最终通过公司流程并引入新器件后解决该问题。如果器件措施不能在公司层面落实，需要更改硬件方案并重新投板。

八角测试如果涉及较大的设计变更，需要完成变更后回归八角测试验证，每个场景缩短到 1 小时即可。

四、长期可靠性验证

世界上最难验证的就是产品的寿命，因为产品寿命通常长达 5 年，但某些产品寿命要求 10 年以上。产品开发后需要尽快上市，如何在短时间发现超长的寿命问题确实很难平衡。

产品工作中影响寿命的主要原因是器件所受应力而损坏。比如，机械应力可能造成折叠手机屏幕的折叠多次后磨损；另一类机械耗材损耗或磨损，比如，风扇的转轴磨损或润滑油长时间工作后蒸发导致风扇失效，另一种就是器件的自然寿命，通常遵循浴盆曲线。

长期可靠性验证假设产品在遵循浴盆曲线的前提下，验证初期需先筛选出早期的失效，确保正常后才开始验证。否则过高的早期失效率会影响测试的进程和问题的判断。长期可靠性测试最重要的目的是找到影响产品寿命的短木板，通过对短木板的改进大幅度提升产品的寿命。

在长期可靠性验证中，通常要分几种场景，分别针对场景去加速和分析，再根据发现的问题尽量去改进。比如，机械应力冲击下的寿命通过检测机械冲击的次数来判断产品在寿命期间是否会被冲击损坏；另一种是通过加速实验来提前判断冲击，比如，电池充放电次数加速实验。

产品寿命在可靠验证中极为重要，如果产品因验证不充分导致遗漏薄弱点，那么可能出现因产品寿命大幅度降低而造成维修或召回大幅度增加，客户满意度大幅度降低，利润锐减甚至亏损等情况。长期可靠性验证过程贯穿整个产品生命周期。

图5-4　长期可靠性验证生命周期活动图

（一）关键器件选型和长期可靠性实验设计

从最初的关键器件选型开始，长期可靠性活动贯穿产品全生命周期。

通常，在概念阶段定义高可靠的产品（如高端路由器）器件的选型上都会倾向于可靠性更高规格的器件。高规格的器件明显成本上升较多，而相对定位较低的产品也会在可靠性和成本上做到平衡。

产品在概念阶段被定义后，影响产品寿命的最关键器件均需要同步选型完成，在概念阶段通过产品特点和选型关键器件的特点，就可以针对性做好产品研发周期的验证计划，通常会关注到最关键的器件实验和常规的实验。

（二）器件材料鉴定和寿命加速测试

在开发阶段，器件可靠性验证包括材料鉴定、应力加速验证、可靠性预估等。

涉及机械应力冲击和疲劳的器件需设计自动化装备，比如，涉及机械插拔次数的端子可以让自动插拔装备不间断测试10万次。

每个产品由于特点不同，长期可靠性验证计划也会不同。

1. 材料鉴定：比如，风扇轴承正常的工作状态处于机械摩擦，材料一直处于耗损状态，如果材料不好，风扇寿命会因为轴承磨损而快速失效。因此，针对高端风扇的寿命验证时就需要对轴承材料进行鉴定。

2. 加速实验：加速实验有两种形式，一种是机械应力以次数为体现，比如，产品是第一次设计折叠手机，那么针对柔性屏的材料鉴定和折叠疲劳试验就需要在早期的验证计划中所体现；如果涉及电池，就需要针对电池充放电次数的实验计划。

另一种是增加测试数量加速验证，比如，灯泡的寿命，可以采用加大验证数量来分析产品的寿命，比如，同时验证 100 个灯泡三个月，其中有 1 个灯泡失效，如果灯泡长期失效是固定的值，那么：

灯泡年失效率为：$F=4\%$

灯泡平均寿命为：$S=1/F=25$（年）

3. 寿命推理：寿命推理用于寿命非线性模型分析，比如，某机械运动装置（如活塞）工作需要润滑油，在润滑油充足时机械失效率为万分之一，但润滑油没有该装置会失效。在不同工作温度下，润滑油的蒸发速度有所不同，可通过推理分析该机械运动装置在不同温度下的寿命。

寿命推理由于受多种实际因素的影响，得出的寿命不一定准确，但可以作为器件关键影响要素的定性分析，并针对性给出对策。如果需要推理模型准确，需在大量实验的基础上导出推理分析的数学模型。

（三）双八五测试

在产品验证阶段重要的可靠性验证就是双八五试验。所谓的双八五，就是工作温度为 85℃，湿度为 85%，累计测试 2000 小时，在测试期间如果产品出现故障，需要定位出具体故障，并修改后重新测试。最终累计测试无故障时间为 2000 小时。

通常，2000 小时双八五测试需要连续测试两个月以上。长期可靠性只有通过劣化产品工作环境的方式，去找长期可靠性的薄弱点。

（四）问题回归和长期可靠性跟踪

器件长期可靠性试验和双八五可靠性试验发现的问题需要收集、分析、制定针对性的改进措施，包括关键器件重新选型和试验、设计修改、推动器件厂家更改、生产工艺更改等，推动公司内部和外部的措施落地，并在产品大规模生产前，必须完成所有的问题回归。

如果某些器件的寿命不能达到产品寿命要求，通常的方法是把该器件设计成可更换单元，比如，网口插线、风扇盒等，重要的设备在产品给客户的同时，还需准备足够的备件，以防止因关键部件失效率较高而降低系统的可靠性。高失效部件也会制定在产品的备件策略中。

产品在正式销售运行后，长期可靠性就可以实际统计产品最真实的数据，包括早期失效率、中长期失效率和损耗期时间（如 8 年后产品大面积失效），进行真实的产品可靠性数据对比分析，如果产品的中长期返修率较高，需要进一步分析问题的根因，找到提升长期可靠性的措施，推动器件、产品设计和生产工艺的进一步改进。

总的来说，设计一个寿命长的高可靠产品对公司的品牌影响巨大。因为海量产品上市后，即便是很小的返修率也会产生相当大的维修量，不仅客户因维修不满意，而且会占用公司极大的维护资源，影响公司新产品的开发。

五、芯片导入

当今新硬件产品较上一个产品有较大的性能提升，最核心性能多数是导入了新的芯片，芯片驱动开发是当今硬件开发的主流。如何在保障进度的同时充分验证好芯片？

芯片的重要性毋庸置疑，当今苹果、三星、华为均采用芯片驱动产品开发模式，每年厂家的旗舰机伴随着新的芯片发布。

笔者是华为芯片导入流程核心成员，在华为多次推动大硬件领域的改进，包括算法推动芯片上下接口和配合。在硬件敏捷及智能数字化制造中，芯片协同是大硬件最重要的关键域。芯片驱动开发包括芯片开发、芯片验证、产品开发三大领域的同步协同开发，涉及芯片开发流程、产品开发流程异步集成。

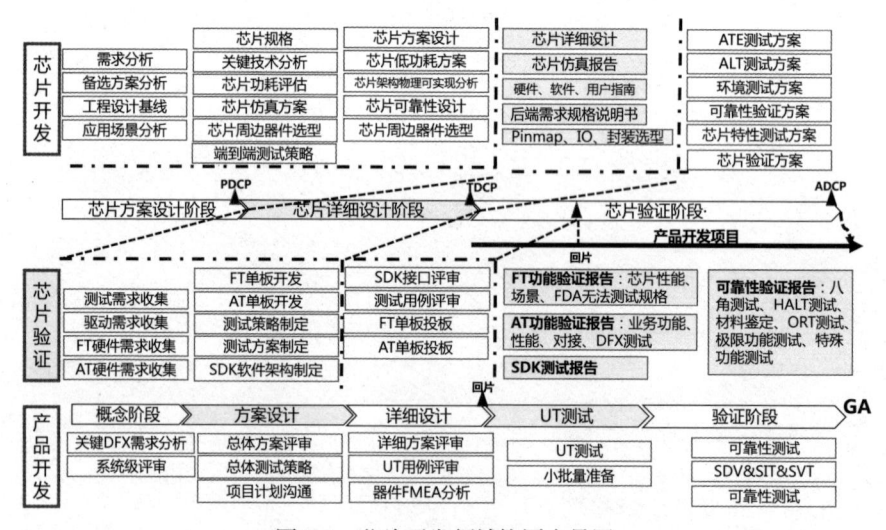

图5-5 芯片开发领域协同全景图

芯片产品有三大优势，第一是功能和性能的极致驱动，按摩尔定律每18个月性能翻番，因此下一代芯片总是比上一代芯片功能提升接近50%。

第二个优势是独特性和唯一性，如苹果的手机专用，华为旗舰机也伴随着新的麒麟芯片发布，这个独特性和唯一性构建了产品的独特竞争力。第三个是芯片设计伴随着巨大的技术断裂点，通常软件可以通过盗版、思路抄袭的方式，快速推出功能相近的竞争品，因此淘宝、京东之后十年还能有拼多多的崛起。

（一）芯片导入策划和计划制订

芯片最难的一点是协同各方共同达成芯片产品高可靠开发。首先要制定芯片项目的目标，芯片项目最核心的就是芯片的价值，其次是芯片产品的质量。在芯片开发过程中，还需确保芯片的进度和效率，即价值优先、质量为本、芯片零等待、计划零延时。按照总纲领制定后，制定针对芯片价值的目标，先制定针对价值的关键措施。

针对关键措施拟订详细的各领域协同计划，另外制订各领域的大协同计划，一般是通过关键的芯片点倒推，有三个点最为关键。

关键点1，投片点需要芯片一次性无风险投出，也就是芯片在投出前解决所有的问题，同步风险清零。

关键点2，回片点芯片路径是整个产品开发的关键路径，要让芯片回片后一天打通所有的业务，必须在回片后将软件、硬件、装备、测试环境和测试用例完全准备好。

关键点3，批量点需要充分验证，产品完成制造导入，芯片生产和产品生产支撑大批量生产。

（二）投片前的质量活动

芯片投片重点是配合芯片的设计工作，同步芯片验证完成仿真。仿真包括浮点仿真、定点仿真、后仿真、流片DCP。

1. 浮点仿真：浮点仿真是方案级仿真，把控制逻辑或者算法模型仿真，通常仿真由算法部门或芯片原理设计部门完成。仿真的结果比对满足设计原理，并评审通过后，才能进行下一步把方案按数字电路实现的方式进行设计。浮点仿真通常由芯片设计团队完成。

2. 定点仿真：定点仿真是数字电路中实现级的仿真，在数字电路中实现定点存储、转移和运算，最终实现芯片功能（如图像识别）的仿真。通常，完成定点级仿真后说明芯片的逻辑功能已经实现，完成定点仿真评审后才可进行芯片后端设计。定点仿真通常由芯片设计团队完成，芯片测试团队同步仿真验收。

3. 后仿真：芯片后端设计完成后，在芯片投片前的仿真，后仿真对最终芯片实现所能达到的功能和性能最接近的仿真，通过后仿真不仅能发现部分方案级实现问题，还可以发现某些后端实现细节所引起芯片干扰或性能指标下降等问题。后仿真作为芯片投片前的基础，必须完成后仿真且无问题芯片才能正式流片。后仿真通常由芯片测试团队完成。

4. 流片 DCP：流片前最后的 TDCP 评审，这是芯片最重要的 DCP 评审活动，重点关注需求达成情况，后仿真完成情况，问题和风险关闭情况。原则上"严重以上"的问题必须关闭，如果存在"严重以上"的问题不能关闭，需要由一级部门决策流片或屏蔽关键需求。

(三) 芯片回片前协同工作

芯片协同的第二个关键点是回片，芯片驱动产品开发的关键路径是芯片，最佳的协同是芯片零等待，也就是芯片回片后一天完成生产加工，一天完成所有的硬件和软件调测，在调测完成的基础上，并行启动多线测试。

以回片天为节点，因此对芯片所有周边协同的完成计划，包括软件、硬件、结构设计、装备生产、测试环境、测试用例等。另需要对芯片回片业务打通过程进行预演，根据不同的场景制订相应的调测方案，确保在回片后芯片快速打通业务。

为了让芯片路径最短，回片前所有硬件单板均加工完成，芯片回片后贴在硬件单板上并加工完成，这样芯片就可以在回来的第一天产品全套生产完成。完成生产后紧急到实验室调测芯片，按前期预演的方案当天打通关键业务，打通关键业务的目的是可以让测试和生产活动并行开展。例如，华为第一个打通业务的 5G 基站，芯片回片后并行测试，仅用一天打通所有的业务。

同步进行生产试制、小批量试制和大批量试制，生产和测试中发现的问题及时定位并闭环。

六、整机排查

整机排查是华为十大硬件经典优秀实践之一，落地的第一次就打破华为四项纪录满分结项的基础版本；推广后在快速稳定老旧产品问题中立下汗马功劳。

落地范围：硬件整机级全面检查，整机排查优秀实践是华为第一批公司级优秀实践，华为十大硬件经典优秀实践之一，落地 NG 波分 OSN 6800 V1R1 快速收敛硬件缺陷，让基础版本打破华为四项纪录满分版本。落地网络 46 套老旧产品排查快速稳定设备，之后网络产品线再无一级硬件事故发生。

实践核心：广义缺陷预防核心质量活动之一，确保整机交付客户前达成零缺陷。通过组织各领域专家对整机进行试装、实物检视、关键交付件工程检视等动作，汇总所有问题之后综合所有问题给出最佳改进方案，一次性改进所有硬件整机问题。

（一）整机排查背后的逻辑关系

整机排查为何能立竿见影，其实背后有很简单的逻辑关系。硬件产品不光需要功能满足客户的需求，而且在安规、EMC、散热、防护、生产等多个领域都要满足。但各领域在设计过程中不能有效地相互协同配合，同样看待一个产品，各领域专家之间就如盲人摸象，对产品的认知仅限于本领域，因此不能有较好的协同配合关系。这会造成较大的领域配合问题，甚至会有冲突问题。

高可靠产品开发

图5-6 产品开发过程中各领域专家认知像盲人摸象

笔者遇到的一个真实案例，为了解决散热问题，热设计专家在屏蔽罩上开了小孔，这样散热问题得以解决，但EMC测试过程中EMI（辐射）测试始终不能过关，EMC专家把屏蔽罩的小孔封死，EMC总算过了关，但散热问题又解决不了。最终EMC和热设计对屏蔽罩是否开孔闹到产品线决策。

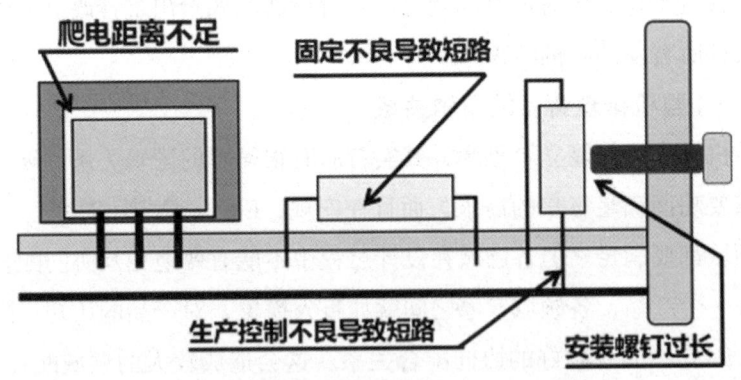

图5-7 配电板工艺&生产引入致命隐患案例

硬件产品原理图、PCB都没有问题，但工艺、制造也会带来新的问题。如图5-7所示，工艺、生产引入4个致命案例，可能引起在客户使用设备的过程中因短路产生烧机故障。

整机排查的逻辑就是通过各领域专家进行协同实物检视和试装，发现单板、模块、电缆、结构等因为装配、工艺、生产等的配合问题，针对问题各领域专家协同给出综合解决方案，彻底解决各领域的隐患。

整机排查作为硬件设备广义缺陷预防最重要的活动，填补了实物检视和领域专家协同的空白，在交付客户前发现并改进所有的隐患，避免了很多因为质量不好影响产品的形象，同时把客户端的质量纠错成本降到最低。

（二）实践挖掘过程

笔者进华为前在希望森兰变频器公司开发变频器，输入380V，整流后高达500V以上。每次新产品联机调测都非常小心，如果有错产品可能造成短路爆炸，甚至会触电死亡，必须全方位缜密排查确保万无一失才敢上电调测。

2004年笔者换部门到SONET产品，根据在"希望"的习惯笔者对产品进行排查，发现存在48V会短路的致命缺陷并上报，由于涉及背板改动产品线没有接纳。没过多久产品在美国客户端烧了背板，产品线这才重视笔者的意见，由笔者全权负责提升产品可靠性。过程很轻松，笔者以产品线的名义邀请公司级专家排查3天，一次性就稳定三套SONET产品。

2006年笔者调动到质量部，中途接手OSN 6800 V1R1硬件已经投板，36个单板有35个要改板。和硬件经理说了SONET的排查方案后得到支持，复制整机排查过程也相当顺利，35个单板100%一次改板成功（当年看起来很成功，现在芯片都可以做到一次性成功），最终OSN 6800也成了创华为四个第一的满分版本。

基于OSN 6800的效果，笔者输出整机排查优秀实践上报体系，最后被评为第一批公司级优秀实践。

（三）整机排查实施步骤

整机排查过程非常简单，只需走三步。

第一步：排查准备

排查责任人首先需要定制排查范围，针对范围大小制订针对性的排查计划，同时确定各领域专家要求和人数，协调好专家资源，协调好环境同时准备好排查物料。由于整机排查都会协调高级专家参与，需要把排查目标、排查范围、专家领域正式发文任命，确保各高级专家对工作的重视和投入。

第二步：现场排查

排查责任人组织好现场排查检视会议，花很短的时间先给各位专家介绍排查目标、排查重要性。之后进入排查环节，各领域专家可以对整机、单板、模块以及过程交付件进行详细排查，详细记录所发现的问题，针对问题输出初步的解决方案。完成排查后，排查责任人组织专家一起会诊所发现的问题，并协同各领域专家针对每个问题给出综合解决方案。

记录综合解决方案最终问题，提交问题单让每个问题进入问题跟踪系统。

第三步：排查关闭

根据问题跟踪系统对相关交付件进行修改、回归测试，解决问题和所提问题专家确认后关闭该问题单。

当所有问题都回归且无新引入问题后，排查责任人发布排查通报，知会产品线、各领域专家及其部门领导，根据效果申请相关的奖励。确认各领域所有问题归零后，排查责任人代表部门写感谢信，抄送到各领域专家各级领导。

说个题外话，因为笔者组织过很多次排查，各领域专家投入其实本部门领导并不知道详情。通过感谢信的方式让各领域专家的付出能得到及时认可很重要。

（四）整机排查收益和特点

1. 整机排查能快速推广且收益极大

（1）集中高效：在某产品相比公关，发现问题效率提高20倍。

（2）高改板成功率：经过整机排查后的单板改板成功率高达100%。

（3）提前稳定：新产品提前发现问题，避免网上问题爆发。

2. 整机排查就是实物检视的补充，有如下几个要素

（1）实物检视：各领域专家通过实物检视，有利于专家的问题发现，

对结构、装备、安规等配合问题更加直观。

（2）联合检视：包括实物检视过程、问题确认、问题更改等。各专家通过联合作战，避免修改片面造成问题遗留。

（3）提前预防：整机排查核心是在客户发现问题之前发现问题并修改，确保客户的零缺陷感知。

第六章
可靠拦截

罗永浩的锤子手机失败的最大原因并不是销售不畅。坚果 R1 发布后很受消费者关注，而生产能力严重滞后于销量，生产效率太低、良品率太低，罗永浩不得不到车间拧螺钉。

硬件类产品开发其实包括两条主线，一个是产品本身的功能和性能开发，另一个就是同步的生产线开发，两者同为支撑，缺一不可，否则是一个失败的产品开发。可靠拦截能力是在产品大规模交付的基础上，高效地把产品所有缺陷拦截在生产线上。

可靠拦截需要在研发过程中构建，同步产品开发，需要提前对装备和生产线做到规划、预研、仿真及开发，同步在导入生产的过程中完成产品试制、敏捷迭代生产、批量生产和规模市场导入的过程。

一、生产拦截测试项目总览

生产拦截并不是仅从生产线上开始拦截,而是从供应链厂家资质、来料入库检测和研发可靠性测试开始。在生产可靠拦截中不能覆盖更深层次可靠性(如腐蚀气体、机械应力等),为保障该产品的深层次可靠性检测,在生产一定周期内(如6个月),需要对产品进行可靠性抽检,覆盖更深层次的可靠性项目的测试。

从广义生产拦截而言,包括从研发可靠性验证、来料管理、生产各环节测试。具体包括研发可靠性测试、厂家资质、OQC(Outgoing Quality Control,产品出货检测)、IQC(Incoming Quality Control,来料检测)、ICT(In-Circuit Test,在线检测)、FT(Final Test,成品测试)等内容。

表6-1 广义生产连接测试对应表

失效模式应力因子归类	研发可靠性测试	厂家资质	OQC	IQC	ICT	FT	老化/ORT	材质检测	可靠性抽检
电应力	√	√	√	√	√	√	√	√	√
温度应力	√	√	√	√			√	√	√
机械应力	√	√						√	√
极限电压应力	√	√						√	√
湿度应力	√	√						√	√
腐蚀气体	√	√						√	√
温度应力+极限电压应力	√	√						√	√
温度+湿度+极限电压应力	√	√						√	√
温度应力+电压应力	√	√					√	√	√
温度应力+机械应力	√	√						√	√

√ 失效模式全面覆盖　　√ 失效模式部分覆盖

可靠拦截是产品交付客户前最后的防线,可以拦截因器件失效、生产问题等造成的产品一致性问题。如果加入老化/ORT测试,还可以拦截早期失效的产品。

从客户角度来看,一旦生产拦截失效,会因产品故障引起客户的极大不满。如果出现设计缺陷、来料批次和生产工艺批次不能有效拦截，轻则产品故障返回率大增，重则产品大规模召回，对公司的形象造成极大的影响。因此，一家品控极佳的公司很少会出现因产品品控造成的大规模整改或召回事件。

二、FMEA和拦截关系

产品故障和生产检测相当于在玩躲猫猫游戏，BUG 就在那里，如何能逮到不是测遍每个角落，而是要深谙 BUG 和业务存在的内在逻辑，FMEA 就是故障测试的关键所在。

生产拦截是 FMEA 分析的延伸，从 FMEA 分析、软硬件实现、FIT 测试验证、生产拦截四个环节，最终把分析到的故障模式在生产在线测试环节中覆盖。

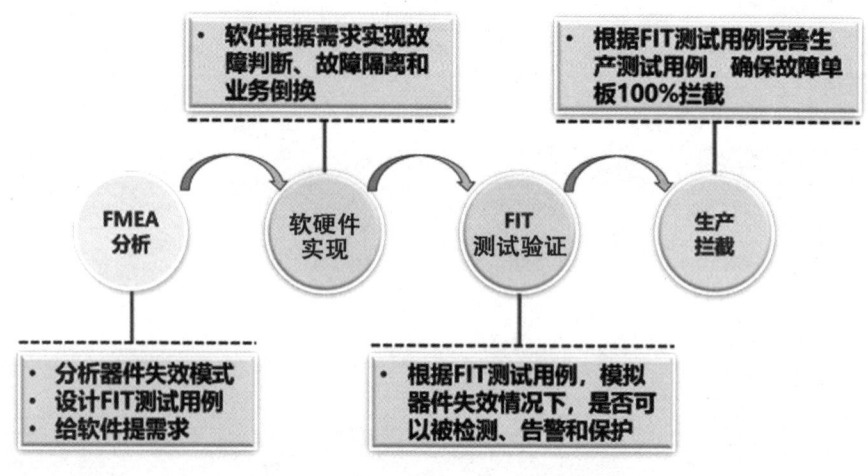

图6-1　FMEA驱动生产拦截示意图

（一）FMEA 分析

1. 分析器件失效模式

完成硬件原理图后，对每个器件的失效模式和对业务的影响进行分析，在提升故障影响的同时，同步设计能覆盖该失效模式下的检测电路。这里说的是覆盖而不是精确定位到某失效器件，比如，通信模块的 20 个器件失效均造成通信业务中断，那么检测电路仅需检测到通信是否中断即可，无须检测通信中断是某个器件失效引起。

2. 给软件提需求并实现故障检测功能

原则上，非电源且影响业务的所有问题均需识别并报警，包括 CPU 失效软件无法工作故障也可以通过硬件心跳检测电路报警。硬件失效模式作为软件故障检测、故障隔离、故障报警、业务倒换、业务恢复的重要需求，贯穿整个软件开发过程。

真正的好产品不仅是在正常工作下的功能体现，而且体现在故障后对业务危害最小化。比如，比亚迪仰望 U8 在一个轮胎爆炸后，剩下三个轮胎凭借故障模式算法还能让汽车保持安全和高速平衡行驶，虽然车胎爆炸是小概率事件，一旦发生，处理不好就会车毁人亡。

（二）软硬件

器件的故障模式涉及软件需求变更，需作为新需求纳入软件开发过程，软件根据故障影响进行报警、数据保护、业务切换等操作，让产品在该故障模式下尽可能减少业务损伤。进行故障检测、保护功能后，需通过软件和硬件在该器件故障失效模式下验证通过。

软件实现完成后，需要评估器件失效检测覆盖率。针对极个别无法覆盖的故障（如产品指示灯故障），对无法覆盖的故障进行影响评估，确保无法覆盖的故障不影响产品核心业务，如果会影响核心业务，需要改进软硬件方案解决该问题。无法通过产品自身检测的故障需要向装备部门提需求，装备部门可增加自动检测装备（比如，自动检测指示灯光亮）或增加人工检测的方式，覆盖产品无法检测的故障。

软件根据需求实现故障判断、故障隔离和业务倒换，极端保护需要有极端算法支撑。比如，汽车高速状态下爆胎安全保护方式，车机系统需要通过对汽车剩下三个轮胎的状态、车速、预判风险等，通过车辆各传感器搜集信息，快速通过算法迅速调整方向盘角度、轮胎的状态、刹车动作和力度、车灯警示等，确保爆胎车辆在高速下安全平衡稳定，在保障安全的情况下停靠路边。

（三）FIT 测试验证

产品软硬件联调需要人为注入故障 FIT 测试，FIT 测试有两个目的，第一，在当前故障注入的状态下系统是否识别和报警？第二，系统对故障的管理、保护、倒换和恢复是否到位？记录以上问题并让软硬件修改。测试工程师回归后关闭问题。

针对FIT调测的测试逐步涉及自动检测软件，剥离后用于生产ICT检测软件，在装备调测后，用于ICT测试软件，作为生产的判断工具。

（四）生产拦截

根据FIT测试用例完善生产测试用例，确保故障单板100%拦截。

生产调测过程通常分为三步：第一步是单板生产过程，仅把单板加工回即可。第二步是小批量试制，需要联动调测生产软件，同步需要解决生产直通率、漏测率。小批量通过验收后，调测软件需要归档并发布，作为大规模生产调测软件，拦截生产过程中的故障单板。第三步是在大规模生产过程中需进一步调测设备和工艺，并及时优化软件批量过程的调测参数，确保产品在大规模生产过程中的有效拦截率提升，并让产品生产直通率达成生产的目标。

三、敏捷试制

新产品上市就上量，同步于研发过程中的试制活动受很多因素的制约，难以在很短时间内高质量达到规模上量的要求。如何既快又好同步新产品试制，是当今硬件企业的难题。

可靠拦截是逐步在硬件试制过程中导入的，通常为了加快研发的进度，最早一批硬件单板没有任何的生产拦截动作。随着验证的推进，逐步引导硬件生产同步验证工作导入生产验证和拦截，同步基于小批量验证、大批量验证，驱动试制提升生产直通率和拦截率。敏捷试制最终体现在产品发布同时，实现批量生产的使能化。

敏捷试制源于最早的装备规划，通过规划策动产线的柔性化和自动化，再通过小步快跑快速使能从硬件单板、硬件系统的小批量和大批量生产。

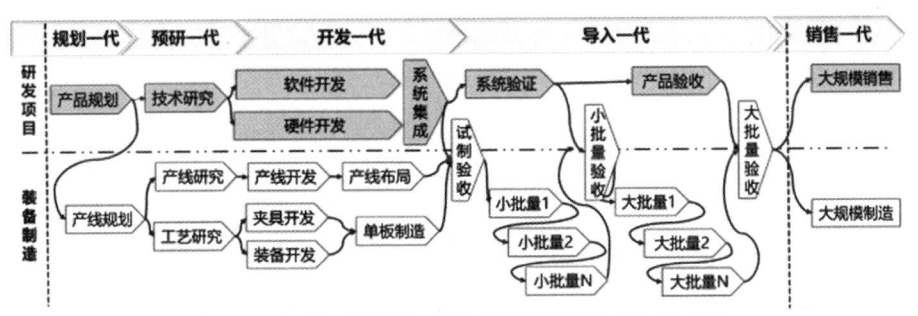

图6-2 通过生产规划、研究和敏捷试制加速制造导入

（一）制造规划和研究布局未来方向

在制造向工业化4.0演进的当下，产线的规划越来越成为企业核心竞争力。比如，塞力斯公司通过生产线的规划，落地后即可量产问界M5、问界M7和问界M9，同时支持每个型号不同配置选型的汽车柔性化生产。

一个好的产品研发不仅是产品本身的研发，而且包括生产线的提前规划、研发，当今产品上市及上量，某些爆款产品还会上市抢购风潮，因此，如何在产品发布前构建产品量产的能力极为重要。

生产规划是产品规划的延续，需要提前现有的生产能力，提前布局未来产品所需的工艺、能力，同时在规划时满足自动化、数字化、柔性化和智能化生产能力。生产规划需要有相当的前后兼容演进的需求，不仅能够兼容当前所规划未来上市的产品制程，还需重点考虑向前兼容当前的产品开发，同时，需要对下一代规划的产品有演进路径。

另外，产线规划和研究也会影响产品开发，比如，塞力斯规划了9000吨压铸机，可实现部件的一体化设计，大幅度减少焊接和螺钉连接，通过压铸机的能力大大影响了传统汽车的研发和生产工艺。

（二）开发一代，同步产品研发使能小批量试制

在产品开发一代中，不仅需要对产品的功能和性能开发，而且会同步产品生产线的开发，这样才能让研发的产品在正式发布后能快速投入市场。

在装备和夹具开发过程中，尽量沿用原有生产线的装备和夹具，针对新的装备和夹具，尽量在设计过程中考虑到未来生产的演进，考虑后续产品上的通用性。如果产品开发新的测试装备，需考虑新的测试接口在后续产品上的通用性，比如，均采用485通信接口的测试设备，就可以覆盖后续产品的测试。同理新夹具也尽量考虑对后续产品的兼容性。

考虑兼容性有极大的好处，就是未来产品升级上在不增加装备和夹具的前提下生产新功能产品，这样可极大提高生产的柔性化能力，同样的生产线可快速布局新产品生产。硬件单板设计完成后由生产线生产，生产线完成第一批硬件单板，支撑产品软件和硬件的调测。在开发一代向导入一代过程中，试制验收是非常重要的活动，须满足：

（1）软件和硬件完成各自领域功能测试，且无妨碍生产严重以上的问题；

（2）装备、夹具和产品线完成调测，可满足连续生产产品的能力；

（3）生产测试装备调测完成，可支撑后续的小批量生产能力；

（4）软件和硬件完成初步的集成，无严重以上的问题；

（5）如果硬件涉及重大功能调整或重大改板，需在重新设计通过功能验证后方可实现试制验收。

在试制验收的同时，生产需要同步提交小批量生产、大批量生产和物料计划，通过产品制定测试策略，驱动相应的计划、早期发货策略和早期入库策略等，在保障质量的前提下降低物料成本，快速有序推进产品的批量试制。

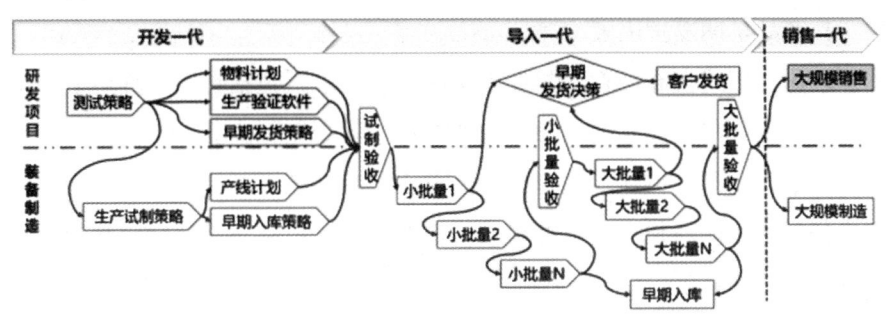

图6-3 测试策略驱动生产试制、批量制造、早期发货全景图

（三）导入一代：小批量和大批量迭代使能规模生产能力

产品在发布后能快速上量，很关键一点就是在研发验证的同时，通过小量多批次的方式快速催熟产品批量生产能力。

产品生产催熟的过程是一个逐步达成大批量生产目标使能的过程，包括硬件模块/单板、集成产品、产品老化、产品包装与发货、产品运输验证等多个环节。在迭代过程中引入各层生产调测软件，并通过产品验证过程，判断是否在生产过程中有漏测。另一个重要的工作是生产的直通率，其中包括每个单板、模块在制程中的直通率，焊接、调测直通率，针对某项单板、模块直通率低于生产目标的需要跟进改进，针对远高于目标的直通率需要详细分析和验证，判断是否存在有缺陷单板/模块是否有漏测问题。

在每轮小批量和大批量的迭代过程中，需要统计产品生产的直通率，直通率和漏测率将贯穿整个敏捷迭代试制过程。针对每轮的问题修改并启动下一次的批量试制，重新统计直通率是否达到目标。如果在敏捷试制过程中存在早期发货的情况，需要通过强化检测（通常是做2次加严测试）、强化老化，且无遗留问题后才能向客户发货。经过产品的验收和大批量验收后，产品方可正式发布，在正式发布后产品有大批量供货能力。

（四）早期发货和早期入库

产品在验证阶段可能涉及早期发货，在前期的批量验证中会制造大量的产品，也需要通过有效的手段让过程中的批量产品分流和入库，以降低整个生产成本。

1. 产品早期发货决策

产品在正式发布前存在早期发货的紧急需求，包括在客户环境上比拼测试、协助客户商业布局、参加重要的技术展会等，产品有提前销售、发货的需求，由于产品测试验证未全面覆盖，存在较大的风险。但也会协助客户拓展更大的商机，对某些极有价值的产品，产品早期发货对客户品牌提升有极好的效果。

因此，在产品验证过程中会存在早期发货的场景。针对早期发货，需要在试制验收活动之前收集早期发货需求，并针对需求制定早期发货策略。

早期发货最关键一点是关键功能的完善性，特别是客户所关注的功能需完全实现。有早期发货需求时，需重点排序出客户所关注的需求，并制订完整的验证计划提前实现验证。针对在验证过程中发现的问题，须提前集中资源解决该问题，避免客户收到后因产品重要功能缺陷引起客户反感而失去订单。

对早期发货的商品需要进行加严的生产拦截，通常采用双倍加严拦截，并在发货前做强化老化筛选。同时需准备好备份单板和设备，能及时应急，避免因某个单板或模块损坏造成客户验证无法开展等问题。

在早期发货的关键动作完成之后，需经过评审会议决策是否实行早期发货，只有决策通过后才能执行早期发货。决策过程中如果存在严重问题，需解决该严重问题后才能早期发货。

2. 产品早期生产入库管理

产品在试制、小批量和大批量生产过程中，相当数量的产品由于测试内容不全面、部分功能不全等情况，产品可能不具备发货的条件。

生产试制过程中，在验证产能的同时生产数量极大的产品，该过程中产生大量的半成品可能造成极大的浪费，因此合理利用好试制产品的分流，可以大幅度降低产品的研发成本。在早期，试制产品可以通过研发测试、研发验证、研发鉴定测试、早期发货等进行分流，但还有相当一部分在验证过程中的生产产品需要进行入库分流。

通常早期入库分流在小批量试制之后采用，由于前期小批量试制的测试范围未全面覆盖，存在极大的隐患。因此，早期生产的产品需作为半成品进行入库管理；入库管理的产品，记录好相应的验证内容和批次，当产品大批量验证得到通过后，需把前期入库的半成品再进行软件加载和生产验证，通过验证后的半成品产品方可正式入库发货。

四、故障演练

FIT 到生产拦截是正向思路，最佳的拦截实现 100% 检测，但故障模式太多很难遍历。总会有漏网的故障产品流到客户手中，而故障演练反其道而行之，故意把故障鱼放在水中看是否能被拦截。

产品因器件失效模式所带来的故障类型可谓千奇百怪，生产过程的检验也会因生产效率的限制很难拦截所有的失效模式。因此，会经常出现生产判断为合格产品，但客户使用后确认为故障产品，造成维修工作量大幅度增加，客户满意度大幅度降低。显然让故障产品流入客户不是明智之举。

为何有漏网之鱼？产品在生产过程中有不同的拦截点，常见有单板级和整机级，单板级就是对经过加工后的单板进行 ICT 拦截，通常会发现单板自身的绝大多数故障。而整机级需要多个单板间的协同配合，协同过程中的软件、硬件由于版本的不同，或者各硬件单板的排列组合不同，因此整机级生产拦截很难遍历各种的排列组合，某种业务配合故障就可能因没有检测把故障产品流入客户。

为了应对高频的漏网之鱼，故障演练就是变被动为主动的措施。

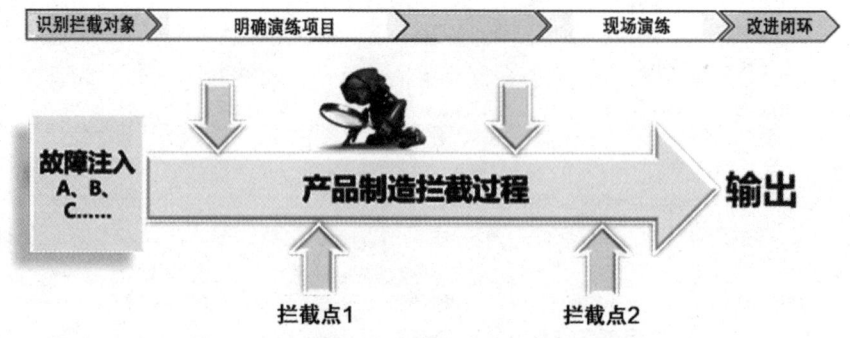

图6-4 通过注入故障器件演练是否有效拦截

通过实际故障品注入、故障现场演练，识别当前来料质量拦截系统中的薄弱项，确保产品质量拦截的措施落地。

（一）识别拦截对象

首先是产品的选择，选定的顺序为海量、高端、普通产品，海量因为上市数量巨大，故障漏测后影响巨大，因此做海量产品的投入产出比最高。也就是先做海量产品，然后再去做高端的产品，最后有资源才做普通的产品。

选定产品后就需要确定产品的器件，通常是利用现有的失效器件，注入生产的产品。在实际工作中，不可能把所有器件的所有失效模式遍历，因此，故障器件注入选择需要从返修高和重要地位的器件两个范围。

拦截对象的选择核心是投入性价比，通常老产品中有大量的失效单板流通到客户，造成客户对公司巨大的不满。因此，客户开箱坏件率最大的损坏器件、早期返还率损坏最多的器件是必须拦截的对象。另一批虽然开箱坏件率和早期返还基本上没有损坏，但由于该期间的地位极为重要，因此也会把关键器件选定为拦截范围。

另外，还会随机选用一些问题器件加入选定范围，重要的是当前正好在生产有该型号的故障器件，也就是该问题器件是可获得的。

（二）明确演练项目

生产有多个环节都有拦截作用，包括单板生产后的 JTAC 链路验证、单板 ICT 验证、整机验证、老化验证等，每个验证的侧重点不同，因此独立的验证均不能覆盖所有的业务验证，也就是无法确保对故障器件的 100% 的拦截。考虑到生产过程中的时效，也不会验证单板所涉及的所有业务模型。通常会考虑通过多个环境验证拦截的叠加，尽可能覆盖更多的业务场景。

明确演练项目需尽可能贴近实际的生产过程，比如，保留单板 ICT 验证、整机验证和老化出厂验证。

（三）现场演练

失效样品注入生产的单板中，注入的单板需要编号标识。通常一个单板可以注入一个和多个失效器件，不同单板也可以注入同一器件的不同失效模式。但前提是单板的电源需要正常工作，如果单板电源不能正常工作，需要维修恢复电源后再进行验证。

在现场的生产中，混入标注的故障单板，按演练项目的内容按单板ICT测试、整机测试、老化测试等，判断生产过程是否识别到故障单板和单板所涉及的故障器件或模块。记录整个验证的结果。

（四）改进闭环

根据故障注入情况和生产拦截的结果，判断失效器件是否在所有演练场景下是否被有效拦截。如果某器件在整个演练的过程中未被识别，需要分析该期间的失效模式，根据识别的薄弱项目，进行针对性整改，确保产品高质量制造。

升级生产的验证设备和软件升级后，重新把故障单板进行验证，看升级后的生产调测系统是否能有效识别故障单板和故障源。如果不能，继续改进直到解决为止。最终能有效拦截所有的生产调测系统，并更新生产调测系统用于生产过程。

用当前的改进措施再审视其他产品的生产调测系统，看其他产品是否有类似的遗漏，如果有要进行改进。

最后，把该漏测的汇总并分析，看研发过程中是否有场景遗漏，如果有类似的场景遗漏，需要增加验证场景避免新的生产调测系统遗漏该问题。如果该问题比较典型，需总结成案例在全公司范围内共享，做到全公司能力得以提升。

第七章
可靠跟踪

当今处于过度竞争时代，客户的体验决定了产品销售的走向。客户体验不仅包括产品在正常使用中的功能体验，还包括产品出现故障、事故状态下的服务和售后体验。

得益于网络的通畅，当前产品可以通过有线和无线网络构建远程跟踪系统。同时，企业在研发、生产、出货、销售和维护过程中构建产品的跟踪链，由此构建的产品跟踪系统在很大程度上能快速恢复故障，提升客户对产品的满意度，同时大幅度降低产品维护的成本。

一、网上维护应用场景

构建产品网上跟踪，需要深入了解网络跟踪下的应用场景，有了场景的剖析才能设计一个高效的网络跟踪系统。

远程维护不仅让维护效率更高，客户更满意，甚至在关键时刻能救客户一命。

【案例】省一亿广告费的车祸

2024年6月12日，有网友发帖称"问界M9车身安全性和赛力斯售后服务救了一家人的性命"。据悉，车主的家人驾驶这辆车前往内蒙古旅行，在开车途中车内飞进一只马蜂，情急之下家人伸手驱赶导致车辆不小心翻下山沟。车主称，从现场照片判断整个高度落差在5米左右，翻滚途中底盘磕到石头（据家人反馈电池并无起火等情况），车辆翻停后气囊正常打开，A、B、C柱完好，家人毫发无损。"本次事故，好在问界M9的安全性保护了我的家人的人身安全，并且通过车内SOS电话与我的家人联系，第一时间确认车内家人的情况，让远在天津的我能安心。"

问界M9翻落山崖后，通过远程的汽车事故监控，在手机无信号的前提下，塞力斯客服及时联系其家人并及时施以救援，让事故损失最小化。这样的服务大获好评。问界安全可靠的品牌客户认知让问界M9在中国大卖，不到半年的时间就远超奔驰、宝马、奥迪等传统豪华车的销量。

塞力斯远程维护能力源于华为，通过远程巡检、远程故障监控、远程人工咨询、远程线下配合等多举措，让事故的损失最小化。当今万物互联的时代，通过车联网构建车机远程维护不再是难事。

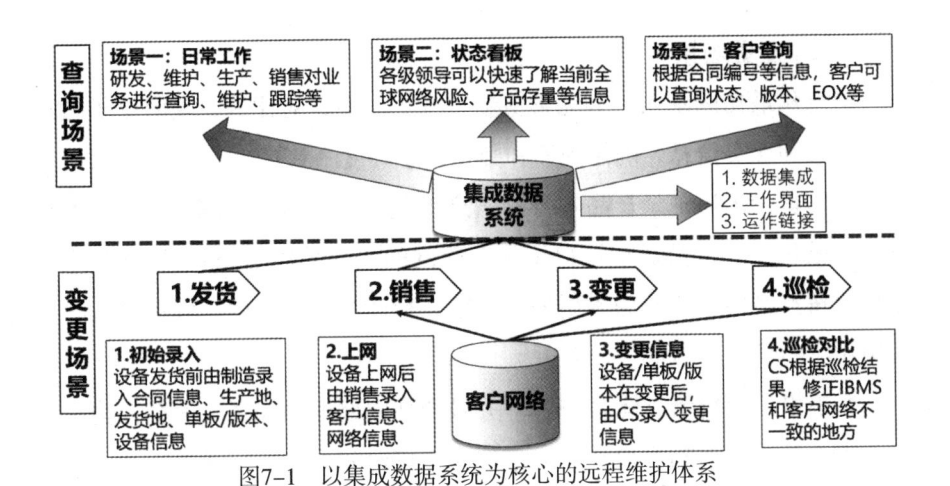

图7-1 以集成数据系统为核心的远程维护体系

产品能有效跟踪，其核心在于集成数据系统，重点是对线上线下做有效链接，并按工作场景来驱动工作，具体为产品信息变更场景和产品信息查询场景。

(一) 集成数据系统

集成数据系统是整个远程维护系统的核心，围绕产品、客户、远程巡检、维护信息等信息集成输入、纠错、存储、集成、紧急报警等。

1. 数据集成：数据把产品有用的信息按产品的编码进行收集、纠错、存储、通信信息，形成现实世界和数据世界的"孪生兄弟"，通过"孪生兄弟"的信息互动和转换，驱动相应的服务快速高效地展开。

2. 工作界面：根据不同的场景设计不同的人机界面，包括出厂信息界面、销售客户界面、信息变更界面、日常维护界面、销售查询界面、生产跟踪界面、看板查询界面、客户查询界面，通过互联网和人机界面让信息有效展示和传递给相应的角色。

3. 运作链接：内部运作的实体和数字孪生体的信息互动和连接，包括远程软件升级、远程状态巡检、远程故障识别、故障应急驱动等，通过系统软件实时推动系统和现实的数据交付、分析和紧急驱动，通过内部逻辑运作，高效连接产品、客户、销售、维护有序互动。

（二）变更场景

信息从最初的录入，到完善更新、变更和巡检对比等，实时维护数据孪生信息和现实信息，确保现实和数字信息高度一致。

1. 发货：出厂记录产品本身的信息，包括产品内部编码、型号、发货日期、销售点、产品通信接口（如车联网的接入号码）、车机软件版本等信息，按产品内部编码为索引的产品信息标志，通过扫码、人机录入等方式构建产品最初始信息。

2. 销售：销售给具体客户后，关联产品内部编码和客户信息，构建并完善客户信息，包括客户姓名或单位、交接时间、地址、联系方式、维保信息等，另补充客户对口维护站点和人员信息等，通过发货录入和销售录入构建完整的产品信息。

3. 变更：产品在使用过程中的信息变更，比如，产品使用人信息变更、软件版本升级变更、维修新单板信息变更、维护新合约变更等。信息变更是以产品编码为基础的信息库内容发生变更后，由相关的销售、维护人员录入新信息取代原有信息。

4. 巡检：所谓的巡检就是实现产品和集成数据系统有效的数据交付，通过远程巡检提前发现产品隐患，在产品问题发生前能及时维护和服务，让客户得到更好的产品使用体验。远程维护必须在国家的信息安全框架下，为更好地处理产品事故的前提下，在客户同意后进行。

（三）查询场景

产品销售到客户后，重点是更好地服务客户，当产品出现故障或事故后，能通过企业的线上、线下资源紧急应对和处理。信息查询场景包括企业员工日常工作场景、看板查询场景、客户查询场景，充分利用集成数据系统的处理，根据不同的需求和场景快速高效地支撑相应的界面。

1. 日常工作：包括企业维护、销售、生产等员工的日常使用，根据所需的工作内容，按需展示相应的工作界面，快速高效地链接有效数据，支撑其日常的工作。

2. 状态看板：状态看板可按需集成查询相关资料，比如，统计某型号汽车的故障率、故障等级表、故障关闭时长等，通过大数据形成的图形看板，让企业决策层随时快速掌握企业所需的大数据信息，并根据大数据信息迅速部署重要的工作。比如，某型号的汽车通过大数据分析后，刹车片失效率远高于正常平均值，那么就可以在某型号汽车维护保养的过程中，免费更换刹车片，避免汽车重大故障率上升。

3.客户查询：客户正常使用中的产品信息远程查询，可远程实现对产品的常规操作。当前鸿蒙智行汽车较为常见，经常提醒汽车开锁状态、充电完成等信息，也可以实现远程自动泊车、远程开空调等操作。智能客户查询场景针对有产品使用权限的客户开放相应的查询和操作控制，无使用权限的人不可查询或操作。

二、产品数据链

硬件产品的端到端数据链构建了硬件从来料厂家、来料批次、到硬件单板、软件跟踪链,有了硬件完整的跟踪链才能让产品维护做到事半功倍的效果。

硬件产品为对客户构成有效跟踪,必须构建产品的完整跟踪链,其中的产品数据链是核心,有了数据链的核心,才能快速高效支撑从来料入库、生产、发货、到维护管理和批次整改高效工作。

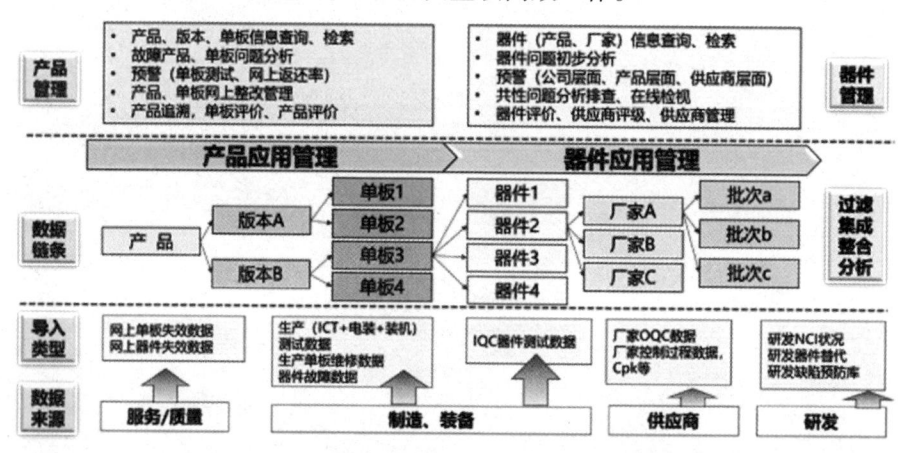

图7-2 集成产品数据链分层逻辑示意图

一个产品从生产、销售发货、售后维护端到端的数据链,最底层的数据录入到围绕发货产品的数据链连接,到高端的产品管理和来料管理,能快速高效地完成产品查询、故障预警、故障分析、产品及单板整改、软件升级等多项工作,对大规模硬件开发、生产、维护和整改提供坚实的软硬件环境基础。

集成产品数据链和集成数据系统有一定区别,集成产品数据链是内部工作的环境,也是集成数据系统的数据基础,所服务的场景和对象有所不同。集成产品数据链更倾向于内部的工作和管理，数据的机密性更高，是公司的核心数据资产。而集成数据系统针对宏观的产品销售维护工作，相对机密性较低，可以面向客户进行集成管理。

（一）硬件产品数据链构成

硬件产品数据链从顶层的产品向，分为产品数据链和来料数据链。来料数据链属于单板/部件/结构件之下，构成单板/部件/结构件下的来料信息链。

产品是可以独立发货和销售的集成，产品信息包括硬件、软件、包装和安装材料、配件和耗材、服务及维保等面向客户完整可销售的集合体。产品是整个数据链的根，由此分支出版本、单板、器件、厂家和批次完整的数据信息，有了完整的产品数据链，向下可以查询产品之下使用的软件、硬件/部件/结构件、器件等信息，也可以在某个向下的信息中向上反向查询，比如，某批次的器件出现批次问题，可以查询出该批次具体哪些产品（涉及产品发货编码）使用了该问题批次的来料。或某个单板出现设计缺陷，也可以查询出生产的哪些产品集成了该问题单板。

有了向上向下的查询，研发、供应链、生产、维护等多部门就可以快速部署（例如，产品整改、问题分析和优化、来料改进等）多项工作，不仅可以提高公司运作效率，而且可以提高工作的精准度。

（二）数据来源和导入类型

数据来源于包括来料的厂家及入库信息、产品研发及测试、生产制造及发货、产品服务及维修，贯穿整个产品生命周期。

1. 研发数据链：产品数据链由研发诞生，在研发的过程中通过软件、硬件、生产及装备调测软件配置等构成有机的产品信息，并在后续的生产和维护中调用该信息形成销售的产品，通过维护和故障处理得到信息的反馈，分析反馈后的信息再优化产品数据链。反馈的维护问题再形成缺陷预防库，在新产品研发中通过调用缺陷预防措施从而达到产品能力的进化。

2. 供应商信息：供应商器件过程的数据信息、来料整体信息（如CPK）、厂家出厂OQC信息等，通过信息交付和把控确保供应商供货的一致性。

3. 生产数据链：生产批次、器件编号/厂家/批次、发货地址、发货产品跟踪号等信息，既包括生产过程中的信息，也包括生产过程中的质量信息。生产发货数据链作为销售维护的输入信息，从而以产品完整形式在后期销售和服务中体现。

4. 维护数据链：在客户使用过程中的信息，包括返修率、批次整改信息、故障平均恢复率、事故等级及频次等。维护信息收集作为提升维护质量的重要数据来源，通过维护质量的提升，从产品可用度的角度提升产品可靠性，从而让客户更满意，提升品牌的价值，提升客户的复购率；维护效率的提升也让维护成本降低，利润也会大大地增加。

维护数据链还可以反向推动公司研发、生产的改进，通过对重大问题的回溯、客户重大投诉的跟进、批次整改的分析、失效TOP问题根因和措施落地等，推动公司研发和生产能力进一步提升。

（三）集成产品数据链的应用

集成产品数据链在两个层面进行应用，一个是产品视角的应用，另一个是器件视角的应用。

1. 产品信息检索：包括产品、版本、单板、配件、器件等信息的检索，或者产品出厂编码信息的检索。

2. 故障分析改进：针对生产、售后的产品问题、客户投诉、重大事故分析，从集成产品数据链中导出相关数据进行排序、分析，通过影响的程度和频次分析，成立改进专项组逐步提升产品的质量。

3. 产品预警整改：通过其他产品出现的故障进行预判，对有隐患的产品进行预警，在合适的时机对产品进行维护整改。比如，其他产品中发现某型号有硫化电阻故障，可以在组织线下维护时，通过涂覆等手段屏蔽该问题，避免后期因大规模产品失效引起召回或整改。

4. 产品售后整改：当网上出现器件、生产工艺或研发批次问题时，需要对产品进行整改，通过环境分析、产品地位等因素制定整改策略，通常有主动整改策略和被动整改策略。选择主动和被动，需要根据危害程度、出现概率、整改费用、人力支撑等多因素考虑。

5.绩效考核：对产品的价值、质量、效率、成本进行综合评述，根据产品立项的目标进行比对，并对产品绩效好的团队考评给予相应的奖励，对严重偏离产品目标的团队绩效给予较差的评价，通过以结果为导向的绩效驱动，最终实现产品研发管理的大闭环。

6.供应商管理：通过对多产品在生产、售后的器件失效分析，对供应商进行质量、批次、缺陷闭环等多维度评价，再根据评价的结果对供应商进行评级。通过实际的来料质量对供应商进行升级、降级、警告和拉黑处理，避免质量管控不好的供应商继续供货，让优质供应商通过升级提升供货比例，从而确保产品的来料质量更优。

三、备件策略

消除硬件故障最快的方式，第一是故障倒换，第二是快速更换故障硬件单板。备件策略看似不重要，却是消除硬件类最快的方式，没有之一。

重要的设备都有业务备份，比如，客机双引擎，如果出现一个引擎故障也能平稳飞行，但需要及时维修故障引擎，否则就会出现机毁人亡的重大空难事故。

很多设备需要长时间不间断地工作。这样不间断业务的维护好比在飞机飞行中更换故障引擎一样。因此对客户重要的设备均要求三点：第一是故障检测并报警，第二是故障管理并进行业务保护，第三是及时对故障单板进行更换。

通常备件有两种场景较多。一种是易损件，比如，电脑鼠标和键盘是易损件，这类是低价通用性损耗件，需要常备，因此办公现场均可以快速领取新键盘和鼠标并更换。另一种是会影响业务的硬件单板，需要现场常备无故障的业务单板，在硬件故障出现时能及时更换。

对低价通用性的耗损件可以采用现场多备的方式，损坏后及时更换即可。对于专用型的硬件类单板就需要考虑硬件的备件策略，否则会极大影响维护效率和成本。

硬件故障维修最快的方式是故障保护和故障单板替换，也就是关键设备运行的场所有备件及时更换，快速消除隐患。

（一）备件质量管理

很多公司通常不区分单板和备件，其实是严重错误的，备件的网络地位要高很多，备件质量会远远高于同型号的单板的质量。

假设一个场景，在南美通信设备出现业务中断，这时候更换备件，要解决这个问题就必须从国内投递备件到南美，整个投递到报关清关需 20

多天，备件未到的半个多月业务就会一直中断。

如果出现以上局面将会让公司蒙受巨大损失。由此可见，备件的可靠性要求比正常产品的要求高很多，备件是在设备故障下的紧急替换，因此要求备件随时能100%正常工作。为了备件有随时可用的质量，需要以下质量保障措施。

1.生产调测：在产品生产调测过程中，会综合考虑产品效率问题，不会覆盖所有的功能调测内容；相反，备件的调测内容远远高于产品，这样确保所有功能和性能均能满足产品的需要。

2.生产发货：产品根据网络地位，可能仅2小时的老化后发货，较低端的网络产品可能生产完成后直接发货。而针对备件需要老化48小时以上调测正确才能发货。通过老化，可避免产品过高的早期失效。

3.备件巡检：备件在用户库内保存，由于环境应力等因素或长时间不通电会造成器件失效，因此，重要的备件需要定期上电检查，发现损坏的备件及时更新，避免在产品故障下因备件失效使产品出现长时间业务中断。

（二）备件分配策略

备件占用大量的成本，但其网络地位的重要性又必须考虑客户使用过程的特殊性，因此备件的分配需要综合成本、质量和效率全面考虑备件策略。

假设产品的网络地位较高，业务故障必须现场10分钟内解决。某省三级备件层次，如省级、市级和客户现场，为了方便起见，假设市级有4个，每个市级有6个客户，客户现场有6个同型号的单板使用，综合备件的重要性可采用以下方案。

那么，客户现场采用的备件策略为：

$$N=6/2+1=4$$

客户现场保守采用4个备件即可。

市级采用相同策略，市级备件库预留备件最少为：

$$K=6/2+1=4$$

在省级需要考虑所有市级的一半左右的备件，即：

$$T=4\times4/2=8$$

省级备件库保留 8 个即可。

最终某省的备件策略参考图 7-3：

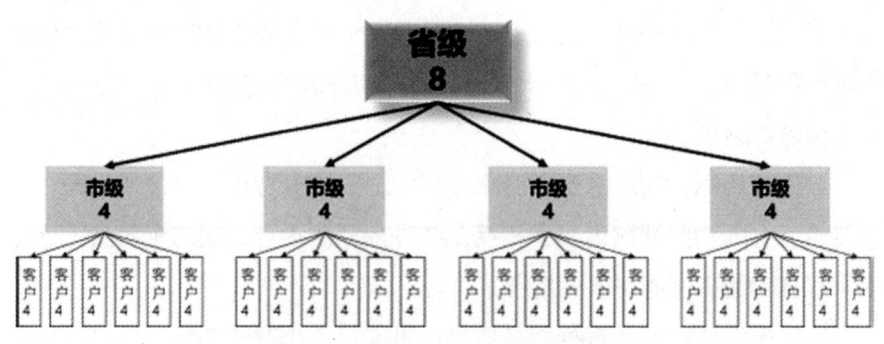

图7-3　三层策略备件数量分布图

相比单一备件的管理，多型号备件管理各级的存量可参考单一备件的量，同时，需要统筹各方面的因素，包括备件重要性、单板返修率、备件价格、备件获得周期等，对单一备件参考的数量适当进行调整。

当客户备件替代故障单板后，需及时补充客户备件。如果发生紧张或冲突，如某地遭遇地震等灾害导致大量的备件被消耗，可以紧急从各级统筹补充，上级根据备件存量再进行补充，当上级备件被消耗完后，临时可以从其他客户的备件库中协调补充。

针对核心网络（如骨干光网络设备、电商核心路由器等），还需要有设备级的备用，即至少有一套完整的设备在现场备用，以防特殊情况（如火灾）下造成设备的完全损毁，可通过设备级备份快速完成业务正常化。

四、产品整改策略

2016 年如能给三星一个机会，三星绝对会召回中国区 Note 7 手机。正因为三星选择性失明让公司信誉大幅度降低，最终从中国主流手机商变成不足 1% 的手机商。

仅中国区三星的损失就超过上百亿美元，如果有有效的整改策略，三星损失可避免。即便是世界最好的硬件公司，也不可避免出现设计、来料或生产工艺造成的批次问题。当出现设计错误、来料批次问题、生产工艺问题的产品大量流入客户后，需从客户端快速闭环产品端到端整改。常见的整改包括巡检维修、现场被动整改、现场主动整改、召回整改、产品更换等多种形式，需根据不同的危害性和场景针对性统筹安排。

一流的企业不仅能提供一流的产品和服务，而且在出现产品批量故障或重大事件时能有高效的事故处理应对方案，把事故对客户和公司信誉的危害降到最低。因此，公司必须有针对产品批量事故的应对策略。根据产品的事故批量影响不同，产品整改分为主动整改和被动整改，不管是哪方面的整改活动，都需平衡客户影响、成本、效率等多个因素。

（一）整改策略制定及实施

整改策略制定建立在故障产品的严重性、频率、投入成本和人力资源的基础上，贯穿整改过程始终，需要严格对待。

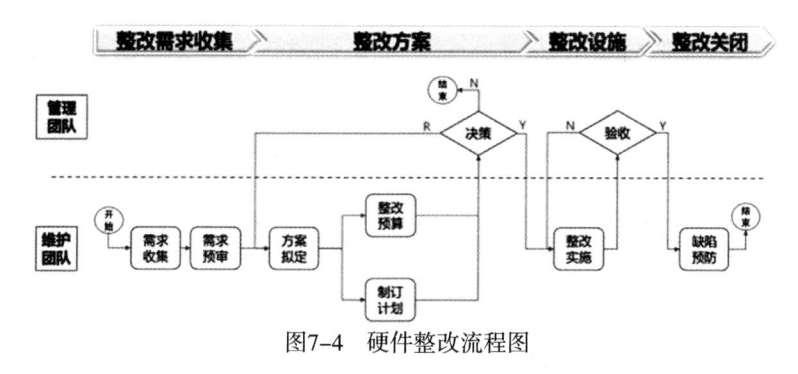

图7-4　硬件整改流程图

硬件整改流程涉及四个阶段，分别为整改需求收集、整改方案、整改设施、整改关闭。整改由维护团队组织并实施，过程需管理团队进行方案决策和效果验收。

表7-1　硬件整改流程涉及的四个阶段详表

活动	活动描述
需求收集	维护团队在日常工作中收集整改需求，包括： 1.出现重大安全事故的产品，且安全事故是器件或设计带来的； 2.返修率远超过正常的产品； 3.某生产批次产品较其他批次产品的返修量有显著性增加的产品； 4.某地区出现规模产品现场损坏的产品； 5.其他产品器件批次预警，本产品引用该批次问题器件； 6.其他方式（如材料鉴定发现金属外壳没采用不锈钢）发现有隐患，目前问题暂时未爆发的产品
需求预审	对收集的整改需求进行排序、初步分析，剔除不需要整改的需求。对影响较大的整改需求，向周边部门求助咨询分析根因，如果发现是因为设计或器件等问题单独向管理层通报
方案拟定	整改方案需结合危害度、产品状态（生产、库存、发货、客户）、数量及分布等制定合理的可行整改措施
整改预算	对整改方案所涉及的人力、物料费用、差旅费用、仪表借用等进行预算，对风险项（如××仪表差5台）等进行标识，并给出初步的措施
制订计划	根据整改方案的内容，制订可执行整改计划，包括生产计划、运输计划、差旅计划等
决策	维护团队向管理团队汇报方案、预算和计划，管理团队根据实际情况进行决策，决策结论包括：通过（Y）、中断（N）和返工（R）；如果需要返工，需按意见修改所涉及的内容
整改实施	按计划实施整改，过程中监控计划执行率、问题和风险；如果问题或风险较大，需向管理团队汇报
验收	如果整改计划完成，或仅剩下极个别无法完成并获得管理团队同意的情况下，维护团队向管理团队申请验收申请；验收须向管理团队汇报整改计划执行情况、遗留的风险和问题、遗留风险和问题的后续跟踪补救措施等；验收不通过需要制定补救措施，补救措施实施后再进行验收
缺陷预防	针对整改问题分析，对典型问题输出案例，在设计研发、生产等过程中进行问题预防

（二）产品的整改

整改分为主动整改和被动整改，主动和被动主要是从危害度、集中度、客户设备地位等多个角度考虑，如果涉及安全方面（如刹车批次故障）必须主动整改，不管该故障是否被客户发现。

1. 产品主动整改

在问题没有发酵前解决问题才是对品牌最佳的维护，否则一旦后期在客户使用环境下发生安全事故，将对企业造成极大的冲击。主动整改包括产品召回、产品更换、现场整改、软件升级等多种形式。

（1）产品召回：涉及可运输单元的独立单元产品，比如，汽车、冰箱等，比如，海信对开门冰箱存在铰链问题，公司收到139份冰箱门松动脱离报告，并有4起涉及轻微伤害。海信召回5.5万台该型号冰箱。召回是整改中最彻底但也是成本最高的方式，丰田刹车门汽车召回损失高达上百亿美元。召回后通常有厂家维修、换货、退货等处理方式。

（2）产品更换：产品更换常见于终端类问题产品，当年华为绿屏手机就可以直接到销售门店更换同型号新手机，用不着维修。更换和召回有所不同，召回是厂家主动联系客户，而更换是客户到销售点直接换新。

（3）现场整改：由于故障设备还在客户工作场景中，现场整改通常无法发货召回。常见的是通信设备故障，如果大面积出现来料批次或设计缺陷，就需要派人到现场维护，过程中客户的业务尽可能不中断，如果要中断很短的时间，需要提前做好演练且有回退方案才可以。

（4）软件升级：这个也非常常见，软件出现BUG后，须找到问题根因，并完成修改充分验证后，可采用远程补丁升级、现场升级等多种方式修改软件BUG。

2. 产品被动整改

通常产品被动整改所涉及的问题危害度不高，集中度不大。被动整改需要一事一议，主动和被动主要是看影响和故障频率等多种因素，在某些整改中，既涉及主动整改，也涉及被动整改。比如，某产品防雷电路故障，在雷击下无法启动保护造成设备烧毁，业务中断。整改过程就有主动整改和被动整改，如涉及雷雨多的省份（云南、广西）就采用主动整改的方式，涉及雷雨比较少的省份（内蒙古、新疆）就采用被动整改方式。

被动整改需要制定好策略，策略包括主动巡检、协同整改、维护帮带等。

（1）主动巡检：当发现产品器件有某些隐患，在业务中断前某些器件参数有逐步劣化的过程，劣化过程较为缓慢，当劣化到一定阈值才会造成业务中断。像这类劣化过程缓慢可以通过主动巡检，针对性对劣化的产品整改。

（2）协同整改：协同整改的最大好处就是节约了人力和差旅费用。某类故障危害度较小，发生的频率在客户接受的范围内，可制定协同整改策略。产品一旦有其他故障引起主动整改，协同整改和主动整改工作计划合并，一次性到客户现场完成主动和被动整改。

（3）维护帮带：某些故障潜伏期较长，比如，硫化电阻的潜伏期1~3年。如果启动主动整改就可能耗费大量的人力物力，如果在日常工作中有维护人员定期到客户点巡检，就可以利用维护人员巡检的时机，协助解决产品隐患。

维护帮带一定是用于较为简单的问题（如硫化电阻采用涂覆防腐液），且暂时没有大面积爆发的可能，如果是近期可能大面积爆发的隐患，就不能采用维护帮带的形式。

维护帮带的成本最低，统筹公司人力资源基本没有消耗人力。

第八章
可靠升级

2024年7月19日，全球互联网爆发一场海啸级网络事故，世界最大电脑软件公司微软旗下的Windows系统，遭遇了有史以来的最大故障，在全球范围内掀起了一场连锁风暴。美国联合航空公司、美国航空、达美航空等多家本土航空公司的系统服务均出现了更新蓝屏现象。当天，全球五千多架次航班被迫取消，几百万名乘客滞留机场。

除了航空业外，美国境内的银行金融机构也陷入全面瘫痪，交通基础设施、证券交易所、银行基本处于停摆状态，蓝屏笑脸几乎霸占了公共场所的所有液晶显示屏。据美国《每日邮报》报道，英国医疗服务NHS系统无法正常使用，病人预约、订购处方、转诊服务都深度依赖微软系统，但随着微软的故障，这些服务都彻底中断，病人甚至无法开药服用。

这次有史以来微软最大的灾难性事故就是由软件升级所导致的，网络安全巨头CrowdStrike的一次软件更新事故，造成微软Windows操作系统出现蓝屏，在全球造成大规模混乱。

在产品的全生命周期中，仅关注产品在来料、研发、验证、生产和跟踪维护的可靠性显然是不够的，还需在做好以上五个可靠性的基础上，确保产品升级的可靠性。产品的可靠升级包括：器件替代、硬件升级、软件升级和系统升级，如何避免在升级过程中引入新的可靠性问题是本章重点要解决的内容。

一、器件替代

不同厂家的器件若是功能、规格相同可相互替代，这样在同一器件编码下可存在不同厂家的可替代器件，对厂家的物料供应安全、商务谈判将带来极大便利。但也会带来来料成倍的风险。

器件替代有两个场景，一个场景是对不合格厂家进行紧急替代，通过引入合格厂家，把质量有风险的厂家剔除出供应链，同时保障无风险交付产品；另一个场景是对当前的器件采购做好合格的备份，便于引入竞争或让供应链更安全。

器件替代是一把双刃剑，同一器件编码下的所有厂家均可以带来不可预测的风险，因此器件替代会成倍增加来料可靠性控制工作量。器件替代和归一化设计有点背道而驰，归一化是尽量减少供应商，而器件却尽量引入新供应商。通常，器件替代是大公司一种无奈的选择。厂家独家供应造成的商务和供货的安全性，通过动态的来料替代供应，也可以随时引入质高价低的新供应商，确保了公司产品链的动态优化。

真正优质的硬件公司会把归一化和器件替代做平衡，归一化是尽可能减少器件编码数量和供应商的数量，同时，在同一编码下，公司会通过不停引入优质公司形成供应商竞争，有利于公司在动态优化中整个产业链的安全优质。

(一) **器件替代流程图**

器件替代涉及替代规划、替代计划、产品计划、一致性测试、小批量生产替代、大批量生产替代、问题回归等。

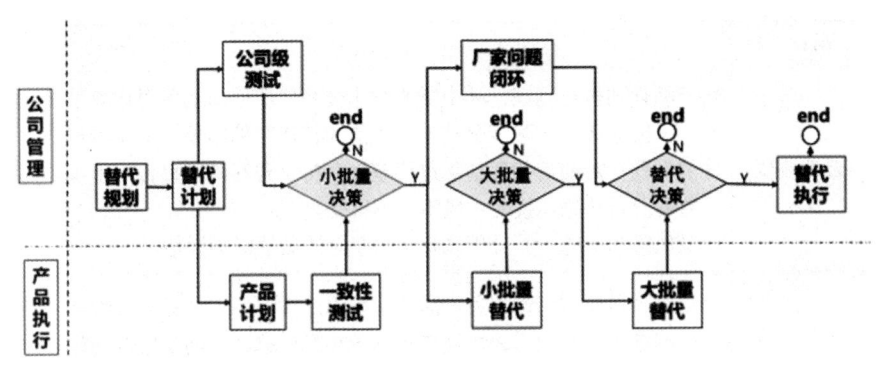

图8-1 器件替代流程图

器件替代流程活动描述如表 8-1 所示：

表8-1 器件替代流程活动详表

活动	活动描述
替代规划	公司根据当前和未来产品的规划，在年初对需要做替代的器件进行规划，规划的主要方向为两个场景： 1.存在有质量或商务风险的供应商需要提前规划； 2.从投入产出比的角度分析收益，对收益较大的编码引入新厂家（如：质高价低的国产电源模块替代高价的进口电源模块）
替代计划	公司结合规划和紧急替代需求，提前一个月做月度器件替代计划，需要按合理的工作量分配每月替代的数量和工作量，避免对产品团队过度的工作过度冲击。原则上首先满足影响产品发货的紧急替代计划
公司级测试	公司组织各专业领域对计划内的器件进行专业测试和鉴定，比如，接线端子的材料鉴定、连续插拔受损的极限次数等。通过专业测试对比器件规格书的满足情况，发现问题并记录
产品计划	产品团队根据公司替代计划和产品的特点，给出详细的器件替代测试计划。原则上，向在研产品、海量发货产品、重要产品倾斜，并按照器件特性分配各产品的测试用例，测试用例需覆盖公司测试没有覆盖的相关产品功能和性能。比如：接线端子测试重要信号线波形等。 1.测试产品确定和测试用例分配； 2.产品团队按照产品范围和测试用例做物料、来料领取计划、环境仪表准备计划； 3.按公司测试计划制订每个产品的测试计划，需要细化到人、用例完成日期； 4.提前领取物料、仪表，提前申请测试环境

续表

活动	活动描述
一致性测试	按产品计划执行测试,其中需要对比被替代器件的相关对比参数或波形,根据业务和实际情况技术替代前和替代后的结果;记录过程中发现的问题;对前后替代结果进行差异分析,并在测试报告中给出具体的差异分析结论:接受;风险;不接受。 记录风险和问题,并分析风险和问题对产品的影响评估
小批量决策	公司对公司测试结论和各产品测试结论进行评估,并针对风险和问题的影响进行决策,对无风险或影响较小且厂家愿意同步修改的替代器件决策进入小批量环节。 小批量决策结论: 1.不通过,该器件替代终止; 2.风险通过,把问题和风险给供应商,并在替代决策评审前彻底关闭问题和风险; 3.通过,公司测试和产品一致性测试无问题和风险; 4.对通过和风险通过的器件进行小批量产品范围确定,原则上影响不大的边缘产品上执行小批量计划
厂家问题闭环	供应链把测试过程中发现的问题给器件厂家解决,器件厂家需要进行根因分析,并制定改进措施,在问题改进后回归测试并通过,归档器件生产工艺并执行。 特别提醒,厂家问题闭环需在替代决策前完成
小批量替代	产品按照小批量决策决议,通过生产领料替代的方式执行小批量生产,并在生产测试、发货验证、销售跟踪等多个环节上做好跟踪;另需要准备好紧急备案,一旦出现因替代问题的批量召回立即启动紧急备案换回问题产品,避免事态的扩大。 在小批量发货中记录问题和风险,把问题由供应链给厂家解决
大批量决策	针对小批量在生产、发货、客户使用的跟踪情况进行决策,包括两个结论:通过;不通过
大批量替代	产品逐步扩大器件替代的范围和规模,通常采用阶梯上量的方式逐步扩大替代规模,并强化生产和发货拦截;监控的结果作为逐步放量的依据,比如出现生产坏件率较多的情况需停止放量,等问题解决后才能进一步放量。 严格监控销售后的产品质量,如果涉及替代器件劣化的问题须紧急叫停生产

续表

活动	活动描述
替代决策	替代决策的前提是大批量生产无遗留问题，所有的风险和问题都得到厂家改进，并在替代决策前全部问题在产品上回归测试通过。 结论：通过；不通过
替代执行	对已经通过替代决策的器件保存好过程数据和记录；把替代器件正式发布在公司的编码库下；研发和生产可正常调用该器件

(二) 器件替代的意义

从 2018 年开始，美国对华为进行了多轮制裁。华为多数进口的器件从可采购变成了不可获得性，一个产品因一个器件不可获得就会造成整个产品不能生产。

器件替代中有主动替代和被动替代，主动替代会提前识别供应链风险，提前备货并寻找有能力无风险的供应商，通过帮扶和赋能的方式推动国产供应商生产风险器件。长江存储就是很好的例子，通过扶持让国内存储得到飞跃发展。

被动替代就很麻烦，临时被断供让产品很被动。早期华为手机 P6 销量逐步攀升，但手机屏幕、存储芯片严重依赖三星。三星为了打击华为主动对华为关键器件断供，造成华为手机无法交付，严重影响产品拓展。

正因为有三星的主动断货才让华为选择扶持京东方和长江存储等企业，从 2023 年华为掌握手机全产业链来看，主动替代起到了决定性作用。

二、单板替代升级

美国制裁华为让华为几千个硬件单板无法生产，客户会怎么猜？华为还能持续供货吗？华为能维护以往的产品吗？幸好华为早有准备，AB板硬件方案正式替代原有美国芯片和器件所设计的产品，这让华为平稳渡过危机。

什么是硬件单板替代？就是把硬件看作黑盒，只要确保相同单板的输入，确保硬件有相同规格的输出即为单板替代。最常见的是安卓手机的电源替代，不管是哪家手机的安卓电源均能对不同厂家的安卓手机充电，从供电的角度而言，不同厂家的安卓电源能实现相互之间的替代。

华为能渡过美国制裁的危机，和华为的单板主动替代有紧密的关系。如果华为的业务在半年内因制裁而中断，可想而知后果会是什么。

早在2010年前华为就对重要的硬件单板准备了AB板设计方案，A板为正式发货单板，B板为备用单板，AB单板可以混插互换，黑盒参数完全相同，一旦A板因不可抗力受阻，B板即可全面替代A板且客户业务丝毫不受影响。正因为美国的制裁才让华为的AB板硬件策略浮出水面。

（一）单板替代特点

单板替代有两个特点必须说明，一个是即插即用，另一个是业务不受损伤或劣化。

（1）完全相同的接线接口，比如，安卓手机电源均采用Type-C接口。

（2）相同的物理结构和功能，最典型的是可以混插互换。比如，云存储中的存储硬盘，可能是机械硬盘，也可能是集成存储芯片的固态硬盘，但两类硬盘可以互换混插。

（3）原则上，客户界面的软件和参数配置完全相同，或硬件即插即用。很多硬件配置在系统上，系统需要配置新参数。通过即插即用的软件自动配置，避免在替代的过程中因软件配置错误造成系统功能失效。能实现硬件升级的系统需要预留硬件单板自带驱动软件设计，这样可避免硬件的变更造成业务的损伤。

（4）客户能接受，这个也很重要，不能因为单板替代后造成客户的质量劣化，比如，单板替代后返修率大增，单板的成本大幅度增加，软件配置和管理更难，等等。

(二) 单板替代开发过程

替代单板的一种开发模式是采用和主流版本同步模式，另一种是采用单独立项异步模式。同步的方式和产品开发流程相同，这里介绍单独立项异步模式。由于替代单板开发不涉及需求的重新定义，因此异步模式会比新单板开发过程简单很多，过程参考如下：

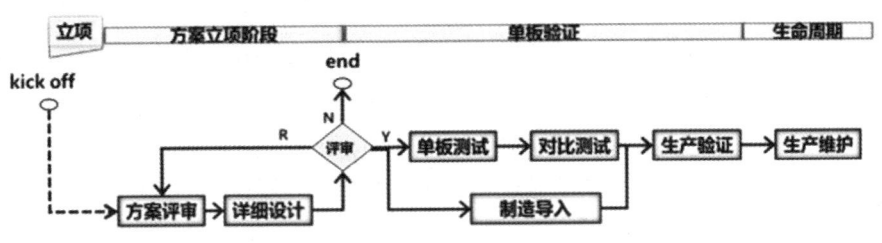

图8-2 硬件单板替代开发典型流程图

表8-2 开发活动描述详表

活动	活动描述
立项	由于单板替代开发仅解决单板的替代风险，通常不太紧急，不需要重新定义需求，开发相对比较简单，因此立项相对比较简单；通常有人力资源且有单板升级需求即可启动开发
方案评审	由于不需要重新定义单板需求和规格，因此硬件单板替代开发仅重点关注到方案上，在方案中需要澄清所替代单板的接口、替代方案、替代输出接口，在过程中同步澄清方案中的电源方案、时钟及时钟保护方案、软硬件接口方案、软硬件控制方案等；方案设计完成后须进行规格跟踪，确保所有规格全实现后，组织专家对方案进行评审，并按专家的意见修改相应的方案，确保替代方案可行
详细设计	根据方案进行硬件单板的详细方案设计并评审，同步完成原理图设计并评审；输出逻辑方案和软硬件接口方案，让逻辑设计团队和软件团队同步启动开发；原理图完成评审后硬件进入PCB设计，完成布局、布线后评审，并进行规格跟踪，确保从规格到方案再到最终的设计能实现所有规格有效落地

续表

活动	活动描述
评审	在硬件投板前，组织周边专家对硬件的设计进行评审，包括对硬件规模制造成本、风险及影响、过程质量等进行评估，确保风险可控后通过评审，硬件PCB正式投递加工。 评审有三种结论： 1.Y：通过； 2.N：不通过，可能方案存在较大缺陷或单板成本控制不佳； 3.R：重新设计，主要是方案或设计存在优化空间或风险，需要重新更新设计内容，完成更新后重新评审
单板测试	单板回板加工后对硬件进行全面测试，需要覆盖所有的硬件规格，记录问题并跟踪关闭
对比测试	和被替代的单板进行对比测试，就能实现即插即用的全面替代。如果发现某些差异需要进行差异分析，优化软硬件达到差异不影响产品业务。过程中如果发现问题需要同步跟踪解决问题
制造导入	同步对替代单板实现制造导入，包括装备、夹具、生产调测软件、生产试制、小批量试制，同步解决生产中发现的问题，并提高生产直通率达到目标值
生产验证	完成小批量试制进行大批量试制和生产验证测试，并逐量发货到客户验证，确保替代单板和老单板完全兼容
生产维护	按既定策略控制（比如，1∶9比例发货）替代硬件单板的发货，解决过程中所发现的生产问题、客户使用问题； 当老单板因不可抗力不能发货时，替代单板须作为主力单板确保正常发货和能维护老产品，确保客户业务运行和维护无损伤

（三）单板替代的优点

华为能在美国极致制裁下渡过危机，重要的是有在芯片、单板、软件和操作系统的备胎，当今在中美博弈的背景下，科技企业很难独善其身。当灾难降临到企业，而企业无准备，很可能会因业务受损快速崩溃。因此，硬件单板替代作为大科技企业是必须准备的战术，必要时能救企业一命。

硬件单板替代有以下优点。

（1）变被动为主动，先于制裁准备备胎方案，避免企业被制裁后的业务中断。

（2）在不影响客户使用的情况下，优化原有的单板质量（更高的产品寿命等）和成本，让客户更满意，企业有更多利润。

（3）迭代技术向下一代演进。比如，原有硬盘采用机械硬盘，成本高且易损坏；如果采用存储芯片方案的固态硬盘，通过接口全面兼容，在不损失原有商机的情况下，同步在极大的市场上，固态硬盘逐步替代原有的机械硬盘，让存储产业平滑升级到下一代。

（4）提升新员工能力。由于替代单板开发过程简单，交付完整，计划相对灵活，可让刚毕业的新员工作为能力训练的对象，通过实战产品交付让新员工快速成长。

三、软件升级

微软蓝屏事件给网络安全提了个醒，表面上是网络安全巨头 CrowdStrike "误操作"所导致，实质上是微软和 CrowdStrike 的软件升级品控出了问题。

当今是软件定义产品的时代，软件产品和软硬件产品（如手机）无所不在，极大地丰富了我们的生活，软件已经渗透到生活和工作的方方面面。在软件给我们带来便利的同时，软件的泛安全化尤为重要，软件故障不仅会给个人带来体验上的不适，更会给企业带来业务损伤，系统大面积崩溃甚至给国家安全带来极大的风险。

软件公司在享受软件销售利润的同时，也会因软件故障所带来的社会负面事件所反噬。因此，软件公司不仅需要出厂的软件安全可靠，而且要求在软件升级的过程和结果上安全可靠，否则会面临巨大的商誉危机。

软件的升级原因多种多样，最常见的是三种形式。第一种形式为修改BUG，通常采用打补丁的方式在线升级；第二种形式采用增加新功能，比如，微信在原有的基础上增加微信支付功能；第三种是混合模式，在新增软件功能的同时改掉BUG。总的来说三种形式都需要对软件升级。如何在软件升级中确保软件的安全，参考图8-3：

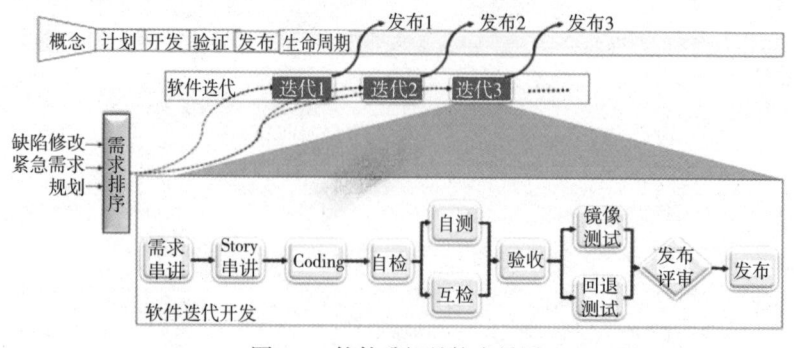

图8-3 软件升级品控全景图

软件升级会对线上的已销售软件服务，一旦出错，影响远大于在售软件问题的影响，因此，对软件升级的品控要求应远高于对在研产品的品控。绝大多数公司（包括微软）对软件升级的品控疏于管理，出现蓝屏的事件是微软升级品控的体现。接下来将详细讲解如何在快速开发的同时做到软件升级的可靠控制。

（一）升级需求动态控制

软件升级在产品完成发布后的生命周期阶段开展，通过小步快跑的方式快速把规划（版本发布后预留开发的内容）、缺陷修改、紧急需求等进行滚动排序，按照维护版本的人力管道合理安排需求落地迭代开发。通常软件研发管理团队安排的顺序按照紧急缺陷修改、重要客户需求、普通缺陷修改、功能优化（如人机界面优化）排序。

其中的紧急缺陷修改可以绕开需求排序直接安排软件迭代开发。如果涉及客户急需的缺陷修改，可以安排人力把临时性的解决方案落地解决（如关闭某项不重要的功能，以避免系统崩溃），同时把完全解决方案安排在软件迭代开发中。迭代按照工作量承接所需的需求量，比如，某开发团队人数为10人，每轮迭代可以承接一个大需求，也可以承接5个小需求，软件开发人力决定了迭代管道的流量。

如图8-3所示，通过动态排序把所有的需求排序在迭代1、迭代2、迭代3滚动软件开发过程中，每个迭代持续15~20个工作日按节奏开发，每轮迭代完成后分别发布。在上轮迭代完成前10天确定下一轮的开发内容，软件架构师可提前进行需求的确认和串讲，这样可确保下一轮需求的入口质量，当上轮完成后软件开发人员可直接进入Story阶段。通过有一定交叉的软件迭代开发，可以缩短每轮迭代周期5~10天。

（二）软件敏捷迭代开发过程

软件升级的核心就是迭代开发过程，在此详细介绍流程活动，详见图8-4：

图8-4 软件迭代开发流程图

软件升级90%以上的质量保障在迭代过程中体现,流程活动描述见表8-3:

表8-3 流程活动描述详表

活动	活动描述
需求串讲	由软件架构师逐条确认需求的来源,并同维护、销售和周边团队确认需求内容、紧急程度,必要情况下可以联系客户澄清。在确认需求的准确无误后,软件架构师需要按正式的格式完整表达需求的内容,并组织软件开发、维护、销售和周边领域专家进行需求串讲,确保各领域对需求的理解完全一致
Story 串讲	《Story》作为重要的开发文档承载需求和方案; 《Story》先录入需求,并通过需求串讲、需求反串讲的形式达成共识。Story开发者按《Story》模板输出,明确四个部分内容。 输入输出寄存器:明确寄存器格式、要求,如果涉及Bit位,需要详细描述BIT位功能。输出寄存器形式雷同输入寄存器; 功能流程图:把Story从输入到输出用流程图体现清晰; 测试点:把调测和验证中预埋的测试点标准清晰,并简单描述其作用和测试方式。 完成方案后,进行方案串讲确保方案正确并可实现
Coding	软件工程师按Story方案软件编程。这个阶段的工作量较大,需要按日清管理的方式确保计划得到严格执行
自检	完成Coding后开发须用1~2个工作日逐行检视代码,避免低级问题流入下个环节
互检	完成自检的代码统一组织团队互检,需要预定时间并确保完整检视,要求互检100%代码
自测	开发人员把完整输出的代码进行自测,由于预埋了测试点,如有问题可很快定位并修改
验收	测试团队按照软件需求进行逐条验收,同时采用冒烟测试遍历相关场景,发现问题并记录,开发需配合测试快速解决问题

续表

活动	活动描述
镜像测试	完成验收的完整功能包软件（如微信支付可作为完整功能包）进行升级前的镜像环境准备，模拟客户环境对软件进行升级，完成升级后监控该问题是否解决。同时监控产品业务是否受到升级影响，发现问题并快速解决，重新镜像测试，直到无问题发现为止
回退测试	软件回退很重要。软件升级不能太理想化，会保留升级后客户能一键回退到升级前版本。在镜像环境测试中升级完成后，按回退键能退回升级前的版本即可
发布评审	软件管理团队根据软件需求验收报告、镜像测试报告、回退测试报告的过程和结果，给予迭代是否发布的结论： 1.通过； 2.不通过。 如果不通过，需要补充相应的测试结果再次评审
发布	按照各个公司的软件流程进行正式的软件发布

四、系统级升级及策略

系统级升级也是最难的升级，但也蕴含了巨大的商机。如果能把握住，企业会得到巨大的发展空间。华为把握住两次系统级升级的机会，让华为从一个名不见经传的小公司成长为通信一哥。

华为的两次把握系统级升级的机会，MSTP+把握住网络平滑演进的机遇拓展了极大的市场，无线的Single RAN通信设备替代了老牌欧洲企业成为行业新标准。

华为老旧产品MSTP是SDH技术，产业趋势会被IP技术取代，老旧的MSTP产品遭遇到前所未有的生存危机。但SDH有很大的网络存量，如果直接升级到IP业务运营商也会承受很大的成本压力。如果能既兼容SDH和IP技术，同时让运营商从SDH平滑升级到IP，产品一定有相当大的市场空间。2008年MSTP产品线及时推出兼容的MSTP+产品，通过同时兼容SDH和IP技术实现了巨大的飞跃。

MSTP+在世界上首次实现IP和SDH双平面业务交换，支撑客户从SDH平滑升级到IP，为客户节省大量升级资金的同时为MSTP赢得更多的机会。老产品MSTP不但没有萎缩反而焕发了新的活力，从2009年起，不到300名员工的MSTP团队连续三年给华为贡献近一半的利润。

系统级升级最核心在基于上下兼容的条件下，整合客户资源的同时让客户平滑升级业务。系统级升级的难度在于前期的规划运作，详见图8-5：

系统级升级核心是抓住了客户原有业务存量和新技术拓展成本提升的痛点，兼顾客户老产品业务的同时，在较低成本的基础上让客户平滑向更高级的业务演进。这样的案例有很多，比如，在欧洲的土地属于私人土地，在欧洲很难推广光纤入户，通过对老电话线的算法技术研究，可让老电话线的数据通信速率提升到1G，在不改变客户现有通信基础上让客户实

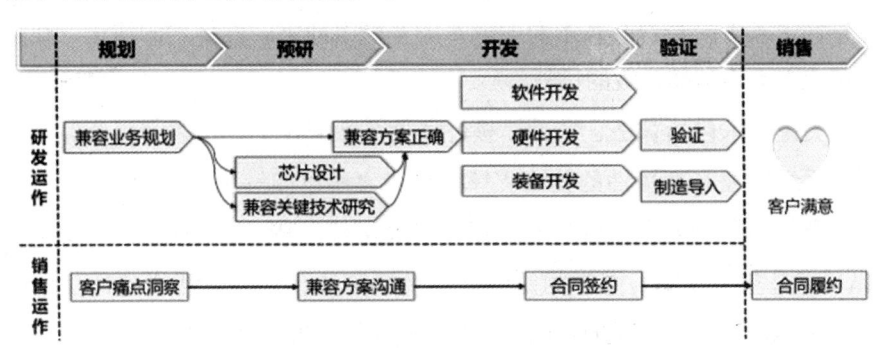

现了利用电话线互联网高速接入。

图8-5 产品系统级升级全景图

为何系统级升级是最难的？因为系统级升级跨越产品四代阶段，即规划一代、预研一代、开发一代和销售一代，但系统级升级对于友商的"降维打击"给公司带来巨大的利益。系统级升级的可靠性包含了四代产品阶段的活动要素。

（一）规划一代：洞察客户痛点，针对性规划产品核心需求

余承东把华为的无线产品在欧洲打开局面，就是洞察到欧洲无线基站的痛点。华为在欧洲业务拓展过程中，相比欧洲的通信巨无霸爱立信根本没有存在感，华为无线在欧洲的销售基本为零。

无线通信技术从 1G~4G 演进，在演进过程中运营商均需兼容以前的业务，每次演进欧洲运营商都会增加额外的无线基站。如果仅需一个基站和外部天线就可兼容 1G~4G 业务，仅通过算法和硬件升级即可，客户业务升级的同时成本将大幅度下降。

当年余承东洞察到客户痛点，向研发团队提出新技术需求时，遭到绝大多数研发反对。但余承东说："必须做，不做就永远超不过爱立信。"有了余承东的坚持，才让研发接纳了解决客户痛点的需求。这就是荣获国家科技进步二等奖的 Single RAN 技术。

（二）预研一代：把关键技术催熟

系统级升级难的是关键技术，或许很多企业都知道问题的痛点，但由于技术实现难度极大，都会觉得是天方夜谭而早早放弃。

系统级升级最关键是在兼容上一代产品的同时，还具有下一代产品业务特性，其本身是现有技术兼顾成本的基础上向下一代技术的演进。在技术和成本上均是颠覆级的挑战。

关键技术包括算法、芯片、核心器件（如天线）等，兼容多个完全不同的系统需要有颠覆性的技术支撑。华为之所以能解决 Single RAN 技术，离不开俄罗斯研究所的数学专家研究出算法核心技术，没有该算法 Single RAN 将是空中楼阁。同样的铜线通信补偿算法让家庭电话线的通信速率增加了 100 倍，有了这样的技术才让只能通音频电话线能够高速互联网接入。

在研发的同时，销售会和客户深入沟通，听取更多的客户需求，同时引导客户对新技术感兴趣，为后期的销售做铺垫。

（三）开发一代：高质量快速研发产品

开发一代重点围绕质量的四要素开发，即价值、质量、效率、成本。同时，销售引导客户签署合同，为新产品做好上市准备。

在质量方面涉及六个可靠中的四个可靠，包括可靠来源、可靠设计、可靠验证和可靠拦截。价值维度是把客户关注的需求落地产品，确保实现客户所关注的功能和利润；质量维度重点是把上面所说的四个可靠落地到产品，确保产品功能和性能的可靠性和一致性；效率包括研发效率和进度，确保按时交付给客户所需产品；最后一点是成本，需综合公司内部价的成本和客户的运作成本，公司内部成本包括研发成本和批量制毛率，而客户运作成本是客户的核心利益所在。

（四）销售一代：持续交付高质量产品，围绕客户所需提供超值服务

销售一代涉及六个可靠中的可靠拦截、可靠跟踪和可靠升级，为客户提供持续高质量的产品。

有了好的产品还需持续保持产品的质量，通过服务来持续为客户提供超值的价值，客户的满意度集中体现在销售一代这一阶段，需要通过持续的客户满意调查和客满问题改进，让客户在使用产品后得到物超所值的体验。

第九章
价值工程

可靠性是产品的重要维度，但不是产品的唯一维度，在产品四维质量模型中最核心的是商品的价值。对客户而言，产品的价值是最首要的，然后才是可靠性、效率和成本的三者平衡，可靠性、效率、成本是产品的三大基石。

产品要成功第一要素就要商品有价值。本章特意增加价值工程的内容，希望产品的可靠性在满足客户的同时，在价值上能满足客户不断增长的需求，让产品成为成功的产品，让公司获得更多的利润，这才是企业最关注的目标。

一、价值增长

当今每人都在谈论价值,但很少有人能讲清楚什么是价值,什么是价值增长,价值增长体现在哪方面。

价值是什么?这个问题一直困扰着人类,很难有理论讲清楚价值的定义。要定义价值需要注重两点。第一点,价值是人类的感受,比如,粪团对人类几乎没有价值,但对屎壳郎来说却是美味佳肴,因此价值是对人类而言的;第二点,价值要有提供者(供应商)和接受者(客户)。

(一)价值的定义

价值能体现满足提供者和客户需求的程度,满足二者需求的程度越高说明价值越大。其中客户和提供者可以为同一主体,如原始人自制弓箭以方便狩猎,这时的提供者和客户是同一人;同样,原始人也可以用猎物从其他部落交换获得弓箭,虽然获得弓箭的过程不同,但是提高狩猎效率并获得猎物(利益)的结果都是一样的。

持续的价值过程必须包含两方面的内容,第一方面就是满足客户需求,第二方面是提供者能够受益,仅满足客户需求而提供者不能受益是不可持续的。如客户需求是价格仅1元的智能手机,不会有一家厂家愿意为其提供商品,明显赔本的买卖是没人愿意做的。

经常谈到"客户是上帝,需要无条件满足客户需求",那么,客户了解自己真实的需求吗?针对这个问题,举一个案例来诠释一下客户对需求的认知能力。

【案例】福特调查客户需求

福特在筹建汽车厂之前,为了更好地把握客户,做了一个需求调查:"你更想要什么样的交通工具?"客户多数给了"需要一匹更快的马"的答复。如按客户的需求福特应该投资马场。但福特违背了客户"意愿"建了汽车厂，结果福特汽车大受青睐销量火爆，销量曾占到世界的70%。福特的T型轿车是世界销量最高的单型号汽车，单型号超2000万辆的销量纪录至今未被打破。在满足大众需求的同时，福特公司也赚得盆满钵满，当年生产线工人收入也是美国工人平均收入的两倍。底特律发展成汽车之城，在福特汽车大销的推动下美国成了车轮子上的帝国。

图9-1 福特调查的需求是"一匹更快的马"

（二）商品的价值增长过程

福特汽车制造是价值增长过程，增加的价值同时让客户、员工、商家都满意。人类的绝大多数生产活动都是价值增长过程，最能说明增值过程的是农业。"春种一粒粟，秋收万颗子"，仅从数量增加而言，稻米种植有100~300倍的增加量，玉米有500倍以上的增加量，农业的价值增长过程是人类社会发展的基础。

芯片生产最初的原料是基本免费的河沙，芯片最终的价值较最初的原料增长了几千上万倍，芯片产品极高的价值增长让芯片巨大的产业链实现极高的利润，在高利润基础上台积电、Intel、高通和三星等成长为跨国大公司。

图9-2 农业价值增长过程让人类逐渐摆脱自然的束缚

（三）商品持续价值增长的体现

价值是同时满足提供者和客户的需求，因此商品的价值增长也体现在两方面。

第一方面，商品价值增长体现在客户在满足需求后的满意度上，客户不满意，价值增长过程是不能持续的。火爆的饭店都有一个共同的特点，就是回头客特别多。客户满意度虽然不好衡量，但对企业生存是至关重要的客观事实。

第二方面，商品在满足客户的同时，提供者（商家）需要从商品的价值增长中获取一部分利润。即便是一个火爆的饭店如果长期亏损（员工工资太高等原因），最终饭店老板也不得不关门歇业。

综上所述，商品在满足客户的同时，增长的价值很大程度上体现在让提供者获得的利润上。即：价值增长 = 客户满意度 + 毛利润。

长期存在的行业必须是价值增长的行业，比如，在南方可以种稻米，但在沙漠中种植水稻基本上颗粒无收，加上人力、物资的消耗是一个血亏的投入，因此不会有人在沙漠中种植稻米。在宁夏沙漠中种植枸杞收获较大，枸杞自然成了宁夏沙漠的支柱产业。

现代商业环境下生产者和消费者在市场上各取所需，因此商品会像水流一样有一个从生产者到消费者的流通渠道，让商品从低价值的地方流向高价值的地方，流通中的每个环节都有一定的利差保障持续，这和水流需要落差一样。

价值增长必须满足客户和提供者的需求，这是不容置疑的，但价值增长首先是客户有需求，然后提供者在把握客户需求的前提下，才会有产品和服务的提供。而产品和服务的提供过程也就是企业最重要的过程，即"价值增长过程"，所有的企业均需围绕着价值增长过程服务，否则会导致客户不满意、企业无利润。

通常，企业会过度神化客户的需求，在价值增长过程中客户和企业的需求是同等地位的。同时，受认知和环境的局限，客户也未必能感知自身真正的需求。

二、价值漂移

一个商品的价值并不是永恒不变的，商品价值会随着时间而波动，商品价值波动的现象就是价值漂移。正因为有价值漂移的现象，企业才会通过价值驱动不断推出功能更强的新产品。

商品的价值漂移很普遍，为了让大家理解可参考黑白电视价值漂移案例。

【案例】黑白电视价值漂移

20世纪80年代初，中国的黑白电视机是极度稀少的奢侈品，只有极少的富人或高官才有一台黑白电视机，当年笔者还在读小学，在机关大院有一家买了电视机每晚都会人满为患。而到了90年代初，随着彩色电视机全面普及，价格低的黑白电视机被逐渐淘汰。到了2000年，黑白电视机基本上没有人用而被丢弃，偶尔看到极度贫穷或拾荒人才有黑白电视机。

商品在极端的情况下还有可能成为负价值，比如，现在家里面有一台黑白电视机。这台电视机有碍客厅美观，而处理电子垃圾会交纳100元的垃圾处理费（当前城市很多地方的旧家具处理都会收一定的垃圾处理费），相信绝大多数的家庭都会交纳100元的垃圾处理费让这台黑白电视机在客厅消失，从价值的角度来讲，这台黑白电视机的价值对客户而言就是负100元。

(一) 商品价值漂移解读

商品价值漂移现象显著的是电子产品，就像当年诺基亚手机，当有功能更强、更新的品牌出现时，以前被认为高价值的商品可能被当成低价值或无价值的商品。

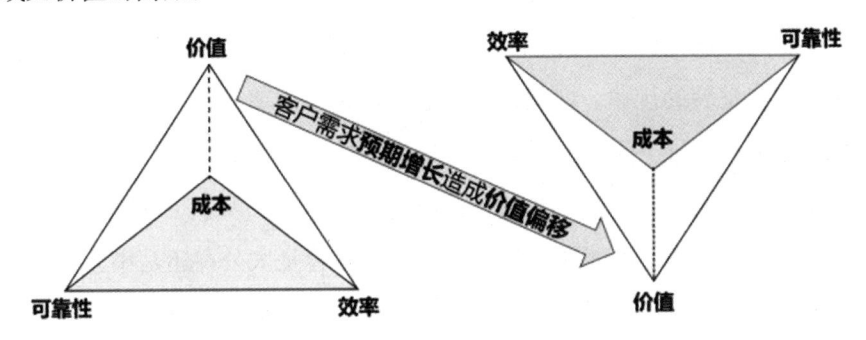

图9-3 在价值漂移的情况下诺基亚的价值不断下降,最终被客户彻底抛弃

产品价值向下偏移的原因有两个,一是竞争对手的新产品重新定义了价值;二是客户在新产品的影响下提高了对产品的功能预期。针对诺基亚的衰落而言,是苹果重新定义了手机的价值,造成客户对手机功能预期大大增加,而诺基亚新机的功能增长远远小于客户的预期增长,最终导致诺基亚快速衰败。

不是所有商品的价值都像黑白电视机那样向贬值方向偏移。有些商品还会向更高价值漂移,比如,古董和艺术品;另一些商品会受市场供需等因素波动,比如,猪肉和石油;还有些商品价格变化极为缓慢,比如,可口可乐和居民用电价格近二十年都没有变化。

(二) 摩尔定律对电子类商品的影响

电子类商品价值普遍向不断贬值方向偏移,重要的原因之一就是摩尔定律的存在。20世纪60年代被提出的摩尔定律发展至今,给出了研发创新的速度和节奏,也推动了电子产品的指数级爆炸发展趋势。

归纳起来,"摩尔定律"主要有以下4种"形态":

(1)单位面积上集成电路芯片上所集成的电路的数目,每隔18~24个月翻一番;

(2)微处理器的性能每隔18~24个月提高一倍,而价格下降一半;

(3)用一美元所能买到的计算机性能,每隔18~24个月翻一番;

（4）相同功能的芯片，每隔 18~24 个月功耗降一半。

摩尔定律从 1965 年提出来后的 40 年间，硬件及芯片的发展趋势都符合摩尔定律发展的规律。即使在后摩尔时代芯片的功能、价格、功耗和成本虽然变化率有所下降，但不断增强的趋势没有丝毫改变。

2006 年，埃里克·施密特提出了反摩尔定律，反摩尔定律对硬件类产品的影响巨大，由于技术价值按指数衰败，不管是大公司还是小公司都会和摩尔速度竞速。即便是世界一流的科技霸主，如果技术更新跟不上摩尔速度也很快被市场淘汰。相反，如果一个刚成立的公司企业技术发展速度超过摩尔速度，也会让小公司快速成长为世界科技巨头。

在硬件之上的软件也同样受到摩尔速度的影响，如果软件技术发展跟不上摩尔速度，同样会被市场无情地淘汰。当前 CPU 的速度是早期 CPU 速度的上亿倍，所工作的软件功能更强大，速度更快，可以完成以前不敢想象的工作，硬件是当前信息化发展的基础，基于摩尔定律所发展的硬件产品是推动信息化时代快速变化的根因之一。

（三）科技公司超越自我才能有机会

1995 年，巨龙、大唐、中兴和华为构成中国"巨大中华"通信设备商格局，巨龙公司是老大，华为在最后。但三年后，通信设备商格局成了"华中大"，华为成了老大，而当初的老大巨龙公司被淘汰出通信设备领域。不仅在通信行业，其他行业格局也出现了巨大变化。20 世纪日本家电四大巨头称霸全球，但当今巨头成了中国和韩国的公司。之前中国的手机格局是"中华酷联"，但在小米搅局后只有华为守住了前四位置，小米成立仅 8 年就进入世界 500 强，也创造了进入 500 强最快公司纪录。

同样，以软件为主的科技公司同样面临激烈的竞争，1998 年成立的联众公司是当年 PC 游戏平台霸主，在很长时间内没有挑战者，缺乏竞争对手的联众功能更新很慢，并且有很多大受网友诟病的功能联众也没有动力去改进。腾讯在 2003 年推出的游戏彻底解决了联众游戏的缺陷，推出 QQ

秀等差异化功能，很快联众大部分客户都跳到了腾讯。

同样是腾讯，当年QQ如日中天，但腾讯在手机即时通信业务发展初期就摒弃QQ资源，让没有QQ背景的张小龙开发出全新的微信，当前微信的霸主地位就已经说明自我颠覆的明智之举。

打败诺基亚的并不是苹果，而是摩尔速度和价值漂移。基于摩尔定律和价值偏移的竞争环境，其实对每一个公司都是公平的，企业最大的挑战并不是竞争对手，而是自身的研发速度和把握客户需求的能力，是自我迭代发展的速度是否超过摩尔速度。

超越摩尔速度对企业来说需要很大的投入和决心，华为每年投入销售额的15%用于研发才让企业超过摩尔速度。没有超越自我的勇气一定会被其他对手所淘汰，只希望竞争对手能力不济而获胜简直是白日做梦，只有超越自我，科技公司才能够持续发展。

三、需求的八大来源

价值漂移产生了价值驱动开发，价值驱动的源头是需求。既然价值是满足需求的程度，那么问题来了，需求又是什么？需求又从哪里来？企业又在哪些维度收集产品需求？

受认知和环境的局限，客户未必感知真正的需求。同样，客户也不是需求的唯一来源。为了更好理解价值，我们需要解读需求的八大来源。

商品能存在的原因是同时满足了外部和内部的需求。

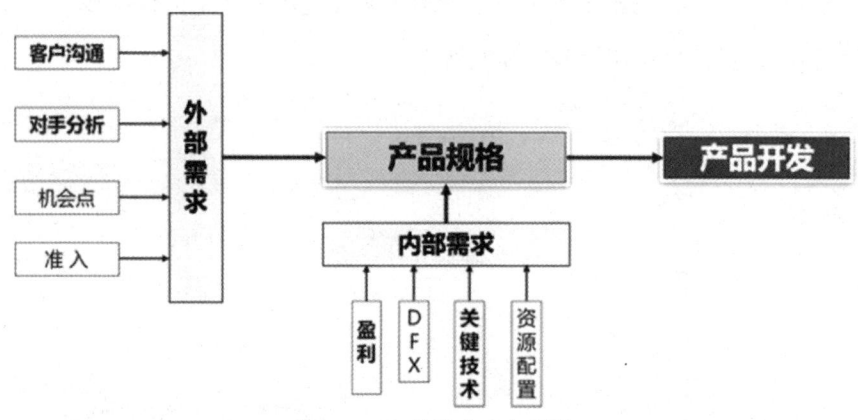

图9-4 产品需求八大来源

需求首先来源于外部，其包含四个小类，即客户沟通、对手分析、机会点、准入。需求另一个来源是内部，包括盈利、关键技术、资源配置和DFX（Design For X，如可靠性、可制造性、可安装性、可维护性、易用性等）。

（一）需求的外部来源——客户沟通、对手分析、机会点、准入

需求首先来源于外部，没有客户就没有产品的销售和收入；同时，有很多竞争对手的产品，通过对竞争对手的优势和劣势分析，根据企业的特点制定具有针对性的竞争措施，确保产品具有独到的竞争优势；产品销售受销售地的法规影响,因此产品还必须满足销售地的准入法规;在变化的市场中还有突然的机会点,如果抓住机会也会让企业快速成长。

1. 客户沟通:商品最终需要满足客户的客观需求,因此与客户的沟通非常重要。客户沟通有售前沟通、销中沟通、售后沟通。售后的客户满意度调查对公司的改进很重要,华为在启动第三方客户满意度调查后能解决以往很难解决的问题。

2. 对手分析:绝大多数企业都有能替代该企业产品的竞争对手,即便是苹果独有的 iOS 操作系统也会受到安卓系统的同质化竞争。在市场销量不增长的情况下,竞争对手之间的竞争就是一个零和游戏,此消彼长的份额竞争推动企业在竞品上更加用心,如果企业产品的改进幅度小于对手会造成份额下降甚至出局。当年销售额十多年第一的诺基亚手机在苹果出现后没有及时调整战略很快就被客户抛弃,而三星及时引入安卓推出智能机反而成了份额第一的手机公司。

3. 机会点:市场的机会窗可能很突然,比如,2020 年初新冠病毒刚暴发时口罩是最紧俏的商品,如果在病毒流行初期投入口罩生产的企业一星期便可收回投资;在 4 个月后投入口罩生产的企业可以在一个月后收回投资;但在 6 个月后投资口罩生产线会出现较大的亏损。机会点把握得当可以让企业快速成长,小米和宁德时代就是把握住产业的机会点快速成长为大公司。

4. 准入:产品销售到目的地需持有相关证书,在中国销售的电子需要通过 3C 认证,目标地在美国的是 NEBS 认证,而在欧洲销售的电子需要 CE 认证和环保认证等,如果涉及食品,还会有相应的食品安全认证。因此,在进行销售时需考虑销售目的地的准入规范,否则即使产品功能再好也可能无法在市场上销售。

(二)需求的内部来源——盈利、关键技术、资源配置、DFX

需求重要的来源来自企业内部,企业在服务客户的同时,还需有合理的利润持续发展,同时为了确保持续的竞争对手,企业还需在关键技术、DFX 能力和资源配置上有持续改进。

1.盈利：企业能生存的重要原因就是服务客户的同时能获得合理的利润，没有利润靠投入维持的企业迟早会被市场抛弃。ofo单车靠风投和客户订金急速扩张，由于一直处于巨亏状态，最终出局。产品和服务的持续盈利能力是企业最重要的需求。

2.关键技术：茅台拥有独特的酿酒工艺成为中国市值最高的企业，在海量销售的同时利润率也非常可观；老干妈做到相关领域第一是因为有独到的香辣酱生产技术；每年华为投入销售额15%到研发，关键技术成了华为发展的引擎。在过度竞争的环境下，没有关键技术的公司难有作为。

3.资源配置：农夫山泉2021年上半年总收益为151亿元，上半年毛利为92亿元，毛利润高达60%，农夫山泉的成功让钟睒睒连续两年成为中国首富。通过提前布局千岛湖、长白山、丹江口、万绿湖等中国最优质的水源，"大自然的搬运工"有不可替代且可持续的高盈利模式。资源也包括人才、资金等，华为在中国很多大城市都有近万人的研究所，其最重要的目的就是"圈人"。阿里和腾讯在风投资金大量涌入后进入了高速发展期，资源配置在很大程度上体现企业发展的潜力。

4.DFX：DFX虽然没有在准入中定义，但对企业和客户来说非常关键。DFX包括可制造性、可安装性、可维护性、可靠性、客户化易用性等，三星Note爆炸事故就是可靠性做得不好而失去市场，易用性极差体验是客户抛弃诺基亚的重要原因。

(三) 需求合入形成产品规格

产品能存在的原因就是同时满足了内部需求和外部需求。

外部和内部需求经过整合后，经过排序、筛选、细分后形成产品的规格，规格较需求更加清晰。如商务手机的客户需求有待机时间长的需求，具体到规格就必须定义出具体时长，到底是3天还是5天？一旦规格确定为5天就需要设计满足待机5天的要求。

就拿手机来说，不同客户有不一样的需求，有钱的客户更关注极致性能，普通客户更关注性价比，老年人更喜欢价格便宜而且简单的功能机。满足不同的客户所需就会导致商品的多样性，响应不同的客户也促成了企业的产品定位。有实力的厂家更关注高利润的主流，而小厂在满足小众客户的同时也有生存空间，行业巨无霸和小微企业共存一个领域也可以相安无事。

某些需求能给企业带来极为可观的利润和影响力，这样的需求我们称为关键需求，华为的 Mate X 折叠手机售价虽然达 16000 元依然会被秒抢，转手在某些平台上 Mate X 可以加价到 10 万元，实现折叠功能就是产品的关键需求。

对功能型产品而言，关键价值就是面向客户所急迫、心动的需求，在技术上可获得，同期优于竞争对手，同时让企业能够持续盈利的关键需求。

并不是所有的商品都需要不断创新，可口可乐的配方 100 多年没有变化；五粮液、茅台经过几百年的工艺积累已经形成了经典的酿酒工艺，为提高产量而进行的现代工艺改进其实对传统的工艺有所损伤，因此，二十多年前的茅台老酒比新酒贵几十倍。老干妈也曾经"创新"更换了原料和配方引起业绩大幅度下滑，陶华碧及时纠错才重新赢得客户的信任，盲目创新会带来难以预测的风险。

（四）商品研发、生产就是价值驱动过程

"没有永恒的朋友，也没有永恒的敌人，只有永恒的利益。"利益（价值实现的体现）对个人、企业甚至国家来说都是唯一的选项。新领域规划和新产品开发按价值驱动去实现，如何让新产品、新领域在满足客户需求的同时，相比竞争对手有独特的竞争优势，独特竞争优势不是所有的功能都优于对手。传音手机在国内没有存在感，但在非洲传音的美颜算法更适合黑人自拍，传音在非洲打败苹果和三星成为销量冠军。

盲目创新是找死，不创新等死。摩托罗拉、诺基亚都是曾经的手机霸主，当前两家企业手机已经没有了存在感。在苹果之前诺基亚已经研发出智能手机（互联网手机），但诺基亚高层决策把智能手机毙掉。安卓初创时期想以很便宜的价格卖给三星，但遭到了三星公司的嫌弃，才让外行谷歌捡了一个大便宜。

四、价值驱动六代开发模型

面对不可预知的未来需要提前做好战略布局和关键技术准备，想持续在某领域领先的企业最好按六代价值驱动去做产品开发。

何为六代？即到客户前的三代产品迭代，规划一代、预研一代、开发一代，到客户后的三代为导入一代、销售一代、收编一代，通过六代迭代持续演进，不仅让企业先于竞争对手预判未来的发展方向，提前投入关键技术并预埋好标准专利，通过快速导入和存量销售实现企业高利润，在收编旧产品让客户满意的同时寻找到新的机会点。

在一个持续价值驱动开发的产业中（军工、汽车、手机、家电等），六代开发是持续构筑企业竞争力，公司人员的留存也非常重要。

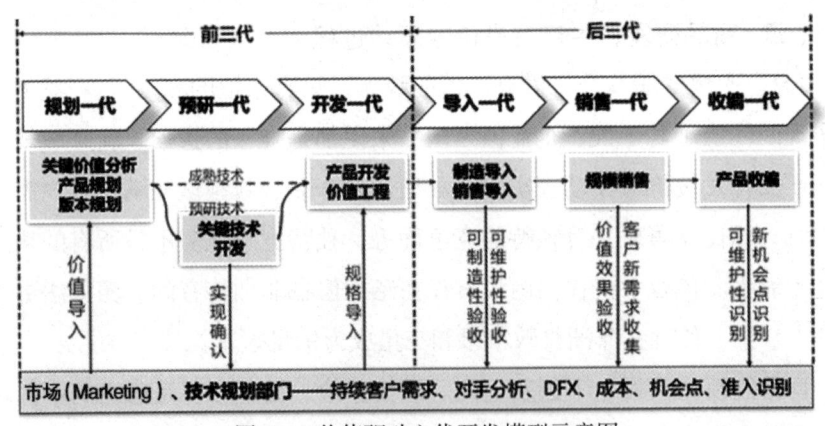

图9-5 价值驱动六代开发模型示意图

（一）市场（Markting）、技术规划部门职能

内部的需求和外部需求的收集在企业中一般由两个部门来实现，市场重点关注的是外部需求，包括客户需求沟通、竞争对手跟踪、市场机会点识别和准入特殊要求；技术规划部门不仅会关注内部的需求，而且需要把外部需求进行判断并合入，通过持续收集、排序、整理和验收形成产品的

需求资源池,在前三代中把需求持续导入预研和开发项目,在后三代中对需求实现效果验收,同时收集新需求。

针对市场、技术规划部门的考核,在前三代中考核标准和专利的输出,提前布局标准专利让企业在残酷的市场竞争中占据有利的战略地位;在后三代中需要考核企业利润、客户满意度和DFX实现效果,持续盈利、客户满意和能力提升才是价值驱动的核心目标。

(二)规划一代,关注未来演进,识别关键技术差距

规划一代有两种形式开展工作,一种是中长期规划的SP(Strategy Plan,战略规划),一般是提前对未来3~5年的领域、机会点、产品进行价值需求预判;建议产品SP不要超过5年,超过5年价值需求由公司的研究平台承担,比如,对石墨烯的研究不能纳入产品规划。另一种是短期规划的BP(Business Plan,商业计划)一般是对未来1~3年需要实现的商业布局和产品开发的规划。

SP和BP其实区别不一定太严格,在SP的过程中也可能识别到有价值且可以实现的需求,BP也会识别到未来3~5年的重大战略方向,SP和BP最大的区别在于二者的输出不一样。SP重点在产品的重大价值方向、关键技术和未来产品实现路标,需要识别关键技术重点研究方向,在产业发展的趋势下提前做好标准和专利的布局,SP识别的关键技术会成为预研一代立项的关键输入。BP重点是2年内的关键需求和关键技术可获得性的风险识别,迭代输入关键需求,确保在明后年产品能顺利开发。

(三)预研一代,催熟产品关键技术

客户的需求不断提升,而且竞争对手的新产品功能也会越来越强。如果把不成熟的关键技术放在新产品开发中,企业会冒极大风险,产品开发的周期也不可控。像手机类的产品以芯片为驱动的开发模式,作为芯片开发的周期长达18~24个月,因此芯片也会作为预研一代中立项开发。

预研一代的技术催熟包括内部技术(如5G、芯片)和外部技术(如手机柔性屏幕),如果涉及外部技术,也需要通过商务合作、战略伙伴等方式让供应商有同步研发,并且技术成熟的时间不能晚于该产品研发的时间。

在预研一代中，技术规划部门需要强力参与甚至主导开发，在过程中需要不断迭代需求，进一步分析关键技术可实现性，在实现过程中同步完成标准、专利申请。预研一代的关键技术实现也需要规划部门验收，对技术项目的最终实现需要给出成功、风险和失败的结论。预研项目失败的原因多种多样，比如，竞争对手的标准专利绕不开且不能得到授权，关键工艺不成熟导致无器件可用等，预研项目失败后需要及时评估影响，并快速调整版本路标和需求。

（四）开发一代，快速产品化

开发一代通过项目立项、计划、方案、详设、验证，快速实现产品开发。其中在过程中会更具体、更深入、更完整分析需求，并把需求转换为规格，以规格为驱动设计方案和细节，通过验证来判断需求实现效果。

技术规划部门在过程中关键是识别产品需求并导入规格，在关键环节跟踪规格落地设计的实现和风险，并在验证结论中需要明确具体需求实现的情况。如果某类需求不能实现，需要提前做好风险措施。

开发一代中的各环节都很重要，最关键的四个要素是价值落地、质量零缺陷、成本达成（研发成本和制造成本）、效率达标（TTM、生产效率、直通率等指标）。

（五）导入一代，快速制造导入和销售导入

导入一代一般指新品上市的前三个月，导入一代是可制造性和可维护性结果的体现。为了达到好效果，具体的工作需要提前到研发一代，很多产品销售的第一个月就是高峰，爆款新品还会出现抢购风潮，如果新产品不能实现快速导入，企业不但利润损失巨大，还会引起客户反感。几年前小米新手机产量严重不足，几个月都抢不到的客户"骂骂咧咧"去投奔"友商"，雷军也被网友骂为"猴王"，在利润大幅度损失的同时还造成核心客户的流失。

针对销售导入会有很多动作，如售前培训、销售铺货、售前话题预热、发布会、开售仪式、网上抢购等，目的就是以较小成本达到较高的关注度。当前的几家主流手机在这方面做得比较到位，旗舰机发布会都成了

各手机厂家的年度大戏，好的新品营销比投入几十亿的广告效果还好。

特别提醒，导入一代的基础是高质量，由于急速上量根本没有试错的机会，一旦有重大质量问题影响远比销量缓慢爬坡要大得多。三星 Note 7 就是因为质量问题，虽然仅销售两个月但造成的损失高达几百亿美元。

（六）销售一代：销售一代尽量赚取更多的利润

销售一代的目的就是尽量延长产品的销售周期，售出更多产品赚取更多利润，并通过高质量售后服务提高客户满意度。这方面苹果做得比较好，苹果每年推出的新机很少，老机通过降价的方式延长销售周期到 3 年，成功的销售策略让苹果成了世界利润最高的科技公司。

在销售一代中可以通过销售一年的销量和利润来判断产品需求质量，并作为技术规划部门、预研团队和开发团队的考核依据。如果销量和利润远超过预期，需要总结相关的成功要素作为好经验传递，如果远未达到预期，需要分析在哪方面出现了重大疏忽。

（七）收编一代：提高客户黏性，寻找新机会点

收编一代包括自身产品的收编，也包括其他公司产品或产业的收编。

为何要做收编一代？其实就是给老产品有一个体面退出的条件，否则多年前的产品还需要保留物料和维护技术。苹果公司通过以旧换新的方式收编旧产品，通过一定的折价不但让企业赚到更多的钱，而且能增强客户对苹果的黏性。

此外，还可以通过产业收编的方式，这很可能带来较大的机会点。华为的无线能进入欧洲的原因是做了兼容设计的刀片基站，以前欧洲的 2G、3G、4G 升级都需要重新安装新基站，新设备投入、新场地投入和维护费用对运营商有极大的压力。而华为的刀片基站通过算法就可以不用安装基站，只要新插入的刀片模块就可以完成升级，为客户降低极大的设备资金和运维费用。同样，欧洲土地是私人领地，在很多地方无法新接入光纤入户，但通过电话线的新算法可以让通信速率提高到 1G，不需要新增线路就拓展了家庭上网业务。通过对老业务的收编，华为在欧洲赢得了不小的机会。

五、价值工程在研发中落地

产品的开发到客户需求满足,需要在开发过程中实现从需求的确认、需求价值评估、方案实现,到最终的产品价值考核,构建了价值驱动的全景图。

价值工程(Value Engineering,VE)工作的核心是产品的价值和成本,属于产品研发、生产、维护中针对价值和成本的方法论。价值工程的核心是关注产品价值需求的同时,尽可能去降低产品在研发、制造、维护的成本,通过价值工程构建产品的核心竞争力和利润。

一个成功的产品一定是对客户有超价值的产品,同时也是成本控制极佳的产品。价值工程对企业非常重要,也是企业的生命线,其重要性超过可靠性工程。例如,可靠性极高的诺基亚手机完败于苹果手机,重要的原因不是诺基亚可靠性不佳,而是失去了客户期待的价值。

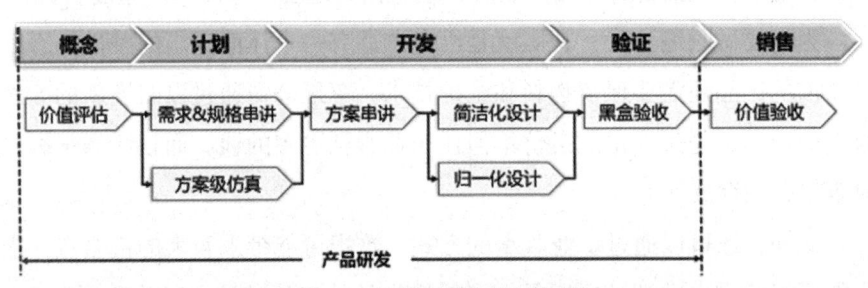

图9-6 价值工程研发过程图

围绕产品研发过程针对价值和成本的关键活动,典型的版本中有八个价值工程活动。

表9-1 八个价值工程活动描述详表

活动	活动描述
价值评估	价值评估需要通过六个维度进行评估,具体内容在本章第五节"价值评估"详细讲解

续表

活动	活动描述
需求和规格串讲	从需求到规格的导出过程，涉及研发、市场、生产和周边多领域协同配合，通过串讲和反串讲最终达成一致，具体内容在本章的第六节"需求规格串讲"讲解
方案仿真	需求与方案存在一定的互动，在很大程度上需求会驱动方案实现，但同时方案实现也会让需求进行取舍，某些需求实现也受限于产品本身的限制，如成本、重量、尺寸、功能（高频特性）等。如何在受限的情况下确认是否能实现功能，最好的方式就是在需求阶段进行方案仿真，找到能满足多项限制条件下最好的价值需求。方案仿真参考前面可靠设计中"仿真"中的内容
方案串讲	需求到最终设计的桥梁就是方案，如何让需求完整落地在设计中，需要在做具体的设计前全面了解方案的实现过程。方案串讲在本章"方案串讲"小节中详细介绍
简洁化设计	简洁化同时是可靠性工程和价值工程的重要活动，简洁化自然用更少的器件实现功能，制造和维护成本自然降低。简洁化设计参考可靠设计中的"简洁化"内容
归一化设计	归一化不仅可以减少编码数量，而且可以让生产、维护所涉及的装备、夹具等统一，维护更有通用性，具体参考可靠设计中"归一化及管理"内容
黑盒验收	即便是小学生也知道手机好不好用，电视效果好不好。黑盒验收并不需要高深的专业知识，而是从客户使用的角度来验收产品达成的效果。黑盒验收参考本章"黑盒验收"小节内容
价值验收	价值验收的目的是让整个产品价值工程的收敛，重点考核围绕商品的销售额、利润、制造毛利、维护成本展开，对比项目立项的目标（销售额、利润、成本）进行考核。详细参考本章"价值验收"小节的内容

产品研发和生产的初衷是在产品满足客户需求的同时，能让企业通过价值增长得到合理的利润，在产品的研发过程中就构建了产品最基本的价值要素，因此，产品研发中的价值工程活动也是成功产品最重要的活动，有了产品价值才让产品的可靠性存在意义。

在开发阶段价值工程中仿真、简洁化和归一化，同时也是可靠性工程的重要活动，做好这些活动让产品竞争力增强的同时，可靠性也得到大幅度提升。

六、价值评估

差之毫厘，谬以千里。如果方向出现错误将是致命的打击。在众多需求中选择出客户关心、企业受益的需求是非常难的事情，那么需要从哪些维度去评估需求的价值？

在质量的核心理念"3R 原则"中确定了做事的步骤，第一步就是要做正确的事情（do right things），没有正确的第一步，做再多的事情都等于零。在华为，研发不怕压力大，也不怕加班加点，最怕的是在压力大、加班加点的情况下所开发的交付在过程中被裁掉。

【案例】痛苦到麻木就不再痛苦了

一次，笔者去某研究所支撑 Q 网，中午和一个开发老员工一起吃工作餐，这哥儿们在华为工作超过两年，但还在底层做硬件开发，职级和工资都没有上升，在 Q 网爆炸发展的年代非常少见。

笔者问他缘由，他开始大倒苦水，说是这两年绩效特别差造成的。再问，过程说起来很悲惨，这两年他共开发了 5 块单板，天天起早贪黑加班加点赶进度，由于产品规划出了问题，5 个单板全部在开发过程中被裁掉，唯一差别是单板每次被裁掉的阶段不同而已。以至于两年来他居然没有一个能结项的单板，因此每年年度考评都非常靠后。

笔者忍不住问："这么多单板被裁掉，兄弟痛苦不？"这哥儿们耷拉下脑袋无奈地叹了口气："每次被裁都很痛苦，经过几轮痛苦至麻木，已经感受不到痛苦了！"

（一）为何会产生低效研发

当年光网络研发的低效单板（没发货和发货量极小）比例超过 50%，这还不算在研发过程中被裁掉的单板数量，2007 年光网络发文改进硬件单板有效性，并在2008年落地。

经分析，产生低效单板有几种典型的类型：

1. 价值不被客户认可。价值不高的单板和产品即便再便宜客户也不愿意掏钱购买。就好比功能手机一样，仅200元一部也没有年轻人购买。

2. 解决方案成本太高造成单板局部亏损。有些项目为了赶时间上市，功能不强的单板选用通用性解决方案（CPU系统外加FPGA），但单板本身成本太高，客户不愿意负担较高的价格，卖得越多，就赔得越多，最终成为鸡肋。

3. 盈利窗口期太短，有些单板虽然上市可以盈利，但很快会被未来的技术所替代。如SDH在2007年前后还是有一定的盈利窗口期，但未来的SDH技术会被IP所替代，盈利窗口期太短很可能收不回研发投入。

4. 版本为规划不好开发功能相近单板太多。比如，某产品分别开发了2、4、6、10、12端口的功能单板，但真正销量好的是4端口和12端口单板，其他的三类端口单板很少有客户购买。

（二）有效评估步骤

版本有效评估需要在需求和方案阶段建立有效的评估机制，通过多维度对版本进行有效性审视，结合DCP评审活动对有效性进行审批，对硬件改板项目需要独立的通道审批机制，只有通过审批机制的单板或版本才能进入研发阶段。

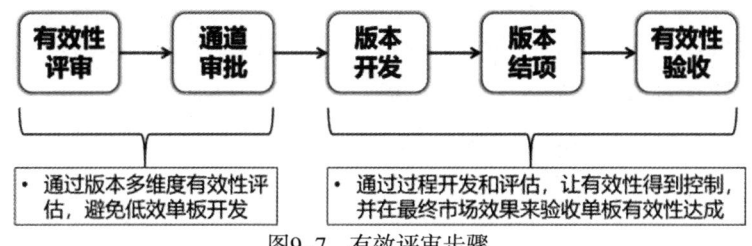

图9-7 有效评审步骤

在过程中严格控制研发渠道，须及时避免没有通过审批的版本进入开发阶段，在版本上市后进行有效性验收，最终衡量版本实际的有效性结果。

（三）价值六维评估

2008年，成研的硬件质量和硬件共同承担单板有效性的TOP工作，鉴于典型低效单板的场景，结合版本在TR2前的需求分析过程，制定了针对性的六维评估动作。

所谓的六维评估就是从六个维度分析和评价单板的有效性，即从需求价值、方案实现、成本分析、盈利分析、维护策略和替代升级六个维度来看即将开发的单板或项目，六维评估思路同样也适用于软件、芯片等项目。

需求价值	DFX需求分析；客户需求沟通及分析，机会点分析，需求价值排序
方案实现	关键技术及门槛分析；关键技术可获得性分析；标准专利分析；竞争对手方案分析
成本分析	资源配置分析；研发成本分析；价值工程分析；制造毛利；维护成本分析
盈利分析	市场规模及窗口期分析；目标周期内盈利指标制定；规模窗口期人力、资金、设备等资源占用分析
维护策略	产品导入形式分析；维护成本及资源占用分析；退出维护策略分析；维护备件及零件策略分析
替代升级	和当前产品关系及替代策略分析；客户关系策略；产品演进策略；演进机会窗分析

图9-8 产品需求的六维价值评估

1. 需求价值

通过客户的需求、市场趋势、竞争对手对比分析、市场机会点分析等手段，评估所涉及的版本、硬件单板、芯片等的价值是否具有竞争性，如果没有竞争性，需要进一步阐述是否有特殊或紧急需求，比如，针对特殊客户的特殊需求的紧急配合开发。

2. 方案实现

针对价值需求所需的技术准备度和可获得性分析，涉及标准专利分析，竞争对手（如果竞争对手已经有同类产品）方案优势对比分析，并描述涉及的实现方案和备选方案，同时对比正选方案和备选方案。

3. 成本分析

对批量产品进行毛利分析，研发成本分析，维护方案及成本分析，如果涉及新生产线还需对新生产线投入分析和生产线兼容性分析（要考虑产线的柔性化设计，尽量避免一个单板或版本建一个生产线）。

4. 盈利分析

对产品的生命周期分析，对盈利机会窗分析，机会窗的竞品优势对比分析，整个产品生命周期投入产出比预估计。生命周期盈利分析很重要，像终端手机产品营销窗口期可能不到一年，因此在很短周期内能否实现端到端盈利对产品很重要。

5. 维护策略

产品维修模式、策略分析，维护配合资源及成本分析，维护备件策略分析，产品推出生命周期策略分析。

6. 替代升级

在研版本和销售版本、未来版本演进和收编路标审视，关键技术、硬件单板、硬件模块、软件的平滑演进和升级策略审视，硬件单板、硬件模块的功能及升级关系，让产品能平滑演进、满足客户的同时，减少硬件单板、硬件模块和软件的开发数量。

很多企业很少对维护策略分析，也就是只管生不管死，让企业后期维护成本大增。没做维护策略分析可能让企业对产品过于乐观而盲目投入，像 ofo 和摩拜单车由于维护成本过高而亏损，最终不得不退出共享单车领域。

进行价值评估的优点

（1）六维评估：从六个维度对版本、芯片、硬件等进行评估，通过评估后才允许开发。

（2）有效性验收：最终的产品有效性需要验收，分析低效的原因持续改进，有效性离目标较远的研发团队需要体现在问责、绩效考核等管理活动中。

七、需求规格串讲

在开发中需求相当于素描，规格比需求严格很多，必须准确承载产品的具体要素，并作为产品的纲最终落地在方案、设计、验证、生产和维护所有环节中。

在具体的开发中，有效性评估是确定打哪个靶子，需求及规格串讲是确定靶子的靶心，均属于 3R 原则核心理念 "do right things" 的落地。

在价值驱动的核心理念中，我们知道需求来源于外部和内部，外部需求包括四个小类，即客户沟通、对手分析、机会点、准入；内部需求包括盈利、关键技术、资源配置和 DFX（Design For X，如可制造性、可安装性、可维护性、可靠性、易用性等）。

差之毫厘，谬以千里。由于需求来源于多个领域，比如，外部需求主要从销售、市场和维护中来，而内部需求多数来自管理部门和研发部门，需求就需要从不同的角色中传递、分析、整合和归纳。在不同角色间无误地传递需求是把握产品目标的关键。

【深度思考】文字能正确传递信息吗？

文字是人类文明出现的重要标志，古代书籍通过文字记录，让我们能够知道几千年古代曾发生过的重大事件，也让我们能欣赏到古代诗文的美妙。通过文字承载需求信息，在很长一段时间，需求和规格都以文本方式承载。

但文字也会产生歧义甚至完全相反的意思。"衣服有多少穿多少"放在不同的语境意思就会完全不同，如果是夏天的语境，"衣服有多少穿多少"的意思就是"衣服穿得很少"，而在冬天的语境下就是"衣服穿很多"的意思。

有些时候文字不能快速准确地传递有效信息，根据每个人的喜好、修养、能力不同对同样的文字有不同的理解。读同一本《红楼梦》也会有不同的理解，正所谓"仁者见仁，智者见智"，从这一点也说明了文字传递信息的有限性。

正因为文字不能完全快速有效地传递信息，以前基于文字描述的需求评审就需要有更好的方式，来对齐各个角色对每条需求完全一致地有效传递，这种方式就是串讲。何为串讲？就是答辩式评审，在传递信息时由主讲人和周围专家通过答辩的形式，在会上通过质疑、澄清、沟通等手段，最终让每个人对每一条需求的理解完全一致。

需求和规格串讲步骤

需求和规格串讲分为三步，第一步是需求确认，第二步是需求串讲，第三步为规格反串讲。

需求确认	需求串讲	规格反串讲
· 在准备阶段，开发对SE所输出的需求进行**逐条确认**； · 在SE串讲前，关注需求的完整性、正确性和可验证性	· 召开会议，由SE把产品规格逐条讲给开发、领域专家、市场等； · SE对相关意见进行逐条澄清，并达成一致	· 开发在充分理解需求后分解为产品规格，召开会议进行**规格反串讲**； · 开发逐条和周边专家达成一致

图9-9 需求和规格串讲步骤

1. 需求确认

SE（系统工程师）在串讲前，需要把需求逐条和该需求的提出人进行单独确认，确保需求的理解和提出人一致，同时确保对该需求的描述无歧义。

需求确认是进行需求串讲前的准备活动，首先要保障入口需求有较高的质量，避免在串讲会上因为质量不高让串讲的效率低下；其次，在串讲会上 SE 要保障需求的完整性，只有完整的需求才能映射出研发项目的最终目标，如果需求不完整，在后期的需求变更过程中，新引入的需求可能冲击原来需求的合理性。

2. 需求串讲

完成串讲准备后召集市场、开发、维护、测试、领域专家召开串讲会议，在串讲会上SE把逐条需求向各领域专家详细讲解，各领域专家可以通过及时质疑、补充描述等方式和SE互动。对该需求的正确性和理解不一致方面需要及时让SE澄清，同时记录该需求所存在的问题。

逐条需求串讲完后，各领域专家还可以对整个需求的完整性进行质疑，因此可能涉及补充新的需求。等需求答辩完成后，会上需要给出该需求是否答辩过关，如果不过关，还需SE下来调整后再一次组织串讲，直到该需求答辩过关为止。

答辩过关后，SE需要记录专家所提的遗留问题并完善需求材料，组织相关领域评审，通过评审后的需求作为该项目的原始需求归档，并作为规格分解的来源。

3. 规格反串讲

归档后的需求作为输入，研发人员逐条对需求进一步分解成规格，同时，需要确保规格的完整性、可实现性、可跟踪性、可测试性，并对规格描述无歧义。分解完成的规格需要和SE完全对齐无误后，研发人员组织规格反串讲会议，各领域专家和需求串讲会议相同。

研发人员对规格逐条讲解答辩，形式和需求串讲相同，目的是各领域专家和研发对每条规格的理解完全一致。答辩完成的规格按专家意见修改，最终通过文档评审基线，作为后续方案设计的依据，也作为测试验证的评判标准。

八、方案串讲

借鉴哲学家三问"我是谁？我从哪里来？我要去哪里？"产品方案设计中可采用"输入是什么？处理过程如何？输出去哪里？"可最快速掌握产品方案。

产品方案是从规格到原理图的桥梁，从开发过程落地到《产品概要设计》和《产品详细设计》，一般在硬件研发中会裁减《产品概要设计》减少交付件数量。但产品方案在设计过程中，由于产品方案存在较多的问题导致产品竞争力大大降低。

（一）用哲学家的思维去理解产品

产品系统工程师不清楚需求和规格是否无偏差落到设计方案中；开发对关键技术掌握不彻底，导致关键设计出现偏差；软件开发对硬件无法全方面理解，导致后期软件配合硬件会出现脱节；硬件对单板的信号完整性没有一个全面的展现，很多细节容易出错；测试不了解开发方案，导致后期测试效率低下；专家不了解评审方案，导致后期检视评审质量较差。

那么如何才能完整地了解硬件的方案？

【用哲学家的思维方式去做开发】

"我是谁？我从哪里来？我要去哪里？"哲学家通过简简单单三问就基本了解一个人的一生走向和人生观。

方案是需求和最终设计的桥梁。笔者所辅导的开发不管是新员工还是老员工，都需要明确三个问题："输入是什么？处理过程如何？输出去哪里？"明确这三件事再做底层设计，不仅让开发及时纠正方案的错误，而且在头脑中有正确方案后让开发效率极高，返工率极低，创造出不可思议的奇迹。

笔者在华为唯一负责的软件、硬件、测试所有研发领域的版本就是在成研的 MSTP+，因为这个基础版本为老产品 MSTP 重获新生，延续老产品的生命并持续多年成华为最赚钱的产品。硬件在人力严重缺乏的情况下 7 人开发了 8 块板，其中一个新员工开发规模达 20Kpin 网络的双槽位单板，远远超过前期的最大规模；另一个新员工一人开发了 2 块单板，这群刚入职的新员工创造了连老员工都难以企及的成绩，被称赞为"新员工中的战斗机"，让新员工创造奇迹的就是方案串讲。

（二）方案串讲关键：按信号流向完整讲解

所谓的硬件（单板、模块、芯片）DNA，就是一个硬件和其他硬件的区别，就是完整描述出"输入、处理和输出"实现方案。如果硬件的输入和输出相同，而处理不同，这种情况就是完全端到端的产品替代，最常见的就是手机和电脑的充电器可以互换使用。比如，在华为中的降成本单板用海思芯片替代 FPGA 逻辑芯片的单板，从客户端来看，这两个单板从外部完全相同，类似这种情况也是两种类型的单板。

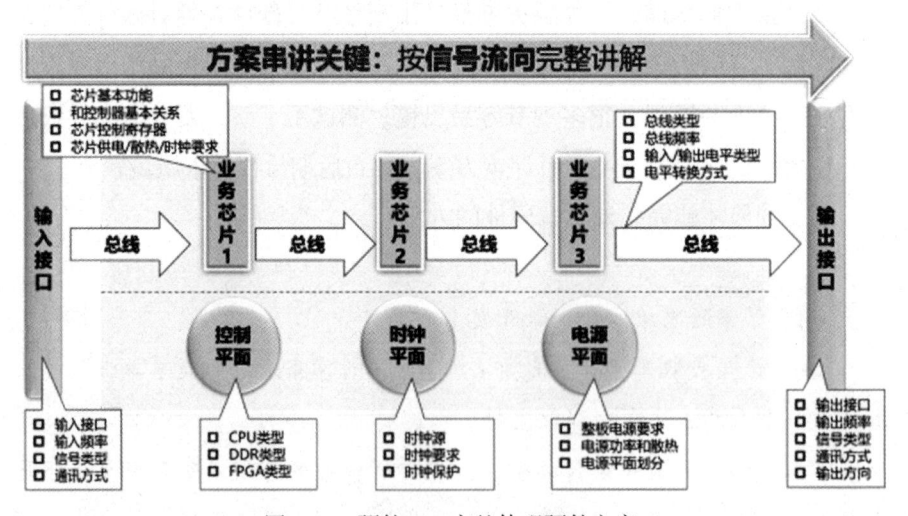

图9-10 硬件DNA完整体现硬件方案

1. 串讲方式

根据单板复杂度可采用两种模式：一次综合性串讲；复杂单板完成多次专项串讲。串讲过程采用答辩式评审，开发先完整描述，后专家提问。

串讲中完全体现单板 DNA，包括电源、控制、时钟三大平面内容。

方案串讲通过答辩方式，由硬件开发工程师在会上完整讲解方案，各领域专家作为评委对方案进行质疑，硬件开发工程师需要及时澄清专家的疑问。如果方案答辩不通过，需要更新方案后再次组织答辩，直到答辩通过为止。可以避免后续《硬件详细设计方案》和原理图因为方案错误造成的反复修改。

方案串讲可以输出问题、风险、改进措施和改进计划。

2. 从硬件的输入开讲

在简单介绍单板的功能后，开发讲解硬件 DNA 从输入开讲，要讲清楚输入接口从哪种类型的端子进来，是哪个端口 pin 管件；信号类型有哪些？分别的输入类型是什么？如果涉及通信需要讲解该通信的方式。

3. 结合三大平面讲解处理和内部总线

处理这部分的讲解是串讲最核心也是最难的部分，从输入进入后，按信号的处理顺序首先讲解业务芯片 1，讲解业务芯片 1 的功能和实现方案。同时，在讲解过程需要同时讲解控制平面、时钟平面和电源平面。

处理 1 如果涉及控制平面，在讲解控制平面的实现方案，包括 CPU 系统、FPGA，存储的类型和空间。然后讲解控制平面和业务芯片 1 的控制方式，如果涉及控制平面的 BIT 位控制方式，还需要打开每位 BIT 详细讲解其控制逻辑和实现动作。

时钟平面也需要配合业务芯片 1 讲解，涉及时钟源、时钟频率、时钟精度、时钟保护方式（比如，心跳重启方式）等。而电源平面需要讲解业务芯片 1 的电源类型、精度要求，滤波特殊要求、各电源类型的电流，同时业务芯片 1 的功耗具体是多大，包括业务芯片 1 如何散热。

讲完业务芯片 1 的处理过程后，需要讲解输出的总线电平、总线频率、总线特殊要求（如果有，比如，差分线要求）、输出/输入电平类型、电平转换方式等，这样通过总线业务从业务芯片 1 到业务芯片 2。

同理，讲解业务芯片 2 到业务芯片 N，这样就完整地讲解了整个芯片从输入到输出的全部过程。

4. 讲解硬件输出

硬件的输出类似硬件的输入,需讲清楚输出到哪种类型的接线端子,具体到哪个端口 pin 管件;输出信号类型有哪些?输出信号的类型是什么?如果涉及通信需要讲解该通信的方式。

(三)方案串讲优点

1. 完整信号要求开发准备好完整的单板信号处理过程,包括输入、处理、输出过程和过程中的相关控制、时钟、电源的配合。

2. 答辩评审开发针对方案进行答辩式评审,专家可以深入细节以便判断开发是否对方案掌握程度,对方案出现重大问题可以评审不通过。

3. 通过方案串讲可以让问题迅速被发现,避免后期大规模返工;通过串讲让开发掌握完整方案,提高后期开发速度;通过串讲,有助于专家提高检视效率和质量;测试通过串讲,完整了解方案提高测试用例质量和测试效率。

九、黑盒验收

产品的真正好坏由客户感知判断，并非由专业人士评测和进行苛刻的参数对比。即使一个小学生用手机打游戏也知道手机是否顺畅。黑盒验收就是模仿客户对产品体验的验收。

最早的产品质量是通过参数判断是否产品合格，在专业质量检验、试验背景下休哈特的理论具有划时代意义的贡献。1931年休哈特出版的《产品生产的质量经济控制》被公认为质量基本原理的起源。

随着时代的发展，产品很难再通过极为精准的参数判断是否符合客户需求，比如，手机的外观、颜色，游戏的背景画面、游戏人物的感官都会影响产品的销售。客户很难有专业的知识和仪器来判断产品的优劣，但手机能否打通电话、声音是否失真等基于客户的感知，可判断出产品的优劣。由此，产品诞生了基于客户的黑盒验收。

（一）客户体验决定产品的走向

生产产品最终的目的是满足客户的需求，也就是让客户有极佳的体验，只有客户体验好才会让产品在竞争激烈的环境下脱颖而出，否则企业会被客户淘汰。产品开发有一个误区，认为产品功能和性能的需求规格就代表了产品本身，殊不知有一个极为重要的隐含条件就是客户的体验感知，同样功能的游戏如果人机界面差别太大，人机界面差的游戏很快会被淘汰掉，但人机界面的指标无法用功能和参数准确描述。

黑盒验收就是抛开所有专业的判断背景，真实使用的体验验收。苹果早期开发iPod就是基于客户的体验，乔布斯把体验不佳的产品粗暴处理，直到只有三键iPod横空出世而大卖，iPod的热销也改变了传统音乐的格局。同样，早期马化腾作为游戏体验官，从客户使用的角度去体验早期的腾讯游戏类产品，较好的客户体验最终让腾讯游戏打败老霸主联众。

（二）黑盒验收过程

黑盒验收在产品验收阶段，是基于功能上的客户体验的验收。打个比方，针对手机的客户体验，不会考虑手机的接收、发射、音效等指标具体功能测试，而是客户通过打电话去体验整个通话的效果，在使用相关游戏等体验画质和运行的流畅度。

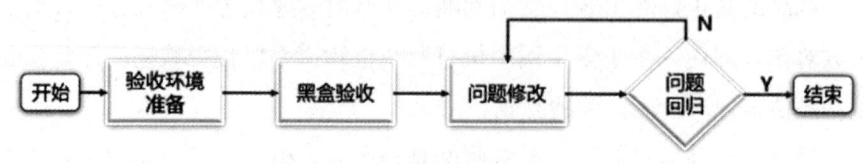

图9-11 黑盒验收过程图

表9-2 黑盒验收活动描述详情

活动	活动描述
验收环境准备	黑盒验收准备包括两方面的内容： 1.根据产品的原始需求确定验收场景，比如，手机的通话场景，仅从客户使用手机通话的场景去验收，而不是再细分为通信标准、发射性能、接收性能等指标去验收。 2.根据验收场景的要求准备物料和环境，比如，手机野外微弱信号通信场景，会提前选好测试地址和测试手机
黑盒验收	根据具体的测试场景依次进行客户使用验收，从客户使用的角度记录体验效果，并记录对客户体验效果不佳的问题
问题修改	针对客户体验效果不佳的问题进行定位，并修改所涉及的硬件、软件等，确保所有的问题能得到关闭
问题回归	完成修改后，回到具体的场景验收，如果验收不通过需重新回到"问题修改"，直到所有的问题在现场回归关闭

十、价值验收

如何衡量产品的价值？如何把最终的结果应用在考核上？通过对产品的价值验收，构建价值驱动开发的行为和动作，落地绩效考核让价值驱动实现大闭环。

因品类不同，一个新产品的开发周期从 3 个月到 18 个月不等，快速响应客户需求，在有限的研发成本之下制造出较竞争对手更有优势的产品，对企业的生存和发展至关重要。为了确保产品的价值驱动有效落地，在价值工程的最后一步会在销售阶段进行价值验收，完成最终的产品价值闭环。

（一）价值验收最关键的两大活动："项目预算"和"项目决算"

从价值增长的角度去理解产品价值，从侧面去衡量产品的价值增长效果，最后会集中在销售额（满足客户需求后客户购买商品的意愿）、利润（企业在价值增长和核心需求）。另一个是利润之下的产品成本构成，包括三方面的成本，第一是研发成本，第二是大规模制造成本，第三是维护成本。如何从产品开发到销售去考核价值目标的实现，需要在产品开发过程中针对销售额、利润、成本的衡量和考核，确保产品的价值增长得到较好的实现。

在产品的价值验收中所有指标体现为财务指标，通过财务管理实现项目概算、预算、核算和决算。其中，项目预算是目标，项目决算是结果验收。

一个有价值的产品一定会体现在销量和利润上，销量在很大程度上体现了满足客户需求程度，利润则体现了价值增长中企业最核心的需求。

（二）项目预算签署项目价值目标

在项目财务管理四算中，项目预算确定了项目的核心财务目标。通常项目预算作为项目管理的目标，从管理者的要求去驱动项目团队达成卓越目标。

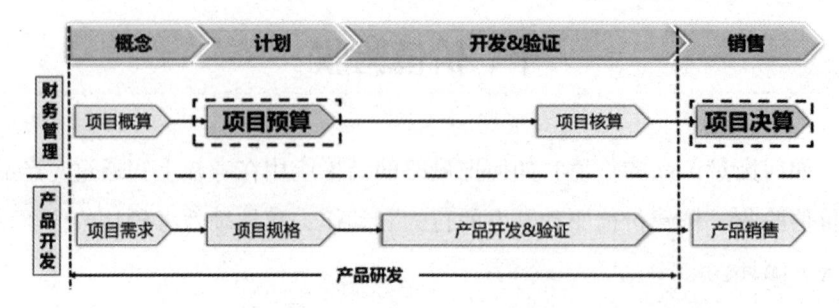

图9-12 价值验收中的两大活动"项目预算"和"项目决算"

项目预算在很大程度上体现了产品的价值，因此可以近似作为产品项目的价值目标去约束项目团队，项目预算包含四大领域：销售、研发、成本和维护，详细内容请参考案例项目预算目标表单（见表9-3）：

表9-3 项目预算详情

类别	考核小项	权重	项目目标	卓略目标	达成情况	得分
销售	销售额（时间：1年）	20	5000万元	8000万元		
销售	销售毛利（时间：1年）	40	1000万元	1500万元		
研发	费用预算偏差	5	10%	≤0		
研发	人力预算偏差	5	10%	≤0		
成本	批量制毛率	10	60%	≥75%		
维护	维护效率（年销售额/人）	5	1000万元	1500万元		
维护	维护毛利（1年）	15	100万元	150万元		

研发团队结合项目概算表单，在财经专家协助下制定项目财务预算表单，并和公司高层达成一致后，签署项目目标合同。项目预算表单将作为项目考核的重要依据，并在项目决算中落实对项目团队和个人的最终绩效

考核。

通过项目预算表单,把无形的价值通过有形的财务指标进行权重考核,可促进项目团队卓越经营,伴随着项目的成功实现公司的利润提升。

(三) 项目价值验收

产品最终的价值增长体现在销售后,但产品上市后的销售周期太长,通常有 2~5 年,因此,会以上市后一年为产品价值的考核点对产品价值进行验收。

产品价值验收的依据就是在预算时针对产品的价值目标进行验收,价值目标在很大程度上体现了产品的价值。在实际的考核中,所有完成的指标和预算指标进行比对打分。结合表 9-4 价值考核案例,详细介绍如何对项目进行价值考核。

××项目价值考核得分表单:

表9-4　××项目价值考核得分

类别	考核小项	权重	项目目标	卓略目标	达成情况	得分
销售	销售额(时间:1年)	20	5000万元	8000万元	8800万元,达成挑战目标	24
销售	销售毛利(时间:1年)	40	1000万元	1500万元	1800万元,达成挑战目标	48
研发	费用预算偏差	5	10%	≤0	超预算10%,达成目标	5
研发	人力预算偏差	5	10%	≤0	偏差-10%,达成挑战目标	6
成本	批量制毛率	10	60%	≥75%	70%,高于目标低于挑战目标	11
维护	维护效率(年销售额/人)	5	1000万元	1500万元	800万元,低于目标	4
维护	维护毛利(时间:1年)	15	100万元	150万元	160万元,高于挑战目标	18
权重和		100	项目得分	116	星级合同	6☆

最终项目得了 116 分,获得最高六星级合同成绩,具体每项得分参考

以下场景。

1. 根据场景分别计算出各小项得分

场景1：当小项的结果高于挑战目标，那么该项的得分为：

小项得分 = 小项权重 × （结果 / 目标）

如，销售额8800万元高于8000万元挑战目标，销售额小项得分为：20 × 120%=24

同理，销售毛利为48；

场景2：当小项结果高于目标且低于挑战目标时，小项得分呈现线性分布，即：

小项得分 = 小项权重 ×[1+20%×（结果 – 目标）/（挑战 – 目标）]

如，批量制毛率为70%，低于挑战目标75%，高于目标65%，制毛率得分为：

制毛率得分 = 10 ×[1+20%×（70%–65%）/（75%–65%）]
= 10 ×（1+20%×0.5）= 11

场景3：当小项的结果等于目标值时，该小项的得分就是权重。

如，费用预算偏差刚好是目标，该小项的最终得分就是权重5。

场景4：当小项得分小于目标值时，小项得分从（0~100）呈线性分布：

小项得分 = 小项权重 ×（结果 / 目标）

如，维护效率为800万元/人，低于1000万元/人的目标，维护效率得分为：

维护效率得分=5 ×（800/1000）

2. 根据小项得分计算出最终项目得分

价值验证的最终得分由小项得分而来，价值验证得分分布在0~120分之间，如果所有的小项均为挑战目标就是最高的120分，如果均为项目目标，则价值验证的最终得分为100分。

项目得分由各小项得分综合而来，本文案例中的价值验收详见以下：

=（24+48+5+6+11+4+18）× 100/100

= 116 × 100/100=116

说明一下，权重和可以不为100，本案例为了归一化，把权重和做成了100。

通过价值验收，就可知产品的实际结果和最初项目预算中的差距，离挑战目标120分的差距越小说明产品的价值越大，得分越低也说明产品的价值越小。

（四）价值验收在绩效考核中应用

公司的绩效考核向工作做了贡献的团队倾斜，通过考核最终对产品价值驱动的闭环，换句话就是对产品价值贡献越大的团队绩效考核越好，反之较差，驱动各研发团队在项目运作过程中向挑战目标牵引，进而获得更好的绩效和职务升迁。

针对价值验收0~120分结果，会把项目划分为6个星级合同，具体划分参考如下：

六星合同：110~120分　　价值合同最佳，团队成员考核均可极好
五星合同：100~110分　　价值合同优秀，团队成员考核有所倾斜
四星合同：90~100分　　　价值合同良好，团队成员考核按个人贡献
三星合同：70~90分　　　 价值合同一般，团队成员仅有极个别贡献大的较好
二星合同：40~70分　　　 价值合同较差，团队成员普遍考核较差
一星合同：40分以下　　　 价值合同极差，项目经理降职，团队成员考核极差

设计六星合同的目的是让项目组挑战超越公司目标达成卓越目标，对六星合同的关键角色和成员公司需要给予及时奖励，建议为项目设立专项奖励。

在华为，最初以五星合同为最高得分，但像无线后期成熟度提高后，绝大多数版本都可以达成五星级合同，为了更合理，无线设计了六星合同规格。

十一、新领域产品快速开发——三迭开发

当今是快鱼吃慢鱼的时代，即便在不熟悉的领域开发产品，也要最快速导出客户所需的产品。三迭开发模式通过客户所感性认知的产品迭代，快速导出客户真实所需产品。

在客户定制的开发场景下，绝大多数客户其实还没有想清楚自己要什么，就好比买衣服，客户试穿很多件才选到中意的衣服。客户真实的需求和我们的理解存在很大的差距，反反复复沟通和修改结果闹得不欢而散，最后怪客户的需求老是变化。其实很正常，同样一个事物客户和开发的背景不同，理解力也存在较大的差异，都会造成很难把信息相互传递到位。

语言和文字其实在传递中信息量丢失较大，除非是专业人员，很多关键信息无法沟通到位。为了避免沟通不到位后期反复修改的情况，在开发过程中尽量能提供给客户具有感性认识的实物效果。

（一）三迭开发全景

就像顾客购买衣服的场景一样。三迭开发模式建立在客户和开发者都无法掌握真实需求的假设上，通过渐进迭代方式趋近真实需求，迭代开发真实所需的产品。三迭开发最大的优势就是用最短的时间导入新领域，并推出新领域客户所需的产品。

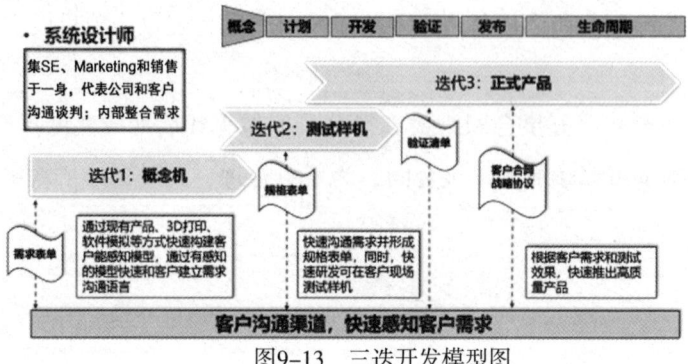

图9-13 三迭开发模型图

所谓三迭,就是概念机、测试样机、正式产品的三次迭代开发过程。通过三轮具有感性认知的过程,快速迭代导出客户所需的产品。

(二)三迭开发模式关键要素

1. 关键角色系统设计师

在很多公司的开发过程中,经常由多个角色通过不同角度和客户进行沟通,然后在内部汇总传递,这样对客户不仅需要反复重述一个相同的需求,还会因为不同角色之间的理解不同进行反复澄清,类似这样分工太细的沟通容易让客户反感,最终可能让公司失去业务机会。

三迭模式最关键的角色是系统设计师,集 SE、销售和 Marketing 于一身,代表公司和客户沟通谈判,避免反复沟通并引起客户反感。同时,建立客户需求沟通渠道,采用邮件、微信等方式均可。

2. 概念机迭代,构建产品关键需求轮廓

概念机迭代其实通过客户需求陈述理解的基础上,用 3D 打印、软件模型、手绘、现有设备搭接等方式,和客户当面澄清客户所需的关键需求信息。目的是采用感性认知的方式进一步澄清客户关键需求。

最终所确认的需求通过需求收集表单收集,并逐条向客户澄清。在公司内部进一步分析澄清并串讲。

3. 测试样机迭代,快速开发可客户现场测试的设备

测试样机开发过程可以参考流水线模式,目的是快速开发样机,在过程中,需要进一步和客户沟通确认需求,邀请客户参与规格串讲会,对产品规格进行进一步串讲和澄清。

方案阶段的串讲和客户进一步对齐,如果涉及需求变更,需要记录并分析修改影响。样机回板前需提前准备好测试环境和客户现场环境,如果条件允许可以在实验室同步镜像客户环境。样机需尽快在客户现场环境中调测验证,过程中需要协助客户设备最终功能的实现。

记录测试验证中存在的问题,记录客户新增需求,所有技术将在产品开发中进一步实现,样机测试能及时在客户环境对齐客户真实需求。

4. 正式产品开发

正式产品开发需要按公司的流程运作,项目可以在测试样机投板前启

动,无须等到样机测试后启动。

开发过程重点关注测试过程中的验证结果和客户新增需求,在投板前需要全面清零测试中问题和新增需求的实现检测。

其余部分和正常开发一样,关键是在客户场景中满足客户关键需求。

5. 与客户共赢才是目的

三迭模式相比一般开发更辛苦,时间也更紧急,该模式的核心是协助客户商业成功。需要多从客户角度思考问题,尽量避免不必要的负面情绪。通过三迭开发成就客户的同时,也为自身发展得到更多机会,合作愉快可以引导客户共同签署战略合作协议,为后期的进一步领域拓展提供较好的条件。

(三) 三迭开发模式优点

1. 拓展新领域场景

三迭开发模式重点关注有潜力成为战略伙伴的项目协同,在新领域中打开重要的应用场景(如梯联网),在成就客户的同时也让公司有更大的业务空间。

2. 快速交付

相比于传统的开发,三迭在拓展新领域产品上市时间缩短50%,协同客户理解关键需求更为精准,通过快速测试单板在实测场景下更能导出客户的真实需求,正式版本和验证版本有相当长的并行开发时间,在产品硬件投板前所有的问题都得到澄清和解决,测试样机的测试环境和测试用例可以沿用到正式产品开发过程中,有测试样机的前期探索,可避免正式产品中因需求、方案、设计问题的反复改板等问题。

3. 提升客户满意度

三迭开发模式重点是和客户合作,成就客户的同时让企业业务拓展,和客户共担失败风险,从客户的角度理解和协同工作,相比采用合同合作模式,更能让客户认可。在项目成功的情况下,极有可能和客户形成战略合作伙伴,为后期更大领域的合作奠定基础。

十二、快速战略部署——领域孵化

在信息时代不断有新机会点涌现，如果一个公司不能抓住机会将失去未来发展，在最短的时间抓住机会才能给公司带来发展机遇。

2003 年是阿里的转折之年，年初，全球排名第一的电商公司美国 eBay 通过收购易趣网进入中国，备感压力的阿里在湖畔花园成立了一个绝密开发团队。5 月 10 日淘宝正式上线，在淘宝的应用下 10 月拓展出支付宝，淘宝和支付宝构成了阿里的最核心资产。2006 年阿里打败 eBay 成为亚洲最大的网上购物平台，仅用 3 个月孵化出的淘宝开启了阿里巴巴"开挂"发展的历史。

同样的剧情也发生在腾讯上，2007 年乔布斯发布 iPhone 撬开可移动互联网时代。在 PC 端的即时通信老大 QQ 还没有意识到事态的严重性，2010 年成立的小米公司推出基于移动端及时通信软件米聊后，就有挑战即时通信霸主 QQ 的趋势。

为了应对在移动端的即时通信挑战，腾讯有 3 个团队同步开发移动端即时聊天软件，张小龙微信团队就是其中之一。从 2010 年 11 月 20 日张小龙拉起 10 人的开发团队，到第一个微信版本上线仅 2 个月，上线后用 411 天用户突破一亿，在 2018 年 3 月微信活跃用户突破十亿，微信的成功让腾讯在即时通信领域的地位无人撼动。

（一）领域孵化开发模式关键要素

从淘宝开发 3 个月到微信 2 个月上线，在面临外部挑战上，腾讯和阿里都交出了满意的答卷。很多人有一个错觉，认为大型公司没有孵化创新的基因，典型的像诺基亚、柯达这样的大公司因为失去创新而走向衰落甚至倒闭。实际上，很多像腾讯、阿里、华为这样的公司有极强的创新和孵化能力，而且成功率远远高于初创公司，新领域孵化模式也成了当前重要的开发模式之一。

在华为也同样有很多产品线从此孵化而来，无线的小站、汽车BU、监控等，像汽车等很多新领域是华为从未介入的，孵化开发模式有点类似初创公司成长的过程，具有以下的要素。

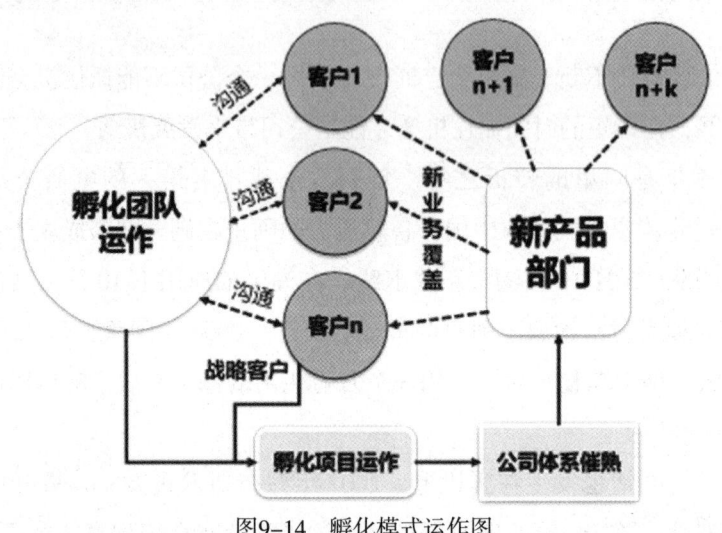

图9-14 孵化模式运作图

1. 初创公司形式开发

领域孵化一般有十人左右的初创开发团队，其中领域孵化经理类似创始人角色，如微信的张小龙。该角色全方位把握产品方向、进度、运作，开发过程不拘泥于公司的流程、公司制度，项目管理也像初创公司那样没有过多约束，有极大的自由度。衡量团队的成果不是看项目成功率或者回报率，不能说投入1000万元的初创盈利1亿元就是成功的（10倍收益），如果不能孵化出战略产品（如淘宝、微信和汽车BU等）也是失败的孵化运作。

2. 对初创团队实行双限管理

所谓的双限管理，就是对人力投入、项目预算进行控制。这也和初创公司现状相同，一般初创公司没有多少钱，人员也是从几个到十多个。孵化模式一般有较大的失败率，对跨界特别大的重要领域，通过孵化项目运作进行摸底性试探，如果发现不适合可以及时止损停止投入，这样可避免在没有摸清方向的情况下投入大量人力、物力而蒙受巨大损失。

3. 一旦孵化成功类似风投快速催熟形成产业

孵化团队一旦孵化出战略产业，公司就会像风投一样快速催熟产业，投入公司大量的人力、财力资源，快速构建财务、质量部门等，像淘宝、微信、汽车 BU 一样快速成为公司的一级部门，通过加大投入快速占领市场。

（二）领域孵化开发模式优点

1. 快速部署投入机会领域

如果按正规的开发模式去开拓机会领域，仅前期的市场调查、价值分析、方案评估等都会投入半年以上的时间，再按公司的项目立项开发出来一年后上线，可能公司会永远失去机会。因此，像淘宝 3 个月、微信 2 个月就孵化出来，为公司在机会领域赢得极大的战略空间。

2. 小投入撬动大战略

像初创公司一样，人很少，钱也很少，但给予极大的自由度，能极大调动初创成员的积极性而探索出战略方向，很有可能孵化出极为重要的战略产业。即便是投资失败，由于双限管理也不会让公司伤筋动骨。

3. 大幅度降低公司战略投资风险和资金

在战略机会点把握后，公司通过风投形式快速催熟产业，可以极大避免战略风险，相比通过收购初创公司的方式拓展战略领域，公司可以节省巨额的收购资金。同时，避免由于收购初创公司带来的人员变化和公司文化不兼容等影响成功的风险。

第十章
公司级可靠性提升策略

我们经常用一些指标去衡量产品可靠性的好坏，实际上最理解产品的是客户，产品某些可靠性指标好未必就能成功。

从20世纪80年代中期开始，摩托罗拉对产品相关的指标提升达到疯狂状态，每年都要对最关键的指标改进二位数，到了90年代中期摩托罗拉发展成巨无霸公司，其产品寿命极长，比如，BP机的寿命按理论可以达到100年。高可靠性并没有让摩托罗拉更强大，反而在关键的数字手机领域被诺基亚超越。

同样，诺基亚在很大程度上延续了摩托罗拉对可靠性的疯狂追求，在高空跌落不损坏、手机砸核桃等方面表现得淋漓尽致，但也抵挡不了苹果的颠覆。

因此，仅从企业所看到的产品可靠性仅是产品的一部分，还需从客户的视角去完整审视什么是高可靠产品。

一、客户视角中的产品

可靠性提升关系到客户的满意和企业利润的提升，但如何去确定可靠性提升的范围？如果确定不当，可能做到最后也无法满足客户的需求。可靠性一定是从客户的感知定义的，后续的可靠性改进工作也必将以客户的视角进行改进。

对客户而言，客户对产品的综合感知构成了产品品牌价值的认知，进而影响客户购买该品牌的意愿。那么客户从哪些方面感知产品呢？

客户感知产品包括对产品本身的感性认知和公司品牌形象、服务质量的情感认知。后期的可靠性改进工作就是围绕着客户的认知展开的，核心是提高客户对产品的认知。

1. 感性感知，产品本身的固有可靠性

产品在生命周期的固有可靠性，在高可靠性维度中的低失效维度，在生命周期内从厂家的视角是零事故、零整改、低失效率和低开箱坏件率，而对客户而言，首先是开箱坏件为零的要求，另一个就是使用过程中能尽量不维修的诉求，或者少有的维修能快速恢复的要求。

2. 感性感知，包装、安装、配件、备件等感知

客户除了感知产品本身，还包括产品的包装、配件、备件、安装的材料，这些部分的可靠性可能被忽视，但在整个产品生命周期间也有极为重要的作用。

在可靠性提升的范围内，所有客户所感知的包装、安装、配件和备件均是需要保障的。

3. 情感认知，对维修及时性和客服人员的认知

2024年问界能快速崛起，其中很重要的一点就是维修和客服人员的服务让顾客得到差异化的感知。

2024年春节返程，绝大多数新能源汽车车主受困于海南岛，问界及时出手免费为车主托运，及时解决了车主被困的窘境。

2024年5月问界M7新车上市，在功能加价不少的情况下价格基本没变，老M7车主提车不到一个月因而心理感知落差极大。在网络上多位博主发帖表示，老款问界M7车主因被"割韭菜"而维权，不少车主在AITO门店外拉起横幅，字样包括"等车100天，开车60天变老款""十八万辆韭菜无处申冤""售后超级差，买完就后悔"。

问界4S店做了四件事：定盒饭、切西瓜、打伞，帮拉横幅，结果维权很快以喜剧性的方式结束，下午吃完饭车主就匆匆离开。某些维权老车主吃完盒饭啃完西瓜，嘴里骂骂咧咧却向朋友推荐了焕新版M7 ultra。

4. 综合感知：口碑

感性认知是客户对产品本身的认知，这和产品的固有可靠性强相关，因此可靠性的定义应聚焦在客户的感知。

产品的质量很难客观评价，有一项虽然统计困难，但各公司特别重视的评价——客户体验。公司销售产品给客户，那么客户感受到哪些服务及产品，从而影响到客户的服务体验？客户对产品的感受分为售前感知、售后感知。

售前客户会提前了解公司的品牌形象、公司口碑、公司价值观。小米通过极致的性价比和互动式营销构建粉丝经济，众多客户也因对华为品牌的认可去购买问界汽车。销售门店的布局风格、茶歇、店员的专业水平等也会影响客户的购物心情，进而影响客户购物意愿。客户接触到的产品包括包装、安装、产品性能及使用效果。

可靠性改进重点在客户的售后感知，后面章节所涉及的可靠性改进均为客户售后视角的可靠性提升感知，即针对产品可靠性、包装、运输、安装、备件、维修等的感知提升。

二、产品缺陷预防

莫斯科保卫战是"二战"的转折之战,不可一世的德军止步于莫斯科郊外,从此攻守易位。在莫斯科保卫战期间,每寸土地的争夺都异常惨烈,苏联士兵不惜用生命去谱写胜利篇章。

【案例】身后就是莫斯科

莫斯科郊外防守的一个团打退德军的多次进攻后,全团包括伤员仅剩下十多人,在下一次进攻前,团政委对战士做了最后一次动员:"我们国家虽然土地辽阔,但我们已经无路可退,我们身后就是莫斯科。"

敌人又一次发动进攻,20辆坦克外加大量步兵,政委身上绑满手榴弹后钻入最靠前的坦克下面和敌人同归于尽,士兵也在政委的感化下顽强抵抗死守不退,在敌方坦克冲到阵地前就拉响手雷同归于尽,最终又一次打退了德军的进攻。

将士们不惜一切代价守住莫斯科防线,最终迎来"二战"的胜利。在产品开发中也有一道"莫斯科防线",这道防线的后面就是我们的客户。提供零缺陷的产品不仅是对客户的承诺,同时也捍卫企业的良心,企业的"莫斯科防线"一旦被突破,后果很严重。

从客户视角而言,企业交付零缺陷产品不是最高要求,而是底线要求。企业如何去满足客户最底线的可靠性要求?这就不得不从缺陷预防来谈起。

(一)产品缺陷预防两种形式

产品的缺陷预防包括两种形式,广义缺陷预防和狭义缺陷预防。

缺陷预防的核心不是要知道交付零缺陷产品,而是要知道如何交付零缺陷产品。客户绝不容忍有缺陷的产品，同时，缺陷也会对企业造成巨大的损失，因此缺陷预防对企业的生存至关重要。

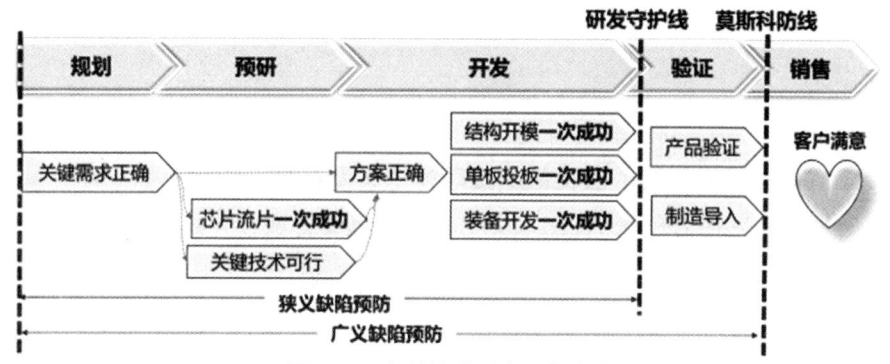

图10-1　产品缺陷预防两条防线

在研发过程中，企业多会关注客户最终体验的广义缺陷预防"莫斯科防线"，但其实两个缺陷预防都很重要。在研发过程中如果能做到关键交付一次性做对，对企业的成本降低、研发周期缩短和机会点把握有非常大的益处，因此，如何能一次性做对，就成了企业研发最为关键的能力。

1.广义缺陷预防

广义缺陷预防就是要在客户前构建一条"莫斯科防线"，让客户感知产品零缺陷。将产品交付客户前确保产品在设计、制造零缺陷产品的所有质量保障活动的总和。

当年克劳斯比在华为推行"零缺陷"期间，因为"一次性做对"的标准对验证工作的定位时引起了极大的争议，研发既然能"一次性做对"，那么所有的验证肯定是多余的。其实不然。比如，三星 Note 7 在销售期间爆炸前期有先兆，最早发现爆炸隐患其实是在 Note 7 验证环节，但当年由于急于先于苹果推出旗舰机而隐瞒该隐患，以致在销售后爆发轰动全球的召回事故。在创新质量体系中，验证活动是必不可少且有极高价值的缺陷预防活动。通过全面、细致的验证，在解决一次性功能缺陷的同时，还可以较为完善地挖掘隐藏较深的可靠性隐患。

广义缺陷预防是给予客户持续的零缺陷产品，即使在设计过程中有缺陷，也需要通过全方位的验证、软件迭代升级、硬件改板、生产线整改等多种方式，确保在交付客户之前保障功能和性能的一致性、消除可靠性隐患。

2. 狭义缺陷预防

有广义就有狭义，狭义缺陷预防就是研发在核心交付（如芯片开发、硬件单板、结构开模等）一次性成功的所有质量保障活动的总和。

在产品设计过程中，如果在单板投板前改掉缺陷的成本代价很小，而在硬件单板投出后的纠错成本平均达30万美元，因此，能保障芯片设计的一次流片成功、结构一次开模成功、硬件单板一次性投板成功将极大减少纠错成本。同时，以芯片流片周期4个月、硬件改板周期2个月、结构修模周期1个月来看，减少因设计的等待时间将大幅度缩短研发周期，提前上市让产品有更多的市场机会。

狭义缺陷预防关键是如何一次性设计好产品，其核心体现在优秀实践和具体的项目管理上，也就是必须解决How层面（优秀实践）和How in detail层面（项目管理）的诉求，这比What层面（流程&IT）更具有可操作性。各个领域要做到一次性设计好，都需要大量的优秀实践承载，"冰糖葫芦"是硬件经典的优秀实践集成模型，其核心的硬件优秀实践大部分集中在硬件投板前。狭义缺陷预防比广义缺陷预防的范围更窄，仅在产品验证前的设计活动中，但狭义缺陷预防的意义更大。广义缺陷预防重点在产品交付客户前保障零缺陷，而狭义缺陷预防强调关键交付过程中的零缺陷，狭义零缺陷也体现了公司的研发能力。

（二）质量标准——不犯第二次错

在企业经营过程中，有很多问题总是一直不能彻底解决，研发人员总在各自岗位上疲于奔命，老员工踩过的雷，新员工又重复再犯一次，老员工的一些经验也没有有效承载并继承，企业能力总是在低空盘旋。

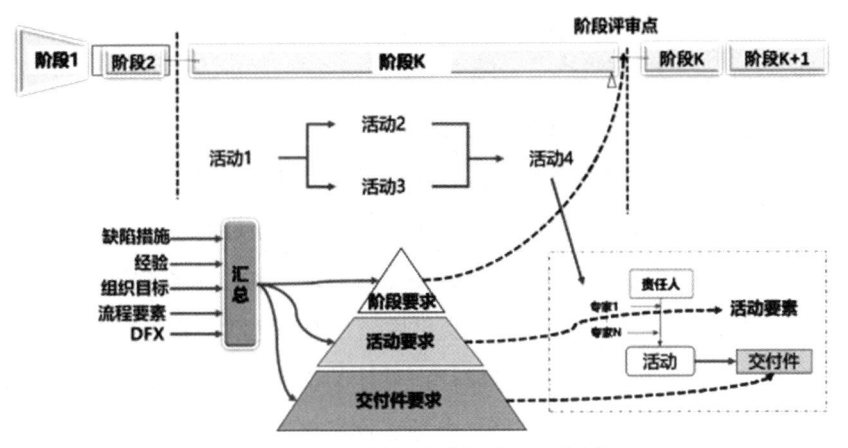

图10-2 质量标准分层落地示意图

2012年，笔者在做华为Discipline流程变革中，为了避免公司级的错误无限循环犯错，承接了流程变革中采用质量标准的方式，通过有效的Checklist（检查清单）对错误、规格、经验进行继承。基于此目的，笔者和项目成员通过多次研讨，总结出把质量标准分层落地的要求。质量标准的输入包括缺陷措施、经验、组织目标、流程要素和DFX，经过汇总后，再根据质量标准分层落地到三个质量要求中，这三个要求包括阶段要求、活动要求和交付件要求。

1. 阶段质量要求纳入TR/DCP要素

在阶段入口检查表中检视该活动是否落实，如果没有落地相关要素，就不会启动该活动要求。如芯片项目ADCP会检查：1.芯片是否有严重的缺陷？2.芯片的生产线的自动化验证是否覆盖100%功能验证？ 3.芯片生产良率是否达到××%？类似这样的要素必须通过后才能正式启动ADCP评审。

2. 活动质量要求规范关键要素

活动要求是针对流程活动的步骤约束。例如，1.硬件原理图需要检视三部曲，自检不犯个人能力错误；2.互检需要覆盖100%原理图，最终达到小组能力最高水平输出；3.专家检视需要电源、安规、CAD等参与。

活动要素可以作为流程中的关键描述，同时也可以作为流程审计的标准。通过持续的活动质量要求的落地，确保有问题的流程通过持续改进活动来避免流程关键步骤的重大遗漏，从而达到产品研发过程中质量的高度一致性。

3. 交付件质量要求承载设计关键要素

交付件质量要求需要落地到具体交付件设计中，在确保设计缺陷不重犯的同时，还需确保产品设计全生命周期功能的完整性。

例如，在设计仅考虑功能达标而不考虑可维护性，会大幅度增加维护成本最终导致产品出现严重亏损，交付件质量要求包含三部分内容。

首先，需包含关键交付件在设计中具体的落地DFX（可制造性、可维护性等）的具体要求，例如，48V电源表面爬电距离必须超过2.6mm，在硬件PCB设计过程中需要审视是否合规。

其次，需包含以往设计中的缺陷预防措施，例如，以前出现过基站固定支架被腐蚀引起事故，因此，在设计过程中就需要增加基站固定支架防腐不锈钢材料的质量要求，这样就可以避支架腐蚀问题在新产品重犯。

最后，需要固化专家设计经验。例如，上拉电阻需要统一编码（编码归一化经验）。

三、从客户视角提升产品可靠性

可靠性虽然对公司特别重要，但公司的主要力量会放在产品研发和业务开拓上，因此，可靠性提升的工作资源极为有限，如何让极为有限的资源充分利用，并达成较高的客户满意是企业需要认真考虑的事情。

可靠性的提升要牢记可靠性定律。对客户而言，99.9%的完美等于零，只有100%无缺陷的完美才是客户所接受的。

（一）可靠性无头绪平均提升模式

为了讲清这个道理，我们假设一个可靠性整改的场景，有10个产品，每个产品有10个缺陷，我们该如何整改？

如果采用平均分配资源投入的方式，每个产品让缺陷从10个降低到2个，是否产品的可靠性提升了80%？如图10-3所示：

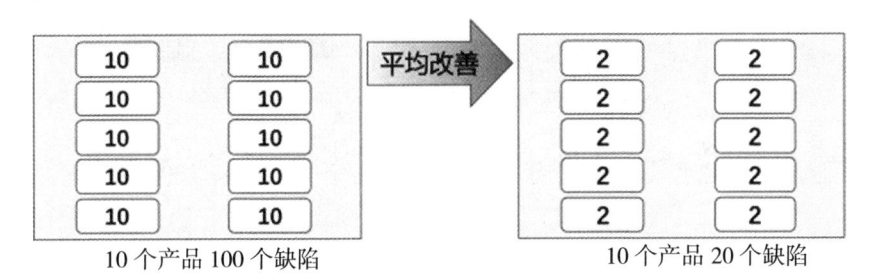

图10-3　10个产品平均可靠性提升模式

每个产品的缺陷虽然减少了80%，实际的效果改进为零！

99.9%的完美等于零，只有满足100%的无缺陷产品客户才能认可。可靠性是从客户的视角来判断的，即便每个产品从10个缺陷改进到2个缺陷，对客户而言没有任何的改进，因为有缺陷的产品对客户而言是无法接受的。

其实很好理解，好比买一部手机，其中有10个你不能接受的缺陷，如果厂家改了8个，难道你会接受还有2个缺陷的手机？对你来说，2个缺陷的手机和 10 个缺陷的手机都是不可能接受的手机。

产品可靠性提升在平均改进的模式下，企业投入如此大的精力，但在客户的眼中没有任何改进，看来产品的改进策略需要调整。平均改进的模式很常见，我们经常会出现头痛医头的困境，只要客户使用的产品出了一个问题，企业都会立刻投入资源快速解决该问题，殊不知未暴露的问题只有在下一次问题爆发后整改。

（二）从客户视角聚焦关键产品策略

既然企业改进的资源极为有限，如何把极为有限的资源让客户得到最大的感知？

客户关注的产品改进是零缺陷，那么只有把产品缺陷降低到零客户才能真正感知。但如果把 10 个产品的缺陷减少到零，由于资源有限是很难实现的。因此，如何把极为有限的资源集中到客户感知提升最高的方向，才是企业可靠性提升的关键。

这个就需要利用二八原则，抓住 20% 的关键能带来 80% 的效果。如图 10–4：

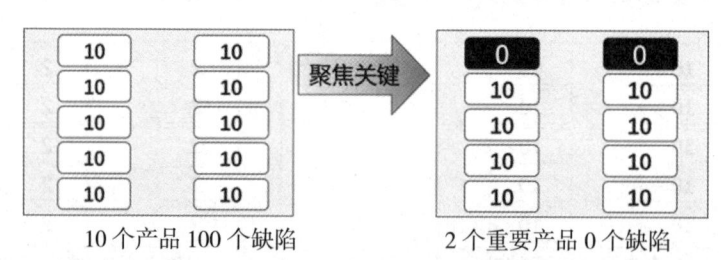

图10–4　基于二八原则可靠性提升策略

基于客户对产品的视角，集中改进最重要的产品实现 0 缺陷改进，虽然在缺陷改善的总量上只有 20%，但从客户所感受的效果上为 80%。

二八选择性策略的关键点有两个：第一个是对企业和客户影响最关键的产品，比如，海量产品和高端产品；第二个是所选择的产品可靠性改进继续达成 100% 完美，而不是缺陷数量上的减少，改进的产品让客户感知真正的零缺陷。

(三) 迭代提升产品可靠性

通过第一轮聚焦关键产品的改进，让最关键的产品实现零缺陷交付，客户的感知再次增长 80%。但离企业的目标还有相当的距离，需要通过再聚焦的方式持续迭代，让剩下的产品按照二八原则进一步提升。

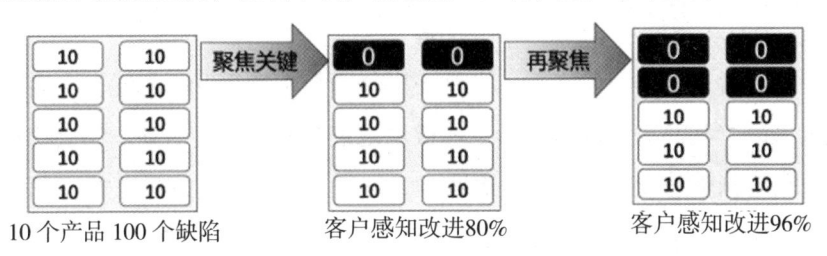

10 个产品 100 个缺陷　　　客户感知改进80%　　　客户感知改进96%

图10-5　2轮迭代让客户感知提升96%

经过第一轮迭代，客户感知提升 80%；第二轮迭代再聚焦迭代提升让客户感知达成 96%；经过第三迭代客户感知提升高达 99.2%。相比平均提升模式，聚焦关键产品的可靠性提升不仅资源耗费更少，而且客户的满意度急剧上升。

四、产品三层迭代可靠性落地措施

从笔者多年的经验来看，没有一家公司会主动提升可靠性，大多数是重大事故、利润大幅度降低后，才被动地进行专项改进活动。三层迭代可靠性措施从被动变为主动高效落地。

在当今竞争异常激烈的环境下，企业真正能投入可靠性提升的资源极为有限，但产品的可靠性问题又比天大，因此企业总在疲于奔命的状态下被动提升可靠性。如何在资源极为有限的情况下充分利用资源，把可靠性工作从被动变为主动？在华为探索的三层迭代可靠性提升实践极具参考价值。

三层可靠性迭代全景

聚焦关键产品可靠性提升策略为产品可靠性提升提供了方向，前面提到的案例中，产品的可靠性问题是相互间不耦合的，在实际工作中大不相同，比如，在第一轮迭代的关键器件可靠性问题，实际其他产品引用该器件的可靠性问题也同步得到解决。因此，在耦合的条件下如果落地可靠性措施实际上工作量要小很多。

实际在产品可靠性提升的过程中分层迭代开展，分为产品层、单板/部件层和器件层，通过三层的迭代驱动，在投入相对较小的情况下，让重要的产品通过迭代演进让可靠性趋近零缺陷。

（1）第一层迭代：产品层面的选择

对企业提升可靠性而言，由于资源有限，解决资源投入和产品匹配进行迭代提升，需要根据资源选择性迭代演进。从产品层面上首先对产品的选择，选择原则如下：

原则一：选择在研版本，在研版本自带研发资源，在产品开发的过程中就全面推广可靠性提升活动，结合项目本身的研发和验证活动，可以让产品可靠性提升更高。

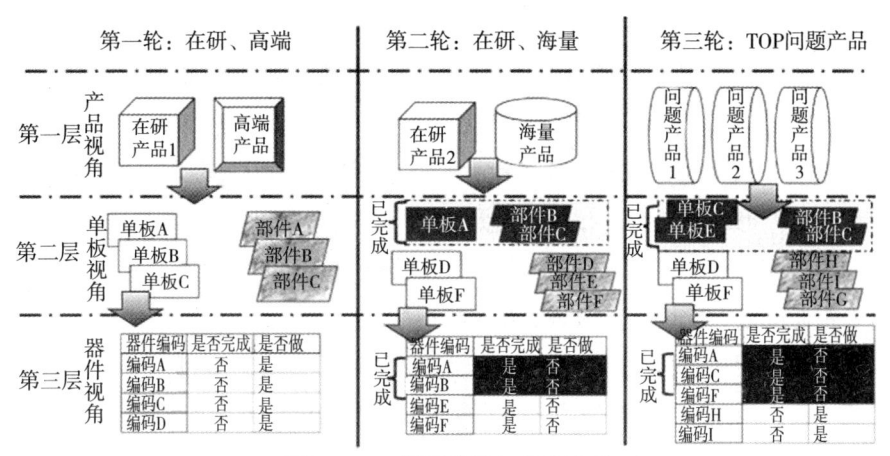

图10-6 三层可靠性迭代演进图

原则二：选择高端产品，产品之所以高端，就是能为客户提供远超普通产品的高可靠性，因此高端产品的可靠性需要强化。

原则三：选择海量产品，海量产品一旦出现可靠性问题，所涉及整改产品的数量巨大，对企业的形象和利润伤害极大。

原则四：可靠性较差的产品，在产品维护或客户反馈问题较多的产品。比如，返回率较高、客户故障较多、客户投诉较多的产品。

可靠性提升需要根据自身资源约束的条件有序进行，比如，第一轮可以选择在研产品和高端产品，第二轮选择在研产品和海量产品，第三轮选择客户端可靠性较差的产品。

需要强调的一点是，某产品一旦选择可靠性专项，该产品可靠性问题需清零。

（2）第二层迭代：部件、模块、单板层面的选择

第二层迭代是从客户对产品视角而言的完整性，包括产品本身的单板、结构件、电缆、模块等，也包括产品的包装件、安装件、备件和说明书等，只要是客户能看到和感知的均是可靠性保障的范围。

第二层迭代其实很简单，就是在选定产品上的所有单板、部件、模块上做全方位的可靠性措施，确保所选定的单板、部件、模块实现零缺陷。同时，在后面几轮做产品迭代时，已经做过的部件、模块、单板就不需重复做可靠性措施，或仅补充测试一些零星的可靠性措施，这样最大化避免

高可靠产品开发

重复工作。

在研产品和量产产品的做法有所不同，在研产品通常不会投入额外的资源，利用在研版本中的研发、测试和周边领域专家，把可靠性落地措施通过专项计划落地到版本开发过程中，通过项目管理方式设施可靠性措施，记录并回归可靠性问题，并确保在大规模生产前解决所有的可靠性问题。

而量产产品做的时候需要额外投入资源做可靠性专项提升，这样的投入需要企业有极大的决心，但对比在客户端的缺陷代价而言，专项的可靠性投入成本要小很多。相比在研版本而言，量产产品在纠正可靠性问题时可能会涉及单板、部件等的重新设计，另外还可能涉及客户端的召回或整改。

虽然可靠性提升专项投入极大，但从客户的角度和企业利润的角度而言，只要选择关键的产品确保零缺陷交付，整个可靠性专项的投入还是相当有性价比的。

（3）第三层迭代：器件层面

第三层面迭代是第二层面迭代的子集，也就是第二层硬件单板上所构成的器件清单。为何要单独拉一层迭代，是因为可以把所有单板的器件进行汇总形成一个表单，然后通过器件的分类整合协同专业资源。

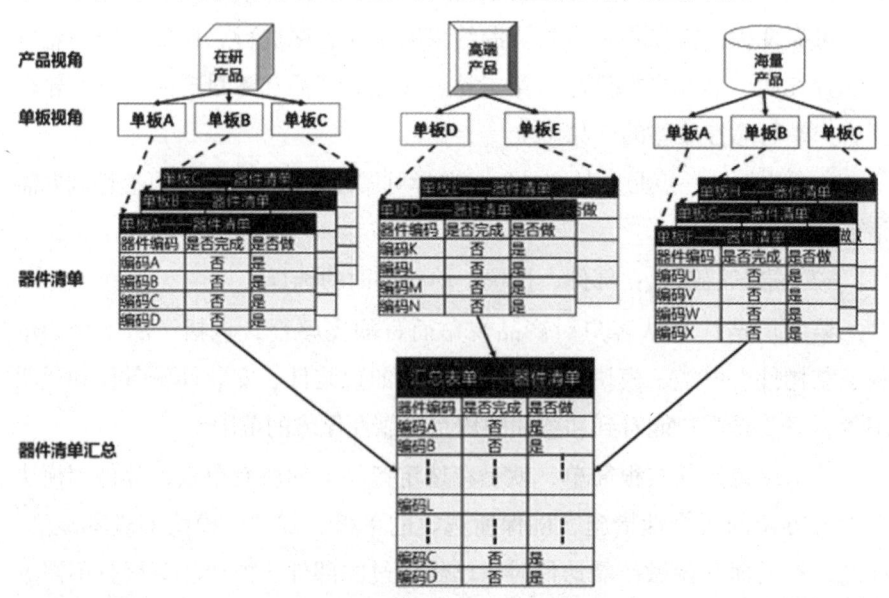

图10-7 第三层迭代器件汇总清单

器件层面可靠性提升内容参考第三章"可靠来源"。在这里强调一下，需要从公司层面统筹一个器件层面的可靠性清单，在产品上某次迭代完成了某型号的器件排查后，下次产品可靠性提升涉及已排查的器件就不需要重复做，这样可以集中资源仅对没有做过的器件去排查。也就是每次产品可靠性提升仅做好增量的来料排查。

如何对某产品无死角做器件排查，请参考第三章"产品来料排查"。

五、TOP N 改进

在企业某些可靠性问题是多年以来的老大难问题，如何通过专项工作去解决公司级老大难问题？本小节通过 TOP N 改进提供解决老大难可靠性问题的方法。

多数企业改进效果不佳的原因在于 TOP N 运动式改进，运动式改进靠管理团队强势"头痛医头"方式改进，虽然"止疼药"能得到立竿见影的效果，但病因不会根除，当改进资源撤销后问题会再次出现，运动式改进会出现问题周期性反复现象。

(一) TOP N 改进启动

TOP N 输入有多种多样的方式，通常的输入为年度分析、QMS 评估、流程审计、客户重大投诉、产品重大事故和公司战略规划等，可以从分析评估得来，也有可能是客户端的反馈而来，还可以是领导"拍脑袋"而来，不管哪种方式，TOP N 都是针对公司业务的重大问题或客户的重大感知，是亟须改进完善的。

从启动方式来看有两种方式。一种是年度驱动方式，通过汇总年度业务分析、QMS 评估、网上问题年度分析、审计问题等，基于分析结果排序，选择最严重的短板作为下一年 TOP N 项目。比如，2007 年光网络年度分析中硬件低效单板（未销售或销售量特别小）比例特别高，提升单板有效性就成为 2008 年光网络的 TOP 工作。另一种是紧急驱动方式，2010年 J 网产品线烧机较多，引起客户重大投诉，公司领导也重点关注。鉴于此，紧急启动网络产品线整机排查工作，2 个月强势运作后清零产品可靠性隐患，烧机问题得以彻底解决。

(二) TOP N 改进过程

在华为每年笔者都会参与大大小小的 TOP N 工作，从多年的经验来看，TOP N 项目可大可小，时间跨度从 2 个月到几年不等，人数的跨度也特别大，不同类型的 TOP N 项目运作是不同的。没有万能的 TOP N 运作模型，关键是运作简单、改进有效且效率高就行，在这里介绍典型的 TOP N 项目运作方式，仅供参考。

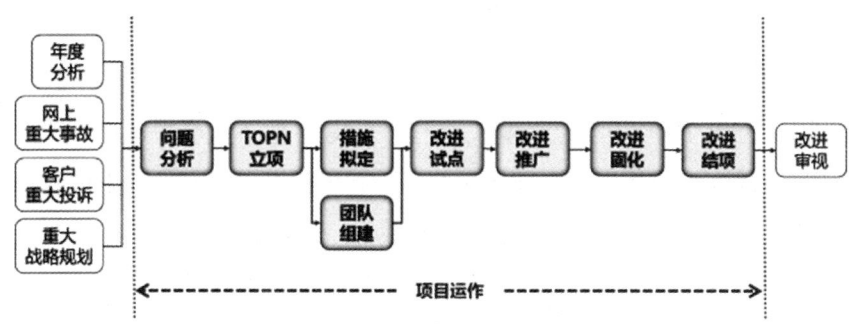

图10-8 TOP N典型项目运作活动图

表10-1 TOP N项目活动描述详情

活动	活动描述
问题分析	一般由质量部或者业务专家分析，从多个角度找到问题的根因、优秀实践、业界现状等，关键是要分析出改进机会点
TOP N立项	简单立项：如果把握性比较大，范围影响较小，可以考虑简单立项，提前和领导、资源部门等沟通好，在相关层级发文即可。 复杂立项：一般是难度极高，涉及的跨部门资源协调比较多，时间跨度比较大，这个就需要在某层级管理会会上立项汇报，并在会上得到相关领导的资源承诺，避免后期可能出现资源问题
措施拟定	改进前看其他部门有没有优秀实践，如果有直接复制过来。 根据当前问题分析，并给出具体改进措施、计划、试点计划、推广计划、固化方案等，关键是能落地并固化
团队组建	组建团队，需要得到资源投入承诺，尽量需要沟通到所协调资源的主管，TOP项目的投入需纳入协调资源的工作
改进试点和推广	按计划执行，如果遇到计划外的问题，需要仔细分析后再推动改进
改进固化	流程固化：把效果得到充分验证的措施分析出流程固化点并推动固化。 其他形式固化：通过输出或修改业务规范、培训教材及培训、管理发文、案例、优秀实践等多种形式固化

续表

活动	活动描述
改进结项	固化完成并例行后，在管理例会上汇报结项。如果是简单立项的TOP N项目，可以通过邮件的形式汇总总结各方面成绩和变化点等结项
改进审视	在第二年的年度分析中审视改进效果

  针对企业长年的可靠性问题，最好的方式是快速基于重要产品的可靠性提升，基于TOP N运作快速解决企业的问题，这不仅会快速提升客户的满意度，让客户更愿意为企业的后续产品和服务买单，而且因为重要产品的可靠性提升，大幅度减少了企业维护成本，大幅度增加了利润。

  本章后面小节中会介绍通过TOP N解决硬件老大难问题。

六、快速止血实战案例

对公司而言，可靠性的重要性不言而喻，如何通过专项 TOP N 工作大面积快速止血？本节给一个实战的案例，从前期的推动到后期的提升效果全景展现给读者。

2011 年年初，笔者从传送网硬件质量 COE 晋升为网络硬件质量 COE，所服务的产品线由传送网增加到传送网、企业网、接入网和 IP 产品线，所服务的业务增加到 4 倍，整个服务硬件产品/单板占华为硬件的 80%。

笔者最为棘手的是整个网络产品线硬件批量整改费用较大，而且出现多起硬件一级事故，其中 J 网近三年烧机每年超过上百起，亟须推动整个网络产品线重点产品硬件大面积止血工作，但各产品线都不愿投入较大的资源大面积整改，急需有一个抓手启动全网络产品线的硬件专项整改工作。

J 网烧机事故发生了多年，最近三年事故频发，由于事故的影响极大，引起客户的严重不满，也是公司重点盯防网络产品线硬件质量的事故，但一直没有得到改善。这正好作为笔者推动产品改进的契机，需要从根因分析入手。

（一）一个低级设计引起的血案

笔者最初找业务团队配合根因分析，但业务团队由于怕被问责，一直极度不配合。最终笔者把该问题及其影响向公司质量高层通报，引起 P&S 质量部领导郝博的重视，郝博派公司 6 级质量专家王晓主持公司级质量回溯。

在体系专家王晓的辅导下很快找到根因。一个最低级的安规爬电问题造成产品在客户端大面积烧机，回溯问题涉及需求、方案、原理图、PCB、测试、生产等多个环节。经过和研发团队确认，涉及系统工程师、硬件工程师、测试、安规、电源、CAD、工艺等多个角色的工作失误。

在铁证面前业务团队终于意识到自身的错误,制定专项的改进措施,落地生产、库存、客户使用现场所对应的全方面整改措施并全面落地。

在后续持续的跟踪过程中,再无出现一起该设备在客户现场烧机问题。

(二)推动硬件清零专项工作

以烧机质量回溯为契机,笔者将近三年的网上批量整改费用整理,在网络管理例会上汇报,要求成立网络硬件问题清零 TOP N 专项工作,汇报成功后由笔者组织四大产品线硬件清零工作。

为了有明显的改善,笔者确定了三个项目目标:

(1)硬件一级、二级问题归零;

(2)硬件网上整改费用两年减少 60%,研发类整改费用减少 80%;

(3)新产品无设计类批量整改。

接下来,笔者让四大产品线先圈定各产品线重点产品,共 37 个产品设备需要清零,覆盖各所有的重点产品。笔者组织各产品线硬件、各领域专家分别针对各产品进行全面的排查,包括硬件方案、硬件原理图、硬件 PCB、生产验证、来料、整机实物检视,每个产品安排各领域全方位排查一天,并记录各产品问题进行汇总,汇总后推动各产品改进。

在研产品上全面推广"冰糖葫芦"硬件研发模型,从硬件从价值分析、需求规格、方案设计、原理图、PCB、整机排查、黑盒验收全面推行,在研产品上线后新产品再无研发设计问题。

(三)硬件快速止血效果汇总

过程描述虽然简单,但过程中遇到相当大的阻力,个别领导不愿意整改一些需改板的严重硬件问题。专项组定期向产品线领导写邮件通报专项工作进展和存在未关闭的问题,在可靠性一票否决的标准要求下工作得以顺利推动,最终所有问题全部清零,一共改进 2625 个可靠性增长点改进闭环。

表10-2 实战数据参考详表

产品线	设备数量（套）	可靠性增长点
Q网	11	317
J网	12	1037
P网	5	400
C网	9	871
合计	37	2625

从2011年上半年推动网络硬件清零整改开始，到2012年下半年再无出现硬件一级、二级事故，硬件网上整改总费用从2010年的2639万元，在设备存量增加的背景下，在2011年总费用降低到1544万元，硬件清零整改工作实施一年后整改总费用降低到878万元，两年降低了66.7%。

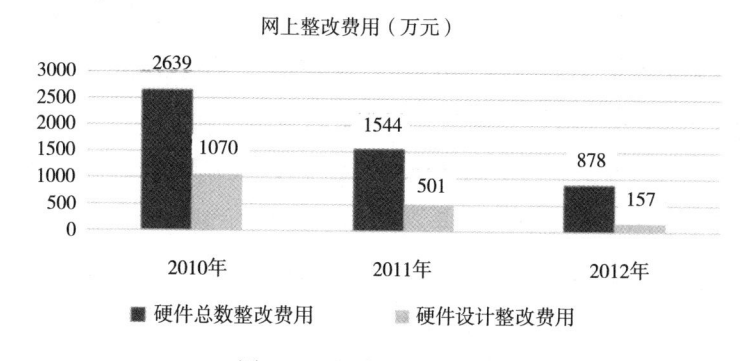

图10-9 网上整改费用图示

新产品上网后没有研发零批次研发整改，费用从2010年的1070万元降低到2012年的157万元（之前老产品研发被动整改所带来），研发整改费用降低85%。

七、高端存储可靠性提升案例

2013年6月5日爱德华·斯诺登爆料"棱镜"项目，美国一直通过软硬件对多个国家的信息进行监听和攻击。

在2010年5月美国成立网络司令部，其中包括成千上万的国安局间谍以及14000名网络司令部军人，攻击方式可以概括为黑客式网络攻击、硬件攻击和心理攻击三种。通过美国科技公司的CPU、硬件、操作系统、应用软件等留下的后门，美国网络军队操控他国的网络如入无人之境。2010年，在伊朗纳坦兹地区，上千台的离心机受到工业病毒攻击突然停转毁坏，给伊朗核工业造成致命伤害。2019年7月22日，委内瑞拉的电力系统也因为不明的原因造成全国电网崩溃，全国23州有18个州受停电影响。

而处于信息安全最底层的高端存储存在极大的隐患。高端存储作为最基础的设备，用于银行中央机房、能源调度中心、证券交易数据中心、交通控制中心等核心部门，高端存储由于极为严格的可靠性要求，一直由美国和日本提供。在2014年前，中国没有一个公司能够解决高端存储问题，在最关键的数据中心底层设施存在极大的信息安全隐患。

（一）高端存储的难度和背景

在2014年前，中国的高端存储均由美国、日本厂家提供，为何中国设备难以满足客户需求？因为高端存储对可靠性的要求极高，尤其金融交易涉及金额具大，不能出一点故障。比如，中国某大银行的交易数据如下：

每日跨行交易额：1128亿元

每日交易次数：7548万（次）

服务国家和地区：150+

银行业务要求：零缺陷、7×24小时不间断

业务拓展要求：支撑未来5年业务拓展

另需在地震、火灾等极端破坏场景下，通过多中心分布方案业务不会中断。从可靠性的指标来看，客户对设备只有三个要求：高可靠、高可靠、高可靠。

高端存储由国外跨国公司垄断，华为做存储时间较短，客户对华为产品信任不够，华为突破难度极大。2014年华为首批高端存储设备进入金融系统的边缘设备，但由于设备的可靠性较差，出了较多的问题，引起多家银行重大客户投诉，这些投诉也引起公司高层徐直军的重视，要求存储产品线彻底解决可靠性问题。

2015年初笔者已经从成研调到深圳P&S质量部，存储产品线也不属于网络产品线，因此以前和笔者没有工作交集。笔者刚到P&S质量部后就接到存储产品线的紧急求助，笔者作为公司级专家回成研主导高端存储设备的可靠性提升。

（二）高端存储落地可靠性措施

高端存储是第一个落地六个可靠模型的产品，是笔者近十年可靠性工作的总结。其中，在新研发版本中落地了四个可靠，即：可靠来源、可靠设计、可靠验证和可靠拦截。

笔者落地成都的第一天见了硬件经理，问的第一句话就是："高端存储的可用度目标是'几个9'？"这一句话就把硬件经理问得语塞。笔者简单介绍了一下可靠性提升的思路，首先是制定目标，其次是按六个可靠展开各领域活动，再次是设施计划，每周跟踪各领域进展，最后是关闭所有问题，并在客户现场对比目标实现。

1.目标和总体策略制定

针对华为公司级重点项目，需通过目标快速对齐各领域目标对齐。目标制定需从客户的角度出发，从客户对高端存储的定义去制定产品的可靠性目标。

以目标为驱动进一步展开大域，再根据大领域细分子领域，整个目标和策略构建产品可靠性的纲领，以此为基准推动各领域的细分。

针对客户对高端可靠性的定义，首先定义可用度，实现设备级可用度达成6个9，同步再定义重要可靠性目标，即零事故、零整改、零DOA、低返还率，以固有可靠性为基础，细分到产品四大领域（来料、研发、测试、生产），再根据大领域再细分各子领域。

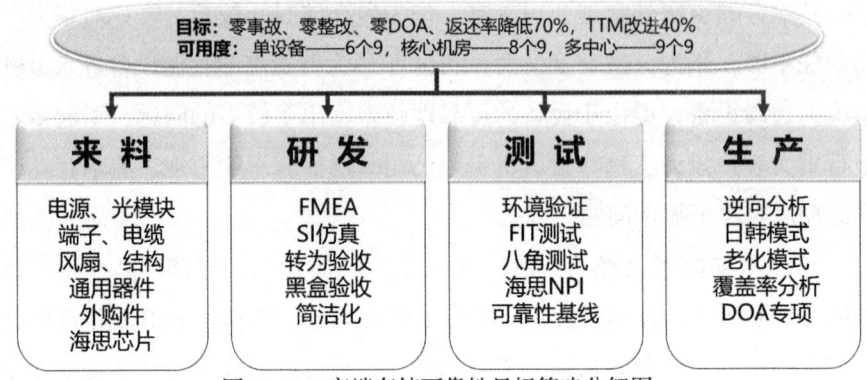

目标：零事故、零整改、零DOA、返还率降低70%、TTM改进40%
可用度：单设备——6个9，核心机房——8个9，多中心——9个9

来料	研发	测试	生产
电源、光模块 端子、电缆 风扇、结构 通用器件 外购件 海思芯片	FMEA SI仿真 转为验收 黑盒验收 简洁化	环境验证 FIT测试 八角测试 海思NPI 可靠性基线	逆向分析 日韩模式 老化模式 覆盖率分析 DOA专项

图10-10　高端存储可靠性目标策略分解图

通过各细分领域，协调所涉及各领域公司级专家寻求组织资源，把各项目标分解到各子领域，比如，高端存储产品需实现零整改和零事故，那么分解到器件、硬件、芯片、生产等各子领域均需实现零整改和零事故，所分解目标引领各子领域可靠性专项活动的基础。

2. 从六个可靠的维度细化各领域专项活动

召集各子领域召开可靠性专项开工会，会上明确目标、工作方式和纪律，对齐产品所涉及的目标和可靠性策略中所涉及领域的初步分解，同时按六个可靠中的四个维度进一步分解各领域所设计的专项工作。

把产品的总目标分解到子领域细化的目标，比如，要保障采购电源实现零整改、零事故，就需要从器件的认证、材料鉴定、二级器件审查、研发充分测试验证、生成测试验证等多个环节上构建完整的预防体系。最终落实到具体的研发、验证和生产老化等具体工作中。

各子领域按照在产品研发和生产阶段的四个可靠进行领域展开，细化所涉及各子领域中的关键动作，评审后通过沙盘的形式进行初步汇总。

针对汇总完成的沙盘进行全面性评审，查漏补缺补充遗漏的专项工作。通过沙盘的定义，让各子领域制定各项专项工作计划和目标。

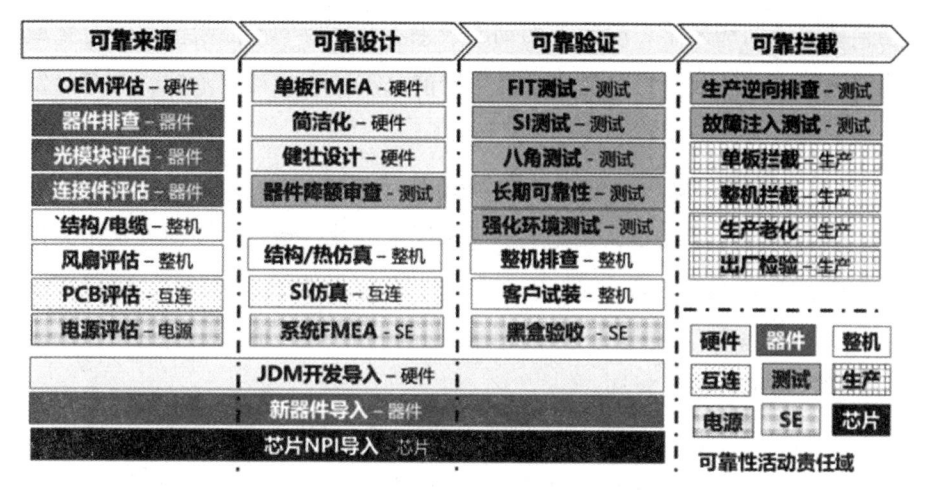

图10-11 高端存储可靠性工程活动全景图

通过沙盘分工，让高端存储可靠性措施落地到在研过程中，实现100%无死角覆盖。各子领域以可靠性沙盘活动主线，进一步分解为可执行的计划。

3. 计划执行与跟踪闭环

各子领域分解的计划包括可靠性专项、子任务、任务表述、责任人、完成时间、子任务状态、风险和问题。

表10-3 子领域分解计划详表

领域	子领域	子任务	任务描述	责任人	计划完成时间	当前状态描述	风险和问题
电源评估	采购电源XX	厂家稽查	1.需按照《供应商质量管理规范》审查供应商质量保障过程。2.厂家生产工艺按照《生产工艺验收表单》审查	张三	2014-XX-XX	已经稽查厂家质量保障体系、生产工艺	1.生产过程中采用含铅较高的焊瘤。2.波峰焊温度高于规定上限，器件有损坏风险
		电源功能评估	…	李四	…	…	…
		电源二次器件评估	…	李四	…	…	…
	自制电源YY	二次器件评估	1.针对电源模块的二次器件进行供应商评估。2.对历史上的器件问题需追踪关闭，特别对硫化问题得到改善。3.对关键的电源接线端子的材料需要鉴定	赵五	2014-XX-XX	二次器件已经完成评估	1.发现二次器件XX供应商有较大风险，正在申请新供应商替换。2.历史电源模块期间上XX问题未清零，正在跟踪
		电源功能评估	…	王七	…	…	…
		生产工艺评估	…	赵五	…	…	…

每周各子领域负责人跟踪各领域的计划和风险措施落地情况，汇总后各领域需发领域可靠性执行周报进行跟踪。针对问题和风险需要单独汇总跟踪，制定详细的风险和问题措施，通过每周强风险管控方式跟踪闭环。

可靠性工作小组基于各领域的总体计划执行和风险状态，每周跟踪各

243

子领域的计划和风险，验收各活动的效果。在重要的产品阶段对所有领域执行效果进行验收。在产品小批量生产前，需所有的计划落地，在产品发布前一个月，需把所有的问题和风险关闭。

（三）高端存储可靠性措施落地效果

高端存储可靠性专项工作第一次采用全领域、全生命周期无死角类似疯狗式打法，通过沙盘分解12个大域、100+子领域、1000+计划跟踪措施，实现10000+可靠性全生命周期的全方位控制。2015年横空出世的高端存储打破国外技术封锁。

可靠性专项提升的同时，研发周期（TTM）从522工作日缩短到193工作日，研发周期改进63%，同时大大减少因问题造成的质量纠错成本。

据人民网报道，2017年度广东省科技奖项目出炉，华为摘取了含金量最高的特等奖，获奖项目为"高可靠、高性能、高效能的高端存储关键技术及应用"。该项目产品重点面向金融、能源、交通、制造等行业，截至2017年底，国内市场占有率达21.4%，成果通过多家国内外权威机构认证，取得显著的经济效益和社会效益。2020年中国银行业金融科技应用成果大赛最佳解决方案奖特等奖，华为实至名归。截至2020年12月已经在中国工商银行、中国建设银行、中国农业银行、中国邮政储蓄银行、浦发银行、江苏银行、湖北农信、河北银行、桂林银行、兰州银行、上饶银行、泸州银行等数十家银行核心系统应用。

IDC公布的2022年Q2全闪存市场报告显示，华为在中国市场占比达到42.1%，将近一半，远远领先于第二名。放眼全球，Gartner发布的2022年Q2全球存储市场份额报告显示，华为以12.9%的份额位列第二。2023年全球著名技术分析机构DCIG发布《DCIG 2023-24高端存储阵列TOP5》报告，华为OceanStor Dorado 18000凭借可靠性、易用性和安全性等诸多优势，在DELL EMC、IBM、HPE、PureStorage等厂商中脱颖而出，连续荣获最佳推荐榜首。

八、可靠性能力共享案例

可靠性提升和公司能力相关,公司如何共享可靠性能力,快速拉齐整个公司的可靠性水平,笔者有两个案例供参考。

华为是世界硬件研发工程师最多的公司,也是涉及硬件最深、最广的公司,硬件涉及从规划、算法、芯片、单板开发、装备、结构电缆、生产、硬件测试等多个领域,涉及芯片、通信、企业网、IT、手机、汽车、能源等多个产业。华为对工程能力的共享从 2014 年后进行了有效的探索,通过共享迅速拉齐各产品线的工程能力,为后续华为的产品突破奠定基础。

华为的硬件工程能力共享分为两种方式,第一种是年度工程大会,第二种是在公司平台上共享工程实践。

(一)硬件工程年度大会

在 2014 年前,华为的硬件工程能力还是各产品线独自摸索阶段,每个产品线好的探索没有共享机制,仅靠各产品线单打独斗很难提升各产品硬件工程能力。能否组织一个公司级的硬件工程共享平台,让各产品线能有效共享工程能力推动公司发展?

笔者当年还在成研质量部工作,作为硬件质量 COE 和公司流程变革经理的经历,让笔者在华为有较大的影响力。笔者一直有组织公司级的硬件工程大会的想法,通过运作,由华为硬件能力中心主办、成研协办,笔者作为硬件工程大会经理组织了华为的硬件工程大会。从筹办到 11 月现场大会召开一共花了半年时间,针对硬件领域发展,提出当年硬件工程大会的三大主题:"看过去,看现在,看未来。"邀请华为终端、IT 存储、IP 产品线、接入网、光网络、企业网、无线多个产品线硬件团队分享各自产品线最精彩的内容,同时,邀请华为两个 Fellow 共享未来 ICT 演进路径和当前最前沿的技术挑战，获得较好的效果。

从 2014 年至今，华为各研究所轮流主办十届硬件工程大会。

（二）公司级可靠性实践共享平台

2015 年笔者从成研调动到深圳 P&S IPD 流程质量部，作为硬件流程及工程领域的 COE 推动华为有史以来最大的流程变革项目——硬件敏捷及使能数字化制造流程变革，历经三年在笔者退休前一个月顺利结项。在流程变革过程中第一次把硬件工程落地到硬件流程中，其中构建了 13 个硬件特性的硬件工程实践的收集，作为主要负责人总共评审超过 150+ 硬件工程实践，并在硬件平台网站上共享。

具体过程参考如下：

1. 工程实践规划：在产品各环节中有很多的薄弱点，统筹公司的资源对薄弱点进行规划，如产品在跌落实验中经常破裂，可以让某领域专家构建跌落仿真能力。

2. 工程实践挖掘：挖掘有两种方式，一种是研发团队自我申报，另一种是定向挖掘。自我申报向公司所有团队开放，需按公司模板进行申报；而定向挖掘就是公司级专家配合某产品规划后进行的挖掘工作，把最终落地效果好的实践归纳总结。

3. 工程实践上架：完成初评的工程实践在公司网站上共享，同时通过邮件方式推荐效果较好的工程实践。

4. 工程实践复制：产品团队在工作中，可通过邮件推送、公司网站查询、专家咨询的方式获取所需的工程实践，通过专家引导、输出团队交流等方式复制。

5. 工程实践奖励：为了推广公司级实践奖励会分为三种：第一种是上架奖，也就是工程实践通过初评、上架到公司网站后颁发对应的奖励；第二种是复制奖，有研发团队第一次复制某工程实践后，最终达到的较佳的效果，会给予复制团队复制奖；第三种是年度最佳工程实践奖，每年公司评选出复制次数多、复制效果好的工程实践排序并给予公司级年度工程实践大奖。

第十一章
新质生产力下产品可靠性

2023年9月新时代推动东北全面振兴座谈会上,习近平总书记强调加快形成新质生产力,增强发展新动能的重要性。2023年12月,新质生产力的概念被明确写入中央经济工作会议。这表明国家将新质生产力作为2024年的重要经济工作任务进行部署。

如何理解习近平总书记提出的新质生产力?

新质生产力就是:以创新为驱动、以质量为国本,最终实现生产力有效提升,这一重要国策包含了三个重要的经济发展方向。

"新"就是以创新为驱动,包括新材料、新能源、新领域(人工智能、智能制造等)等科技驱动方向。科技是第一生产力,改革开放四十多年来,中国在创新领域中布局长远,也取得了不俗的成果。

"质"就是以高质量发展为国本,需要摒弃以前靠规模、价格战、投资去拉动经济,而是靠质量、品牌构建中国产品的竞争力,包括质量体系的构建、高质量产品交付、高质量企业管理等,并通过高品质产品构建世界对中国产品的认知,让企业赚到更多的品牌溢出价值。

为何习近平总书记还要提生产力?所有创新、高质量发展需要有明确的方向,实现社会生产力的有效增长。并非所有创新都是有益的,比如,网络赌博、虚拟货币、P2P网贷等,像这类的创新只是对财富进行重新分配,对生产力非但没有促进作用,反而会严重扰乱社会的发展。因此习近平总书记强调创新和高质量发展的同时,一定要强调落地生产力的方向。

一、新质生产力概述

新质生产力作为现代经济发展的新引擎，不仅重塑了产业结构，更在根本上改变了生产方式和效率。其核心在于技术创新与智能化的深度融合，推动了从传统生产模式向更加高效、绿色、智能的转型。相较于传统生产力，新质生产力强调的是创新驱动、数据赋能以及生态可持续性，它通过智能化改造、数字化转型等实现形式，为经济增长注入了新的活力，展现了未来生产力发展的新趋势。

（一）新质生产力的定义与核心理念

新质生产力是一种以技术创新和智能化为驱动，致力于提升制造业质量、效率和可持续性的新型生产模式。随着全球经济的发展和技术的快速进步，新质生产力已成为推动现代制造业向前发展的关键力量。

新质生产力的核心在于其创新性，它涵盖了最新的制造技术，如人工智能、物联网、3D打印和先进的机器人技术等。这些技术的应用不仅仅局限于生产过程的自动化，更体现在整个生产链的优化和智能化管理上。例如，通过物联网技术，工厂能够实时监控生产线的状态，及时调整生产计划和流程，实现高效率和高质量的生产目标。

新质生产力注重产品质量与可靠性的提升。在传统制造业中，产品质量往往依赖于后期的质量检验，而新质生产力则强调通过精密的工艺控制和预防性质量管理来确保产品的初期质量。利用先进的设计软件和模拟技术，工程师能够在生产前通过各种模拟测试预测产品在实际使用中的表现，从而提前解决可能的质量问题。

新质生产力还倡导可持续发展和环保理念。在全球面临环境变化和资源短缺的大背景下，新质生产力通过智能化和高效的资源管理，减少生产过程中的能源消耗和废物产生。同时，通过使用可再生材料和清洁能源，以及优化产品设计以便于回收再利用，新质生产力也助力企业减轻对环境的影响。

可见，新质生产力代表了一种面向未来、高度集成且负责任的生产方式。它不仅改变了产品的制造过程，而且重新定义了制造业的质量标准和环境保护责任。随着技术的不断进步和市场要求的提高，新质生产力将继续引领制造业向更高质量、更高效率和更加绿色的方向发展。

（二）新质生产力的驱动因素与实现形式

新质生产力的兴起是由多种技术和市场因素推动的，其实现形式体现在先进的制造技术、创新管理理念和教育与研发投资上。在全球化和技术快速发展的影响下，制造业正经历着前所未有的变革。

新质生产力的主要驱动因素包括技术创新、市场需求的变化、环境保护的压力以及全球竞争的加剧。技术创新，尤其是信息技术和自动化技术的进步，为制造业提供了新的生产手段和优化流程的可能性。例如，人工智能和物联网的应用使得生产过程更加智能化和灵活。

随着消费者对产品质量和个性化需求的增加，企业必须采用更灵活和高效的生产系统来满足这些需求。新质生产力通过实现定制化生产和提高产品质量来应对这一挑战。

环保法规的日益严格要求企业在生产过程中减少能源消耗和废物产生。新质生产力通过推广绿色生产和可持续发展策略来回应这一需求，如使用可再生能源和循环材料。

全球竞争的加剧要求企业不断提高生产效率和降低成本。新质生产力通过全球化生产和供应链优化来提升企业的竞争力。

新质生产力的实现形式包括智能工厂、精益生产和数字化转型等方面。智能工厂通过引入自动化机器人、智能仓储和物流系统，配合大数据分析和人工智能决策支持，实现高效率和高质量的生产。

精益生产通过消除浪费、优化流程和提高生产效率来降低成本，同时保证产品质量。这种生产方式强调持续改进和全员参与。

数字化转型是通过集成信息技术和生产系统来优化生产过程。这包括使用数字工具和平台进行产品设计、生产管理和服务提供，从而实现生产的柔性化和市场的快速响应。

综上所述，新质生产力是制造业适应技术进步和市场变化的重要表现，它通过多种实现形式帮助企业提升生产效率，降低运营成本，并更好地满足市场需求和环境标准。随着技术的进一步发展，预计新质生产力将继续引领制造业的创新和转型。

（三）新质生产力与传统生产力的对比

新质生产力与传统生产力在多个维度上表现出显著的差异。这些差异主要体现在技术应用、生产模式、效率与质量以及环境影响等方面。随着科技的进步和市场需求的变化，传统生产力正在向新质生产力转变，以适应更加数字化和全球化的经济环境。

新质生产力大量采用先进的信息技术和自动化技术，如人工智能、物联网、3D打印和机器人技术等。这些技术的应用不仅提高了生产效率，还改进了产品设计和质量控制过程。相比之下，传统生产力更多依赖人工操作和传统的机器设备，技术的集成和应用程度较低。

新质生产力强调生产的灵活性和定制化，能够快速响应市场变化和消费者需求。这种生产方式支持按需生产和小批量生产，优化资源配置，减少库存和浪费。而传统生产力往往以大规模标准化生产为主，缺乏足够的灵活性来应对市场的快速变化。

新质生产力借助先进技术实现生产过程的优化，显著提升了生产效率和产品质量。例如，通过智能制造系统实时监控生产线，预测性维护可以减少设备故障和停机时间。同时，新质生产力注重从源头提升产品质量，通过精确控制生产过程的每一个环节来保证产品符合高质量标准。相反，传统生产力通常在生产后期通过质检来确保产品质量,这种方式往往无法从根本上解决问题,且效率较低。

新质生产力更注重环境保护和可持续发展。它通过智能化的能源管理系统减少能源消耗,利用可再生能源和回收材料减少环境影响。而传统生产力由于技术和观念的限制,往往在环保和资源利用效率上存在不足。

综上所述,新质生产力在技术应用、生产模式、效率及质量,以及环境可持续性等方面均优于传统生产力。随着全球经济的持续发展和科技的不断进步,预计新质生产力将越来越成为制造业的新常态,引导全球制造业进入一个新的发展阶段。

二、新质生产力的技术与方法

新质生产力的技术与方法聚焦于信息技术、自动化、新材料、新能源及人工智能等前沿领域。通过这些技术的融合应用，实现了生产流程的智能化、高效化和绿色化，为产品可靠性的提高、产业升级和经济发展注入了强大动力。

（一）信息技术与数字化制造

信息技术与数字化制造已成为推动现代制造业发展的关键因素。随着全球工业化进程的加速，信息技术和数字化的融合正在重塑制造业的面貌，引领行业向更高效、智能、网络化的方向发展。

数字化制造的核心在于通过数字技术的应用，优化产品设计、生产流程以及市场营销，从而提升整体效率和竞争力。这种制造方式依托于5G、云计算、物联网等新技术，将数据资源转化为关键的生产要素，实现高质量、高效率、高动力的制造业变革。

在当前科技革命和产业变革的背景下，信息技术与制造业的深度融合成为大势所趋。例如，《"十四五"信息化和工业化深度融合发展规划》强调，信息化与工业化深度融合是新发展阶段的必由之路，对于建设制造强国、质量强国、网络强国和数字中国具有重要意义。这不仅是国家战略的体现，也是对未来发展路径的具体规划。

从国际视角看，全球制造业数字化转型已成焦点。美国、德国、日本等国家纷纷推出相关政策以推进制造业数字化转型。如美国的"先进制造业领导力战略"、德国的"国家工业战略2030"以及日本的"社会5.0"，这些政策均旨在通过技术创新应用、产业链一体化融合等手段，增强制造业的全球竞争力。

我国虽为制造大国，但在迈向制造强国的道路上还面临诸多挑战。目前，国内制造业数字化转型正处于关键阶段，需要从基础设施、产业数据生态、全产业链转型等方面进行全面考量。例如，工业互联网作为数字化转型的核心，已在全国范围内开展超3100个"5G+工业互联网"建设项目，有效促进了制造业的发展。

具体到企业发展，数字化制造要求企业不仅要提升数字化能力，还需建立可持续的数字化商业模式。这包括转变思维模式，从传统的自给自足走向开放合作，以及从机器替代人转向人机互补合作。此外，政策支持也是推动数字化制造的重要保障。国家不断出台相关政策，如促进大数据发展和"互联网+"行动，为数字化制造提供了有力的制度保障。

信息技术与数字化制造正成为推动制造业高质量发展的强大动力。无论是国家层面的战略规划，还是企业层面的实际操作，都显示出这一趋势的不可逆转性。在未来，如何更好地利用信息技术实现数字化转型，将是每个制造企业必须面对并解决的问题。这不仅关系到企业的自身发展，更是关乎整个国家在全球制造业竞争中的地位和影响力。

（二）先进自动化与智能化技术

先进自动化与智能化技术正在重塑传统制造业，推动产业升级和经济增长。随着科技的迅猛发展，自动化与智能化技术的应用日益广泛，其在提升制造业效率和质量中的关键作用越发显现。

先进自动化与智能化技术的核心在于通过人工智能、大数据、云计算等新一代信息技术的深度融合，推进制造业的数字化、网络化和智能化转型升级。这些技术的融合不仅提高了生产的灵活性和效率，还通过智能产品、智能生产、智能服务等功能系统，形成了一个集成的智能制造体系。

在实际应用中，智能自动化（IA）结合了人工智能、业务流程管理和机器人流程自动化等技术，简化并扩展了组织间的决策过程。例如，汽车制造商利用智能自动化加速生产，医药公司则通过自动化降低成本，提高资源效率。这种技术的普及，使企业能够在更短的时间内以更高的质量推出产品，显著提升市场竞争力。

此外，先进自动化与智能化技术还对生产方式和企业形态产生了根本性变革。数字化车间、无人工厂和智能工厂的建设，使得生产效率大幅提升，运营成本显著降低。在这些新型工厂中，工业机器人与工人的人机协同共生生态，重新定义了生产链条。

先进自动化与智能化技术正推动制造业从传统的劳动密集型向技术密集型转变，为中国制造业转型升级提供了历史性机遇。这不仅增强了产品的科技溢价，也为全球供应链赋能，展示了中国在全球制造业领域的领先地位。未来，继续深化人工智能与实体经济的融合，将为中国制造业带来更多创新动能和竞争优势。

（三）新材料与新能源的应用

新材料与新能源的应用正推动着工业和社会的可持续发展。在全球化的背景下，随着资源的日益枯竭和环境问题的加剧，寻找替代传统能源的解决方案变得尤为迫切。

新材料作为科技进步的基础，尤其在制造业中的应用，不仅提高了产品的性能，还降低了生产成本。例如，通过应用新型轻质高强度材料，汽车和飞机制造业能够显著减轻产品重量，提高燃油效率，同时减少排放。在电子行业，新型半导体材料如石墨烯的应用，使得电子产品更加轻薄、耐用且能效更高。

新能源（如太阳能、风能和地热能）的广泛应用，正在逐步替代传统的化石燃料。这些可再生能源不仅能减少温室气体排放，也有助于缓解对传统能源的依赖。例如，太阳能光伏技术的发展，使得太阳能转换成电能的效率大幅提升，成本持续下降，促进了其在居民区和工业区的广泛部署。

此外，新材料在能源存储系统，尤其是在锂电池技术中的应用，极大地提高了能源的使用效率和安全性。这不仅推动了电动汽车行业的发展，也支持了可再生能源的更好整合入电网系统。

综上，新材料与新能源的应用不仅展示了技术创新的力量，也为制造业和能源行业提供了向绿色、低碳转型的途径。未来，随着技术的进一步发展和成本的进一步降低，新材料与新能源的应用将更加广泛，对经济社会的影响也将更加深远。

（四）人工智能与大数据在生产中的应用

人工智能与大数据技术的应用正在根本改变生产方式，推动制造业迈向更高效、智能化的新阶段。随着技术的迅速发展，人工智能和大数据已成为现代生产过程中不可或缺的力量。

人工智能在生产中的应用主要体现在其能够模拟和扩展人类的认知功能，通过机器学习、深度学习等算法，实现设备的自动化控制和生产过程中的智能决策。例如，通过对机器视觉的应用，可以实现对生产线上产品质量的实时检测，提高产品质量和生产效率。

大数据技术则通过收集和分析海量的生产数据，为生产过程提供数据支持和决策依据。生产过程中产生的每一个数据点，包括机器性能、生产速度、原材料质量以及环境条件等，都可以被系统地收集和分析，以优化生产流程和提高操作效率。

人工智能结合大数据还能进行预测性维护，通过实时监控设备状态并预测潜在故障，减少停机时间，节约维护成本。在供应链管理方面，这些技术能够优化库存水平，预测物流需求，从而提高整个供应链的效率和响应能力。

企业还能利用大数据分析来优化能源消耗，通过精细化管理实现资源的合理配置，降低生产成本并减少环境影响。例如，通过分析历史数据，企业可以调整设施的能源使用，实现更高的能效。

综上所述，人工智能与大数据在生产中的应用不仅提升了制造过程的自动化和智能化水平，还帮助企业实现了从反应式制造向预测性制造的转变。这些技术的应用是现代制造业竞争力的重要标志，将继续推动生产方式的革新和产业升级。

三、新质生产力对产品可靠性的直接影响

新质生产力通过技术创新和智能化手段，直接提升了产品的可靠性设计、生产过程控制以及产品的整体耐用性。这些革新不仅增强了产品质量，还延长了产品寿命，为消费者带来了更高的价值和使用体验。

（一）新质生产力促进产品可靠性设计的提升

新质生产力通过技术创新和先进方法论的应用，显著提升了产品设计的可靠性。在现代制造业竞争日益激烈的背景下，新质生产力成为推动产品设计向更高质量、更高效率发展的关键因素。

新质生产力的核心在于智能化和自动化技术的应用。利用人工智能、机器学习等技术，设计师可以更准确地预测和模拟产品设计的性能和耐用性。例如，通过大数据分析，设计师可以在设计的早期阶段识别可能的缺陷，优化设计方案，减少后期修改成本和时间。

3D打印技术也是提升产品设计质量的重要工具。它不仅允许快速原型制造，还可以在短时间内对设计进行多次迭代，提高设计的精确度和功能性。这种技术使得从概念到产品的转换速度更快，大大降低了产品开发的时间和成本。

此外，增强现实（AR）和虚拟现实（VR）技术的应用，为产品设计提供了全新的视角。设计师可以通过虚拟环境直观地评估产品的外观和性能，确保设计在理论和实际应用中的一致性。

综上所述，新质生产力通过引入先进技术和创新设计理念，极大地促进了产品可靠性设计的提升。这些技术不仅提高了设计的精确性和效率，还缩短了开发周期，降低了成本，从而在全球市场中为企业赢得了竞争优势。

（二）新质生产力促进生产过程控制的革新

新质生产力正在革新生产过程质量控制，通过智能化和自动化技术确保产品质量的一致性和可靠性。在当今快速发展的制造业中，提升产品质量控制水平已成为企业持续竞争的关键。

新质生产力的核心在于集成先进的信息技术和生产工艺。例如，通过物联网技术，传感器可以实时监测生产线上的各种参数，如温度、压力、湿度等，确保生产环境始终处于最佳状态。这些数据可以实时反馈至中央控制系统，通过智能算法分析预测潜在的生产问题，并自动调整生产流程以避免质量问题的发生。

人工智能与机器学习技术的应用，使得质量控制更加精准和高效。通过对历史质量数据的深入学习，AI可以识别出生产过程中的关键质量控制点，并自动调整机器设定或生产参数，以优化产品质量。这种预测性质量控制方法比传统的反应式质量控制更能有效降低废品率，提高生产效率。

数字化质量管理系统也是新质生产力的重要组成部分。这种系统能够集中管理所有质量相关的数据和流程，确保信息的透明性和可追溯性。通过这些系统，企业可以更好地遵守国际质量标准，如ISO 9001，同时也能快速响应客户的质量反馈，有效改进产品质量。

综上所述，新质生产力通过引入智能化和自动化技术，正在不断推动生产过程质量控制的革新。这不仅提高了产品可靠性，还提升了生产效率和企业的市场竞争力。随着技术的进一步发展，预计未来生产过程的质量控制将更加精准、高效和智能化。

（三）新质生产力促进产品可靠性与耐用性的改善

新质生产力通过高科技的整合与智能化的应用，显著提升了产品的可靠性与耐用性。在当今制造业竞争日益激烈的环境中，产品的稳定性和长期性能成为企业关注的焦点。

新质生产力强调利用先进的设计和制造技术来增强产品的核心品质。例如，通过使用更耐用的材料和更精确的生产工艺，如自动化和机器人技术，产品的各个部件可以实现更高的制造精度，从而提升整体的组装质量和耐用性。

人工智能和大数据在产品设计阶段的应用允许更准确的应力测试和性能评估。AI算法可以模拟产品在各种极端条件下的性能，预测可能的故障点，并据此优化设计方案。这种预测性工程方法可以在产品还未批量生产前就避免潜在的可靠性问题。

3D打印技术也对提升产品可靠性有所帮助。它能够制造出复杂的几何结构。这些结构通常难以用传统方法生产，而且能够精确控制材料的使用，确保产品部件的质量和一致性。此外，3D打印还可以在短时间内快速迭代原型，加速产品开发过程，同时保证最终产品具有高度的可靠性和耐用性。

综上所述，新质生产力通过整合创新技术和智能系统，不仅提高了产品的生产效率，还极大地改善了产品的可靠性与耐用性。这些技术的应用使现代产品能够在更长的时间内保持高性能，满足消费者对质量的严格要求，同时也为企业带来了更大的市场竞争优势。

四、新质生产力下质量管理体系对产品可靠性提升

新质生产力下,质量管理体系通过全面质量管理(TQM)的新发展、数字化与智能化的融合以及连续改进与精益生产的新实践,显著提升了产品的可靠性。这些创新不仅优化了生产流程,还确保了产品质量的稳定性和一致性,为企业赢得了市场竞争力。

(一)全面质量管理的新发展

在新质生产力的推动下,全面质量管理正经历着深刻的变革,以适应智能化和自动化技术快速发展的工业环境。随着技术的进步,TQM 的理念和方法正在被重新定义,以更有效地提升产品质量和生产效率。

新质生产力的核心在于高度的信息化和自动化,这为 TQM 的实施提供了新的工具和平台。利用物联网、大数据和人工智能等技术,企业能够实时收集生产过程中的数据,对产品质量进行更精准的控制和监管。例如,通过在生产线上部署传感器,可以实时监测生产参数,并通过中央控制系统即时调整,以确保产品符合质量标准。

此外,人工智能的应用使质量控制更加智能化。AI 算法可以从历史质量数据中学习和预测潜在的质量问题,并自动调整生产过程以防止缺陷产品的产生。这种预测性的质量控制方式,不仅提高了产品的一致性和可靠性,还极大地减少了生产成本和时间。

数字化质量管理系统也是新质生产力下 TQM 的重要组成部分。这种系统通过集成所有的质量管理流程和数据在一个平台上,提高了管理的透明度和效率。通过这些系统,企业不仅可以更好地遵守国际质量标准,如 ISO 9001,还能快速响应市场和客户的质量反馈,持续优化产品质量。

新质生产力还推动了质量管理文化的改变。在传统的 TQM 中,质量通常是由专门的质量部门负责,而新质生产力则强调全员参与的质量管理

理念。每个员工都需对产品质量负责,从设计到生产再到销售的每个环节,都贯穿着质量意识和改进的需求。

综上,新质生产力不仅为全面质量管理提供了先进的技术和工具,也推动了质量管理理念和文化的革新。随着技术的进一步发展和应用,TQM将更加高效、智能化,帮助企业提升产品可靠性,并在激烈的市场竞争中保持竞争优势,实现可持续发展。

(二)质量管理体系的数字化与智能化

在新质生产力的推动下,质量管理体系正在向数字化与智能化方向迅速发展,极大地提升了质量管理的效率和精确度。随着信息技术的飞速进步,数字化和智能化已经成为现代质量管理体系的核心特征。

质量管理体系的数字化表现在信息的采集、存储、处理和分析环节上。通过物联网技术,传感器和其他数据收集设备可以实时监控生产线上的各种参数,如温度、压力、湿度等,这些数据被实时传输并储存于中央数据库中。这种数据的实时采集和存储,确保了质量管理的即时性和追溯性,大大减少了质量控制的盲点。

智能化则体现在对数据的分析和应用上。利用机器学习和人工智能算法,企业可以从海量的质量数据中识别出模式和趋势,预测潜在的质量问题,并自动调整生产参数以防止质量问题的发生。例如,通过对比历史数据和当前生产数据,智能系统能够及时调整制造过程,优化产品质量。

此外,数字化质量管理体系使得质量监控更加透明和高效。通过在线质量监控系统,管理人员可以实时查看生产质量状态,及时发现并解决质量问题,减少废品率并提高生产效率。数字化系统还可以整合供应链信息,帮助企业更好地管理原材料质量和供应商绩效。

新质生产力还推动了质量管理的远程操作和维护。在疫情等特殊情况下,远程质量控制和故障诊断变得尤为重要。企业可以通过云平台实现质量管理系统的远程访问,使工程师可以在不同地点对生产设备进行监控和调整,确保生产的连续性和产品的高质量标准。

综上所述,新质生产力下的质量管理体系通过数字化和智能化的应用，不仅可以提高产品可靠性，还可以提升生产效率和企业的市场竞争力。随着技术的进一步发展和应用，预计未来质量管理体系将更加精准、高效和智能化。

（三）连续改进与精益生产的新实践

在新质生产力的推动下，连续改进与精益生产的实践正成为企业追求高效、灵活和质量卓越的核心策略。随着全球化和技术革新的加速，企业更注重通过持续的优化过程来提升生产效率和产品可靠性。

新质生产力的核心在于利用先进的技术（如物联网、大数据和人工智能）来实现生产过程的自动化和智能化。这些技术为精益生产提供了强大的数据支持和实时反馈机制，使生产过程中的任何浪费和不合理环节都能被快速发现并得到改进。

连续改进思想是精益生产的灵魂，它强调小步快跑，持续不断地对生产流程进行细微的改良。在新质生产力的影响下，这一过程变得更加数据驱动和精确。例如，通过分析机器的实时运行数据，可以预测设备故障并在发生前进行维护，从而减少停机时间和提高生产效率。

精益生产中的可视化管理也因新技术的应用而更加高效。通过使用数字化工具（如智能仪表板），管理人员可以在任何时间、任何地点监控生产状态，迅速响应生产线上的变化，并做出调整以优化生产流程。

此外，新质生产力还促进了精益六西格玛的实施。这是一种将精益生产与六西格玛质量控制相结合的管理策略。通过对生产数据的深入分析，企业不仅能消除浪费，还能在保证质量的前提下，提高生产的稳健性和可靠性。

综上所述，新质生产力不仅为连续改进和精益生产提供了新的工具和方法，还深化了这两种管理哲学的实践，使它们更加依赖于数据和技术的支持。企业通过这种结合，能够在全球竞争中保持优势，实现成本降低、质量提升和响应速度加快。

五、新质生产力对产品可靠性的挑战与对策

新质生产力在推动生产技术进步的同时，对产品可靠性提出了一系列挑战，同时也催生了相应的对策来应对这些挑战。在快速变革的工业环境中，确保和提升产品可靠性是企业持续成功的关键。

（一）挑战

技术复杂性增加：随着产品功能和结构的复杂化，尤其是智能化和软件集成产品的普及，保持高可靠性变得更加困难。复杂的系统更易受到设计缺陷和制造错误的影响，这可能导致产品在实际应用中表现不稳定或短命。

1. 数据依赖性增强

自动化和智能化生产过程中对数据的依赖极大。数据的准确性和处理方式直接影响到产品质量。数据错误或不当的数据处理都可能导致生产缺陷，进而影响产品可靠性。

2. 材料与工艺的新要求

高性能产品的制造常常需要使用新型材料和复杂的制造工艺。这些新材料和新工艺未必经过长时间市场验证，可能带来预期外的可靠性问题。

（二）对策

强化设计与早期测试：通过增强设计的健壮性和在开发早期阶段进行彻底的测试来预防潜在的可靠性问题。使用模拟和快速原型制作技术可以在短时间内评估设计的可靠性，并对潜在问题进行调整。

精密的数据管理与分析技术：利用高级数据分析和机器学习技术来确保数据处理的准确性，并通过智能算法预测和识别可能的生产缺陷。实时监控生产数据不仅可以即时修正生产中的偏差，还可以不断优化制程，提升产品的一致性和可靠性。

1. 持续的材料和工艺创新

投资研发新材料和改进制造工艺，确保这些新材料和工艺能够提供长期的稳定性和高性能。此外，与材料供应商和技术合作伙伴合作，共同开发满足未来需求的材料和工艺解决方案。

2. 实施全面的质量管理与员工培训

全面质量管理系统和高素质员工是确保产品可靠性的关键。通过定期培训和技术更新，提升员工的质量意识和技术能力，确保每一步生产过程都能达到高质量标准。

综上所述，新质生产力虽然为制造业带来了前所未有的机遇，但也对产品可靠性提出了更高的要求。通过上述对策，企业可以有效应对这些挑战，确保其产品在市场中的竞争力和用户的信任。

附录　专有名词释义

BP：Business Plan，商业计划，1~2 年

CBB：Common Building Blocks，共用模块

COE：Centrol of Energy，能量中心，通常指体系级专家

DCP：Decision Check Point，决策检查点

DOA：Dead on Arrival，开箱坏件

DFX：Design For X，诸可性，如可靠性、可维修性、可制造性等

EMC：Electro Magnetic Compatibility，电磁兼容性

FIT：Fault Injection Test，故障注入测试

FMEA：Failure Mode and Effects Analysis，失效模式及效应分析

FT：Final Test，成品测试

ICT：In-Circuit Test，在线检测

IQC：Incoming Quality Control，来料检测

OQC：Outgoing Quality Control，产品出货检测

PDT：Product Development Team，产品开发团队

PONC：Price of Nonconformance，不符合要求的代价

PM：Project Manager，项目经理

TOP：顶级

SI：Signal Integrity，信号完整性

SP：Strategy Plan，战略规划，3~5 年

TR：Technology Review，技术评审

TTM：Time To Market，上市时间

ECC：Error Correction Code，差错校正码

后记　后续与展望

在《高可靠产品开发》这本书的旅程中，我们探索了实现高可靠性的各种策略与实践，从理论到案例，再到实际操作指南。期望通过这些内容的分享，能够帮助企业提升产品的可靠性，增强消费者信任，并促进企业的持续发展和创新。

1. 未来的挑战与机遇

（1）技术革新的影响：随着新技术（如人工智能、物联网等）的不断涌现，产品开发的复杂度在增加，这要求开发流程能够适应更快速的变化和更高的可靠性要求。

（2）全球化带来的挑战：全球化市场意味着产品需要在更广泛的环境条件下运作，满足不同地区的法规和用户期望，这对可靠性管理提出了更高标准。

（3）环境和可持续性：环境保护和可持续发展成为全球关注的重点，高可靠产品也需考虑生态影响，推动绿色设计和制造。

2. 展望未来

（1）数据驱动的可靠性建模：利用大数据和机器学习技术，对产品设计进行预测性分析和优化，提前识别潜在的可靠性风险。

（2）集成化开发环境：软件开发与硬件开发的进一步融合，以灵活应对多变的市场需求，缩短产品开发周期，同时确保可靠性。

（3）智能化质量管理：应用 AI 和自动化技术提高质量控制的效率和精确度，例如，通过智能传感器实时监控生产线的质量数据。

在华为的工作经历中，笔者直面产品可靠性的挑战。2010 年，企业一个低级的设计错误导致了数百台网络设备母板的损毁，不仅造成了巨大的经济损失，也严重损害了客户对华为的信任。这一错误原本可以在七个质量控制阶段轻易避免，反映出在单板选型、需求分析、方案设计、详细设计、CAD 制图、产品验证及生产环节中的品控疏漏。

此案例深刻地表明，产品高可靠性的实现离不开全流程的质量管控和各职责部门的严密配合。任何一个环节的疏忽都可能导致产品的失败。通过系统的质量回溯，华为能够识别问题、找出根本原因，并采取措施防止同类事件的再次发生。

2014 年，笔者在成研作为筹办经理组织华为第一届硬件工程大会，2014 年至今华为已经组织十届工程大会。硬件工程大会成为华为硬件工程的华山论剑，通过各产品线的硬件能力交流，快速拉齐华为各产品线的硬件工程能力，为极佳的硬件工程实践提供了极佳的平台。2015 年笔者投入三月协助的产品开发，第一次"六个可靠"工程方法落地高端存储，高可靠产品迅速填补国家级安全空白，也获得世界认可和专业奖项，当前高端存储作为世界最佳推荐产品成为华为存储产品的名片。

2015 年后笔者在产品与解决方案承担硬件质量 COE 工作，累计挖掘 300 个硬件优秀实践，在挖掘过程中也积累了大量的硬件工程经验。

通过结合基础理论与实际案例，本书旨在提供给读者一套全面的产品可靠性提升框架。希望读者能从中获得如何在企业内部建立和维护高可靠性产品的实用知识，并将其转化为企业的长期竞争优势。

高可靠产品开发是一个持续的过程，需要不断地学习、适应和创新。期待本书提供的理念和框架能够成为读者在这一征途上的有力支持。希望读者持续关注技术发展动态，实验新的方法，并与他人分享经验。让我们一起努力，将高可靠性作为产品开发的标准，创造更多让人们生活更美好的产品。

参考文献

【1】[美]约瑟夫·A．德费欧（Joseph A. De Feo）主编，中国质量协会译．朱兰质量手册——通向卓越绩效的全面指南（第七版）[M]．北京：中国人民大学出版社，2021．

【2】冉好思．创新质量体系．[M]．北京：光明日报出版社，2024．